MEIN KOPF, EIN UNIVERSUM

VON TAGTRÄUMEN, WUNSCHDENKEN
& KLEINEN WUNDE(R)N

von
Carmen Kroll

IMPRESSUM

Mein Kopf, ein Universum
1. überarbeitete Auflage, 2. Gesamtauflage

© 2024 humblebutbold by CE Community Editions GmbH
Weyerstraße 88-90
50676 Köln

Der Titel erschien zuletzt 6/2021 in der 1. Auflage bei Heinen Lovebrands.

Projektkoordination: Christina Götz
Manuskript-Konzept & beratende Autorin: Lilly Adam
Kummerkasten: Karolina Kroll
Lektorat: Saskia Hirschberg
Gestaltung: Marie Vanhofen, Anina Fröschel
Cover-Foto: Nancy Ebert
Make-up Cover Foto: Anne-Marie Dargas
Layout und Satz Erstausgabe: Svenja Kavermann
Satz Neuausgabe: Franziska Junghans, Ka & Jott

Gesetzt aus der Minion Pro von Robert Slimbach und der Futura PT von Isabella Chaeva, Paul Renner, Vladimir Andrich und Vladimir Yefimov.

humble but bold.

Gesamtherstellung: humblebutbold by CE Community Editions GmbH

ISBN 978-3-96096-443-8

Druck: GGP Media GmbH, Karl-Marx-Str. 24, 07381 Pößneck
Printed in Germany

www.humblebutbold.de

Für Mathilda

INHALTSVERZEICHNIS

VORWORT

DIE SACHE MIT DEM UNIVERSUM   7
RICHTIG WÜNSCHEN WILL GELERNT SEIN   11

LIEBES UNIVERSUM, ...

KAPITEL 1

... ICH ERFAHRE BEDINGUNGSLOSE LIEBE   19
KUMMERKASTEN: LIEBE   42

KAPITEL 2

... ICH ARBEITE, WEIL ICH WILL   47
KUMMERKASTEN: KARRIERE   71

KAPITEL 3

... ICH BIN FINANZIELL UNABHÄNGIG   75
KUMMERKASTEN: GELD   102

KAPITEL 4

... ICH WÄHLE FREUNDSCHAFT   105
KUMMERKASTEN: FREUNDSCHAFT   123

KAPITEL 5

... ICH HABE DIE KONTROLLE ÜBER MEIN LEBEN   129
KUMMERKASTEN: ANGST & KONTROLLE   156

KAPITEL 6

... ICH BIN MAMA 161
KUMMERKASTEN: MUTTERROLLE & KINDERWUNSCH 194

KAPITEL 7

... ICH BIN ZUHAUSE ANGEKOMMEN 199
KUMMERKASTEN: HEIMAT 210

KAPITEL 8

... ICH BIN GENUG 215
KUMMERKASTEN: SELBSTLIEBE 237

KAPITEL 9

... ICH ZIEHE GUTES KARMA AN 241
KUMMERKASTEN: KARMA 257

KAPITEL 10

... ICH VERÖFFENTLICHE EIN MAGAZIN 261

DANKSAGUNG 281

ANHANG

QUELLEN 287
EMPFEHLUNGEN 288

DIE SACHE MIT DEM UNIVERSUM

Ich möchte dir meine Geschichte richtig erzählen. Doch wie fängt man so etwas Wichtiges bloß an? Ich wünsche mir, dass du sie nicht nur liest, sondern auch fühlst, etwas für dich mitnimmst und dich zwischen den Zeilen vielleicht sogar selbst ein wenig wiederfindest. Darum versuche ich es mal so:

Ich kann alles erreichen, was ich nur will.

Gib mir bitte noch ein paar Zeilen Zeit, um dir diesen plumpen Einstieg zu erklären. Er hat seine Berechtigung, denn ich habe ein Geheimnis. Es ist kein gewöhnliches und soll nicht länger eines bleiben. Dieses Geheimnis will gehört und mit der ganzen Welt geteilt werden.

Womit wir bei der zweiten großen Verkündung dieses Vorwortes angelangt wären:

Ich kann mir Wünsche erfüllen.

Um genau zu sein, erfülle nicht ich mir diese Wünsche. Den Part übernimmt mein ganz persönliches Universum für mich. Ein Universum, das ich nicht greifen kann, das oft mit den merkwürdigsten Mitteln arbeitet, mich vor Überwältigung teilweise komplett sprachlos dastehen lässt und mir doch all meine sehnlichsten Wünsche nach und nach erfüllt.

Klingt fantastisch, oder? Vielleicht sogar zu fantastisch, um wahr zu sein. Doch ich kann dich beruhigen: Weder habe ich den Verstand verloren, noch werde ich dich in diesem Buch unterbewusst in einen Kult locken. Ich möchte dir etwas ganz Einfaches und zugleich doch so Kompliziertes beweisen.

Stünde ich jetzt auf einer Bühne und wäre ein Motivationscoach, würde ich wohl sagen: »Ich habe mein Wunschuniversum gefunden und DU kannst das auch, wetten?«. Hört sich erst mal schrecklich überheblich an, aber diese provokante Behauptung trifft es nun mal auf den Punkt.

Bereits als Kind war mir bewusst, dass ich alles, was ich mir in meinen kühnsten Träumen vorstellte, auch erreichen konnte. Weltbühnen, Traumprinzen, Schlösser – kein Hindernis war zu groß für die kleine Carmen mit ihren riesigen Zielen. Ich konnte alles schaffen!

Damals hatte ich noch keine Ahnung, wer oder was dieser Wunscherfüller war. *Das Gesetz der Anziehung* oder *Die Kraft der positiven Gedanken* waren mir noch keine Begriffe. Aber ganz intuitiv tat ich das, was diese beiden Theorien ziemlich genau beschreiben: Ich glaubte aus voller Überzeugung an mein Glück, an mein Schicksal und an mich selbst. So oft hatte ich schon beobachten können, wie meine Gedanken zu Dingen wurden, wie meine Wunschträume plötzlich Form annahmen und mich in meinem Glauben an dieses »Irgendwas ist da« bestärkten.

Es war mir schon immer egal, ob andere meine Denkweise naiv finden. So wie ich die Welt sah, und auch heute noch sehe, war sie keinesfalls naiv, sondern Realität.

Dieses »Irgendwas ist da« ergab aber erst dann plötzlich einen Sinn, als das Buch *The Secret* von *Rhonda Byrne* in mein Leben trat und all meinen unerklärlichen Gefühlen einen Namen gab. Meine

Tagträume waren Visualisierungen. Meinen festen Glauben daran, dass meine Wünsche sich erfüllen, nannte man Manifestieren und der geheimnisvolle Wunscherfüller war in Wirklichkeit mein Universum.

Mein Universum – was bedeutet das denn eigentlich genau? Dieses Universum ist keine unsichtbare Kraft, die dir all deine Wünsche in den Schoß legt. Es ist keine Hermine, die mit Wutschen und Wedeln alles herbeizaubert. Auf gewisse Weise ist mein Wunscherfüller schon magisch, aber dabei geht es eben um die Art von Magie, für die du selbst zuständig bist.

Alles beginnt immer mit einer Sehnsucht, die so groß ist, dass sie sich nicht mehr ignorieren lässt. Einem Bann, dem du dich nicht entziehen kannst, geschweige denn willst. Von dieser all-umfassenden Kraft, die mich mal mehr und mal weniger spürbar schon mein Leben lang begleitet, spreche ich hier. Sie steckt in jedem Wort und in jeder meiner Geschichten.

In den folgenden Kapiteln möchte ich dir zeigen, wieso ich an meiner Anfangsaussage festhalte. Jedes Kapitel zeigt dir einen Wunsch, den ich an mein Universum geschickt habe. Das Erfüllen dieser Wünsche war nicht immer einfach oder schnell – eigentlich nie, wenn ich ehrlich bin. Du wirst irgendwann beim Lesen von mir erfahren, wie verzweifelt ich teilweise war, warum ich manchmal nicht mehr weiterwusste, was genau diese Situation mit mir gemacht hat und wie sehr ich mir teilweise wünschte, einige meiner Wünsche so niemals ausgesprochen zu haben. Doch das gehört auch zu meiner Reise dazu. Manchmal musste ich erkennen, dass ich in einer Sackgasse steckte und einige Wünsche nicht deshalb existieren, um erfüllt zu werden, sondern um mir eine Lehre zu sein. Im Nachhinein lässt sich das natürlich immer leicht sagen und klingt auch ganz schön clever. Doch bis zu dieser Einsicht ist es meist ein langer, holpriger Weg.

Ich habe längst nicht alles gelernt, was es zu wissen gibt, und nicht alle meine Wünsche habe ich mir schon erfüllt. An einigen arbeite ich noch. Sie schwirren schon wild umher. Ich kann sie jeden Tag spüren und irgendwann, daran glaube ich ganz fest, werde ich sie einfangen und mir erfüllen. Wenn die Zeit reif ist ... Wenn ich bereit bin ... Denn, wenn ein Wunsch so groß ist, dass er mitten aus dem Herzen und ganz tief aus der Seele kommt, dann ist das mit dem Erfüllen nie leicht. Große Wünsche bedeuten eben große Hürden, großes Wachstum und große Momente, die Teil einer Geschichte werden. Dieser Geschichte.

RICHTIG WÜNSCHEN WILL GELERNT SEIN

Bevor ich mich nun emotional vor dir ausziehe und meine sehnlichsten Wünsche offenbare, möchte ich noch ein paar Zeilen damit verbringen, dir die Mechanik des Wünschens zu erklären. Denn ja, man kann dabei tatsächlich so einiges falsch machen. Und das hat Konsequenzen.

Ich habe mir diese Vorgehensweise nicht selbst ausgedacht. Sie stammt aus dem Buch *The Secret* von *Rhonda Byrne*. Ich lege jedem, der sich wirklich mit seinem Universum auseinandersetzen möchte, die Worte der Autorin ans Herz, denn dieses Buch hat meine Sicht auf die Welt und auf die Rolle, die ich in ihr spiele, komplett verändert!

Gleiches zieht Gleiches an – dieser Gedanke ist wichtig. Halte ihn für einen Moment fest.

Um die Verbindung zwischen Wunsch und Universum zu erklären, vergleicht *Byrne* sie mit einem Fernsehturm und einem Fernsehgerät. Der Fernsehturm sendet eine Frequenz (den Wunsch) an ein Fernsehgerät (das Universum). Das Gerät wandelt die empfangene Frequenz schließlich in ein Bild um (den erfüllten Wunsch). Dies kann jedoch nur dann geschehen, wenn die vom Fernsehturm ausgehende Frequenz auch empfangen werden kann. Absender und Empfänger müssen also *auf derselben Frequenz funken*, um das richtige Bild zu liefern.

Auch ohne Fernsehmetapher behalten wir die Idee der Frequenz erst mal bei. Bei einem Wunsch und all unseren Gedanken handelt es sich nämlich tatsächlich um nichts anderes als

messbare Frequenzen, die wir in unser Umfeld senden. Sie schwirren so lange frei herum, bis sie auf ein passendes Gegenstück
treffen. Ein Ereignis, ein Objekt, ein Mensch – funken Sender
und Empfänger auf derselben Frequenz, haben wir einen Treffer.
Womit wir nun schon beim ersten Schritt des Wünschens angekommen wären:

DIE ESSENZ DES WUNSCHES FINDEN

Unser Universum wertet nicht. Das heißt: Es zweifelt nicht an,
ob die Worte, die empfangen werden, wirklich so gemeint sind.
Das Universum nimmt den formulierten Wunsch, leitet ihn ungefiltert an sein Gegenstück weiter und kehrt als erfüllter Wunsch
zu dir zurück. Das Universum ist unfehlbar, doch wir Menschen
sind es nicht. So kann es leicht geschehen, dass die Erfüllung
aufgrund von Formulierungsfehlern unsererseits anders aussieht
als erwartet.

An einem banalen Beispiel möchte ich dir zeigen, wie das zu
verstehen ist. Nehmen wir mal an, du sendest folgenden Wunsch
in dein Universum: *In meinem Kühlschrank steht ein Himbeer-
Joghurt.* Dein Universum macht nun, was dein Universum halt tut
und sendet dir diesen Joghurt. Dieser ist statt frisch und lecker
jedoch abgelaufen und halb aufgegessen. Was ist da passiert?

Der Wunsch war nicht konkret genug formuliert. Er hat nicht
die Essenz des Wunsches ausgedrückt. Passender wäre folgende
Formulierung gewesen: *Ich genieße einen frischen Himbeer-Joghurt.*

Joghurt hin oder her – es ist nicht leicht, die Essenz unserer
Wünsche auf Anhieb konkret zu formulieren. Oft wissen wir nicht
einmal, was genau wir uns wünschen. Und das ist okay, zumindest
bis zu einem gewissen Grad. Sobald es nicht mehr nur um abge-
laufene Nahrungsmittel geht, sondern um unser Leben, sollten wir

unsere Worte präzise wählen. Manchmal blockieren scheinbar ausweglose Situationen und Sorgen unser Entscheidungsvermögen. Erst wenn wir einen Ausweg aus einer schwierigen Lage finden, können wir klar denken. Damit dir dieser Schritt vielleicht ein wenig leichter fällt, findest du im Anschluss an jedes Kapitel einen thematisch passenden Kummerkasten. Gefragt von lieben Menschen aus meiner Community, beantwortet von meiner Tante und Psychologin Karolina.

VERNEINUNGEN IN POSITIVE AUSSAGEN VERWANDELN

Statt an einem Joghurt demonstriere ich dir diesen Schritt anhand eines liebevollen Dickhäuters. Bereit?

Ich möchte, dass du jetzt nicht an einen rosa Elefanten denkst.

Mit ziemlich großer Wahrscheinlichkeit entsteht genau in diesem Moment ein Bild von einem rosa Riesen vor deinem inneren Auge. Genau so funktioniert auch das Universum. Es sieht, hört und fühlt die Gedanken, mit denen du dich beschäftigst. Egal, in welchem Zusammenhang. *Byrne* zieht statt des rosa Elefanten ein weiteres Beispiel heran:

»Ich will nicht zu spät kommen«, funkt auf der Frequenz:
Ich will Verspätung
(vgl. Byrne 2006, S. 29)

Die Gedanken, die in dem Moment des Wünschens ausgesandt werden, kreisen um die Verspätung. Du funkst Verspätung, du erhältst sie. Statt dir zu wünschen, nicht zu spät zu kommen, sende die Worte: »Ich erreiche mein Ziel rechtzeitig« direkt ins Universum.

Denke also nicht an das, was du nicht willst. Negative Gedanken bringen dich im Leben und in deinem Wunsch nicht weiter!

WÜNSCHE IN DER GEGENWART FORMULIEREN

Hier greifen wir nun die Aussage *Gleiches zieht Gleiches an* wieder auf. Wenn wir unseren Wunsch für die Zukunft formulieren, dann funken wir nicht auf der richtigen Wellenlänge. Unser Universum wird diesen Wunsch immer für etwas Zukünftiges halten, das niemals erreicht werden kann. *Ich möchte einen Joghurt genießen*, sagt aus, dass dies noch nicht geschehen ist. Der Joghurt-Genuss liegt in unbestimmter Zukunft und ist für das Universum somit unerreichbar. Formuliere deine Wünsche im Präsens und signalisiere somit, dass sie genau in diesem Moment schon wahr sind.

Besonders dieser Punkt ist mir zu Beginn schwergefallen. Das wirst du in diesem Buch an manchen Stellen auch lesen. Es fühlt sich anfangs nicht natürlich an, etwas zu behaupten, was (noch) nicht den Tatsachen entspricht. Doch ich habe gelernt, meine Wünsche als eine gewünschte Realität anzuerkennen, die zwar noch nicht greifbar ist, es aber früher oder später sein wird.

SEI BEREIT, DEINEN WUNSCH ZU EMPFANGEN

Deinen Wunsch in der Gegenwart zu formulieren, ist schon sehr gut, doch, wenn du weiterhin so lebst, als läge die Erfüllung in der Zukunft, sendest du gemischte Signale aus. Lass deinen Wunsch zu einem Teil deines Alltages werden und beweise deinem Universum, dass du bereit bist, ihn zu empfangen.

Im Anschluss an jede meiner Geschichten zeige ich dir, wie ich mein Leben geändert habe, um meinem Wunsch näher zu kommen. So manche Aktion fühlte sich zu Beginn schon etwas verrückt an, aber mit der Zeit erschuf ich neue Routinen, die zu meiner Realität wurden.

Mit einer dieser Wunsch-Routinen mache ich mir mein Universum jederzeit zugänglich und auf eine ganz persönliche Weise greifbar. Ich muss nicht alles sehen können, um daran zu glauben. Mein Universum ist unsichtbar und doch existent. Es materialisiert sich mit jedem Wunsch, den es mir erfüllt. Trotzdem wollte ich etwas bei mir tragen, das das Unsichtbare sichtbar macht, und habe mich für ein symbolisches Tattoo entschieden. Aber nicht irgendeins oder von irgendwem, nein, ein Star-Tätowierer sollte mir 2016 mein Wunschsymbol unter die Haut stechen – seinen Namen lasse ich aus gutem Grund außen vor.

Jedenfalls saß ich um zehn Uhr abends in einem stylischen Studio irgendwo in Manhattan und ließ mir einen Kreis tätowieren. Einen Kreis? Ja, einen Kreis. Dieses simple Symbol steht für Vieles: für den Mond, das Karma und alles, was mein Universum umfasst. Ein lückenloser Kreis, der kein Glück und keinen Wunsch verliert – so war die Idee. Ich kann nicht sagen, ob es an seinem Arbeitspensum, der späten Uhrzeit oder daran lag, dass mein einfaches Symbol vielleicht unter der Würde des berühmten Tätowierers war, doch mein teurer Kreis hatte eine Lücke. Das merkte ich natürlich erst am nächsten Tag beim Abziehen der Schutzfolie. Einem Nervenzusammenbruch war ich nur entgangen, weil mein damaliger Freund und heutiger Ehemann Niclas mich bereits aus dem Hotelzimmer in Richtung Flughafen schob, als ich den Makel entdeckt hatte und mir keine Zeit mehr blieb, unter Tränen durchzudrehen. Das war wahrscheinlich der erste und einzige Tag, an dem mich meine Flugangst vor einem Totalausfall bewahrt hat.

Aber um zum Wesentlichen zurückzukehren: Den Kreis habe ich mir in Deutschland schließen lassen und so endlich meinen symbolischen Wunscherfüller erhalten. Das Tattoo auf meinem linken Unterarm ist Teil meines Rituals geworden. Möchte ich einen Wunsch aussenden, spreche ich ihn laut aus und drücke meinen rechten Zeigefinger in die Mitte des Kreises. Er ist eine Art Button für mich und meine ganz persönliche Leitung ins Universum.

Ob du eine solche Verbindung brauchst und wie deine Variante aussieht, ist komplett dir überlassen. Aber bis du das herausgefunden hast, lasse ich dir meinen Kreis im Anschluss an dieses Vorwort da. Wenn dir danach ist, selbst einen Wunsch loszuschicken, kannst du meinen Button gerne benutzen. Wir sorgen dann gemeinsam dafür, dass er wahr wird!

Die Theorie ist nun überstanden und die Anleitung ist komplett. Du verfügst über die perfekte Vorlage. Wie du sie umsetzt, liegt nur an dir.

Weil es mir zu Beginn meiner Wunschkarriere selbst recht schwerfiel, richtig zu wünschen, habe ich das Workbook *Wenn das Universum antwortet* entwickelt. Es soll dir ergänzend zu meinen Erfahrungen eine Stütze sein und dich Schritt für Schritt begleiten, damit du dich auf deinem Weg quer durchs Universum zurechtfindest.

Probiere dich aus und lasse Fehler zu. Auch ich habe meine Wünsche oft unkonkret, verneinend oder schlichtweg halbherzig formuliert. Die Konsequenzen taten oft weh, doch lehrten sie mich, bedachter zu sein und meine Fehler zu korrigieren.

Ich erlaube mir, zu scheitern, zu reflektieren, umzudenken und meinen Wünschen hinterherzujagen. Erlaube *du* dir das auch!

Und damit willkommen in meinem Universum – jetzt wird's magisch.

WÜNSCH
DIR WAS

LIEBES UNIVERSUM, ICH ERFAHRE BEDINGUNGSLOSE LIEBE

Die große Liebe finden zu wollen, ist nicht wirklich ein ausgefallener Wunsch. Wahrscheinlich ist er sogar auf der Sternschnuppen-, Wimpern- und Geburtstagskerzenliste unangefochten auf Platz 1. Das macht ihn für mich aber nicht weniger besonders. Wenn sich so viele Menschen nach der großen Liebe sehnen, scheint es nicht sehr viele zu geben, die sie tatsächlich finden. Und mein Leben mit unerfüllter Liebe zu verbringen, kam für mich zu keinem Zeitpunkt infrage.

Ich bin ein Trennungskind oder besser gesagt: Meine Eltern waren auch vor meiner Geburt nie wirklich ein festes Paar. Das bedeutet aber nicht, dass ich keine liebevolle Erziehung genossen habe. Meine Mutter schenkte mir all die Liebe, die sie entbehren konnte und mein Vater vergötterte mich als seine kleine Prinzessin. Doch ganz egal, wie sehr mich meine Eltern, jeder auf seine Weise, aus tiefstem Herzen lieben, ich sehnte mich immer nach der familiären Idylle, die ich bei meinen Freund*innen sah.

Unser Familienleben benötigte viel Koordination und das fühlte sich für mich jeden Tag, egal ob Geburtstag oder regulärer Montagmorgen, nach Arbeit statt unbeschwerter Liebe an.

Meine Vorbilder für eine glückliche Beziehung und ein intaktes Elternhaus beschränkten sich also auf Filme, Märchen und meine eigene Vorstellungskraft.

Mama und Papa lieben mich, aber sie lieben sich nicht. Es fiel mir immer schwer, das zu akzeptieren. Wieso konnten sie nicht wie die anderen Eltern zusammenleben, mit mir in den Urlaub fahren, die Feiertage als kleine, glückliche Familie verbringen? Bei anderen funktionierte es doch schließlich auch ... Das konnte ich als Kind einfach nicht nachvollziehen.

So sehr ich mir damals wünschte, dass sie, wenn auch nur meinetwegen, ein Paar waren, desto mehr verstand ich mit dem Älterwerden, wieso das nicht so einfach war. In einer Beziehung geht es schließlich um so viel mehr als Happy-Family-Spielen. Meine Eltern waren kein Liebespaar und ich lernte damit umzugehen. Doch für mein eigenes Leben wollte ich unbedingt einen anderen Weg einschlagen. Ich wollte dieses märchenhafte Gefühl spüren, welches ich mir in meinen romantischsten Träumen ausmalte. Doch was musste ich dafür genau tun?

Nach dieser Antwort suchte ich (kleiner Spoiler, ich habe sie gefunden!), solange ich mich zurückerinnern kann. Als junges, unsicheres Mädchen fand diese Suche noch eher in meinen Gedanken statt. Von einem wunscherfüllenden Universum hatte ich damals noch nie etwas gehört, geschweige denn von der Kraft, die es innehat. Wie ich meine Sehnsüchte formulieren und mich bereitmachen musste, um die Erfüllung meiner Wünsche empfangen zu können, wusste ich nicht. Doch auch ohne dieses Wissen tat ich unbewusst genau das Richtige. Ich malte mir die Begegnung mit meinem Traumprinzen in den lebendigsten Farben aus, verwandelte das Rattern des Schulbusses in die Melodie meines Hochzeitsliedes und erschuf mir meine eigene kleine Welt, in der die Liebe die Hauptrolle spielte. Egal, wie »richtig« meine Gedankengänge laut Universum-Wunsch-Formel waren, so wirklich real wurde mein Märchen nicht auf Anhieb.

* * *

Meine erste Beziehung, wenn man sie als solche betiteln konnte, ging ich mit zwölf Jahren ein. So schnell diese begonnen hatte, so schnell war ich auch wieder über sie hinweg. Denn plötzlich gab es da diesen einen Jungen, dem keiner das Wasser reichen konnte: Bill Kaulitz.

Und das meine ich komplett ernst. Es handelte sich nicht um eine kleine Fanschwärmerei. Ich war mir sicher, ihn eines Tages zu heiraten. Er war mein Mann fürs Leben und das glaubte ich länger, als ich jetzt hier zugeben werde. Nachdem ich Monate damit verbracht hatte, den Fernseher anzuschmachten, ohne meinen Bill je live gesehen zu haben, geschweige denn den ersehnten Ring am Finger zu tragen, musste ich mir eingestehen, dass es Zeit wurde, in das echte Leben zurückzukehren.

Wieder in der Realität angekommen (wenn auch mit dem Back-up-Plan, *Tokio Hotel* auf Abruf durch den Monsun zu folgen), verbrachte ich mehr Zeit mit meinen Schulfreund*innen und Menschen, die nicht ganz so unerreichbar waren. So fand ich mich als Dreizehnjährige mit einem Zelt, einem Schlafsack und einer Schüssel Nudelsalat bepackt auf einer Gartenfete wieder.

Ich verliebte mich schon immer schnell. Und das mit allem, was mein Herz zu bieten hat. Sobald ich eine Chance witterte, jemandem meine Liebe schenken zu können, ergriff ich sie. So auch damals auf dieser Feier, auf der ich Lenni traf: Lenni, der nicht wirklich Lenni heißt, riss mich mit seiner geschulterten Gitarre und seinem ansteckenden Lachen an diesem Abend aus meiner Bill-Phase, als hätten die Gefühle für mein Teenie-Idol nicht das geringste Gewicht gehabt. Wir redeten stundenlang über nichts und alles, kuschelten am Lagerfeuer und ich schmachtete ihn durch meine rosarote Brille an, während er auf seiner Gitarre zupfte. Zwischen uns war es gleich so vertraut. Nach einer kurzen, kalten Nacht in getrennten Zelten stand für uns fest: Wir sind jetzt Freund und Freundin. Wow, so schnell kann es gehen – mein Wunschuniversum arbeitete damals schon unter Hochdruck!

In den anschließenden Wochen verbrachten wir kaum einen Tag getrennt voneinander. Sahen wir uns einmal nicht, klingelte spätestens nachmittags das Festnetztelefon und wir hingen stundenlang an der Strippe. Meine Mutter musste ganz schön erfinderisch werden, um das Telefon und mich wieder aus meinem Zimmer zu bekommen. Unsere Schnellschussentscheidung, ein Liebespaar zu sein, wurde immer realer und hielt länger, als irgendwer in unserem Umfeld je gedacht hätte.

Der erste Kuss fand in seinem unordentlichen Jugendzimmer ein wenig verschämt auf der Bettkante statt. Zwar stellten wir uns beide noch ziemlich unbeholfen an, aber die Schmetterlinge in meinem Bauch gaben Vollgas und mir wurde ganz schwindelig. So fühlte sie sich also an, die Liebe, von der alle sprachen.

Lenni und ich gingen auf dieselbe Schule und verbrachten die Fünfminutenpausen damit, uns verknallte Blicke zuzuwerfen und rumzuknutschen, bis die Schulklingel uns wieder auseinanderriss. Wir waren das typische Teenie-Pärchen, das allen auf die Nase binden musste, wie glücklich es war. Carmen allein gab es nicht mehr. Ich wurde von Carmen zu Carmen und Lenni. Aus dem Ich wurde ein Wir und ich liebte es.

Was wir hatten, war besonders und noch viel schöner, als ich es mir in meinen kühnsten Fantasien hätte ausmalen können. Wenn wir mal nicht jede freie Minute beieinander sein konnten, schrieben wir uns Briefe. Wir malten uns unsere Zukunft aus und schämten uns nie zu sagen, was wir füreinander fühlten. Lenni erfüllte mir sogar einen Traum, von dem ich nicht einmal wusste, dass ich ihn hatte. Er schrieb mir ein Liebeslied:

Babygirl, ich muss einfach an dich denken.
Ich will dir mein ganzes Leben schenken.
Ich weiß, ich bin manchmal hart zu dir,
doch ich hoffe, durch diesen Satz verzeihst du mir.

Ich verzeihe dir auch, was immer passiert.
Jetzt sag nix. Ich will nicht, dass ich dich verlier.
Das ist unsere eigene Lovestory
und ich hoffe, du glaubst mir jedes Sorry.
Schenke dir meine Liebe als Gegenleistung, hier mein Herz,
geh mit mir durchs Leben, ich nehm dir jeden Schmerz.

Hach, die erste große Liebe.

Wieso erzähle ich das alles? Immerhin möchte ich keinen Herz-schmerz-Teenie-Roman schreiben. Doch diese Geschichte gehört zum großen Ganzen. Ohne sie hätte ich nie gelernt, was wahre Liebe ist und wie schnell diese zerbrechen kann. Denn so romantisch und perfekt die Beziehung mit Lenni war, so sehr habe ich mich auch vom schönen Schein blenden lassen. Nach fünf Jahren fand ich heraus, dass er mich betrog. Ohne vorher jemals auch nur das geringste Fünkchen Misstrauen empfunden zu haben, entdeckte ich eines Tages einen Gürtel, der eindeutig nicht meiner war, in seinem Zimmer. Als ich ihn mit dem Teil konfrontierte, machte er sich nicht mal die Mühe, abzustreiten, mit einer anderen geschlafen zu haben. Es schien keine große Sache für ihn gewesen zu sein, mich zu betrügen und unsere Beziehung von sich aus zu beenden, nachdem ich es herausgefunden hatte. Und das machte es zu einer noch größeren für mich. Mit dem Beziehungsende stand alles, was für mich in den vergangenen Jahren zu meinem Lebensmittelpunkt geworden war, auf dem Spiel: meine glückliche Ersatzfamilie, der gemeinsame Freundeskreis, mein Vertrauen zu ihm und in mich selbst und mein Urteilsvermögen. Ich war nicht bereit, das alles aufzugeben. Ich wollte *ihn* nicht verlieren, meinen geglaubten Seelenverwandten. Mein Herz weigerte sich, ihn gehen zu lassen und so schwor ich, den Seitensprung zu verzeihen, wenn er mich nur weiterhin lieben würde. Ich lief ihm hinterher und schmiss all meine Prinzipien und meinen Stolz über

Bord, bloß, um nicht ohne ihn zu sein. Er hatte mir doch versprochen, mir sogar vorgesungen, mich niemals verletzen zu wollen und dass egal, was passiert, wir beide über allem stehen würden ... Und er? Er hatte das Interesse an mir verloren und ließ mich von einem auf den anderen Moment einfach so hinter sich. Damit war der letzte Takt unserer Lovestory verklungen und ich nicht mehr sein Babygirl.

Mein Herz war gebrochen und ich war allein nicht in der Lage, es zu reparieren. Ich wusste nicht mal wirklich, wer ich ohne Partner an meiner Seite war. Ich stellte alles infrage, was ich in den letzten fünf Jahren gefühlt und gedacht hatte.

Wie konnte ich mich bloß dermaßen in einem Menschen täuschen? Hatte er mich überhaupt jemals so sehr geliebt, wie ich dachte? Hatte er dieses Lied wirklich für mich geschrieben oder für ein anderes Mädchen, das er sich an seine Seite wünschte?

Ich fand keine Antworten mehr. Mein Leben und alles darin war nur noch ein großes Fragezeichen. *Someone like you* von *Adele* lief in Dauerschleife. Ich suhlte mich in meinem Herzschmerz und ich erlaubte mir, zu leiden. Hoffnungslos schluchzend in Selbstmitleid zu versinken, erschien mir mehr als angemessen.

In den vergangenen Jahren war ich so damit beschäftigt gewesen, ein Wir zu sein, dass ich mich nicht mehr bemüht hatte, herauszufinden, was ich mir vom Leben und der Liebe so dringend wünschte. Doch damals hatte ich keine Kraft, über die Dinge nachzudenken, die mir in der Beziehung gefehlt hatten, und was hätte anders laufen müssen. Der einzige Gedanke, den ich als frischgetrennte Achtzehnjährige fassen konnte, war:

Liebes Universum, ich möchte nicht allein sein

Ich ging also auf Dates, die oft enttäuschend statt charmant waren, nutzte den Übergang vom Abitur zum Studium, um meinen

Freundeskreis neu aufzubauen und sorgte dafür, dass ich immer von Menschen umgeben war.

Besonders in den ersten Monaten nach der Trennung misstraute ich jedem und hatte alle Mühe, meine frisch errichtete Mauer hinter einer fröhlichen Fassade zu verstecken. Auf den ersten Blick erschien ich als eine lebenslustige Germanistik-Studentin, die gerne feierte, neue Menschen kennenlernte und sowieso recht unbeschwert durchs Leben ging. Genau das Bild wollte ich von mir vermitteln. Bloß nicht zu tiefgründig werden, das könnte schiefgehen und wehtun. Doch irgendwann fühlte ich mich in meiner oberflächlichen Sorglos-Rolle nicht mehr wohl. Ich wollte wieder wahre Emotionen zulassen, Menschen nicht nur in Gruppen und bei ausgelassener Stimmung treffen, sondern echte Gespräche führen. Also baute ich meine Mauer nach ein paar Semestern Stück für Stück ab. Mit Anfang zwanzig verliebte ich mich zum ersten Mal nach der Trennung von Lenni endlich aufs Neue.

Allerdings verbrachte mein neuer Freund seine Abende am liebsten mit seinen Jungs in der Kneipe. So ging ich eben mit meinen Mädels tanzen. Ein romantisches Date bestand für ihn aus Pizza und Film, wohingegen ich gerne unterm Sternenhimmel die ganze Nacht gequatscht hätte. Ich liebte Magie und Spiritualität, er sah die Welt eher realistisch. Er entfloh dem Alltag öfter mal mit Gras, ich tagträumte vor mich hin. Wir waren ganz eindeutig verschieden und genau diese Dynamik sorgte dafür, dass ich mich auf eine Beziehung mit ihm einlassen konnte. Denn die Karten lagen offen auf dem Tisch. Ich wusste, worauf ich mich einließ, und konnte mein Verlangen nach Harmonie stillen, indem ich die Themen, bei denen wir uns uneinig waren, einfach vermied. So gut es eben ging. Unsere Unterschiede waren so offensichtlich, dass ich dieses Mal erst gar nicht in Versuchung kam, uns zu idealisieren und schließlich am Boden zerstört zu sein, wenn der schöne

Schein verblassen würde. Eine so naive Sichtweise auf die Liebe erlaubte ich mir nach Lenni nicht mehr.

Es soll nicht so klingen, als wäre ich bloß in der neuen Beziehung gewesen, um nicht allein zu sein. Zwar trieb mich dieser Gedanke ursprünglich in seine Arme, aber mein damaliger Freund war witzig, umarmte mich, wenn ich es brauchte, brachte mir Nervennahrung, wenn das Studium anstrengend war und wenn ich ganz lieb fragte, schaute er sogar *Disney*-Filme mit mir. Trotz unserer Unterschiede liebte ich ihn und er liebte mich mit all meinen Eigenarten.

Nach drei Jahren Beziehung glich meine emotionale Mauer nur noch einem Gartenzaun und mit einem mutigen Schritt trat ich auch noch die letzten Latten nieder: Wir wollten zusammenziehen.

Doch bevor ich mit ihm in eine gemeinsame Wohnung ziehen konnte, sollte sich eine Sache ändern: Das Gras musste aus seinem und damit auch aus meinem Leben verschwinden. Trotz all meiner Harmoniebedürftigkeit konnte ich diesen einen Streitpunkt nicht ignorieren. Für mein Empfinden war er zu oft und zu lange mit seinen Kifferfreunden unterwegs und kam entweder high, betrunken oder beides gleichzeitig mitten in der Nacht zurück. Beinahe routinemäßig ging ich ihm und seiner hitzköpfigen Art jedes Wochenende aus dem Weg und schlief in meiner eigenen Wohnung auf der Couch statt in meinem Bett. Die morgendlichen Entschuldigungen und Versprechen, sich zu bessern, hatte ich so oft gehört, dass seine Aussagen irgendwann jegliche Bedeutung für mich verloren. Aber leere Worte würde ich nicht mit in unsere gemeinsame Wohnung nehmen und so sah er schließlich ein: Für mich und unsere Zukunft wollte er sich ändern! Also traute ich ihm dieses eine Mal noch.

Wir packten unser Hab und Gut aus unseren Single-Wohnungen in Umzugskartons und bezogen unsere eigenen vier Wände voller Lust auf alles, was sie uns zu bieten hatten. Dieser Schritt war wie ein kleiner Neuanfang. Wir lernten nochmal ganz andere Seiten aneinander kennen und schwebten in einer »Alles neu, alles frisch«-Blase. Zumindest für eine Weile.

Auch nach dem Umzug waren wir noch immer zwei Individuen, die versuchten, eins zu sein. Wirklich gelingen wollte uns das jedoch nicht. Wir hatten in vielen Lebenslagen grundverschiedene Ansichten, und je mehr Zeit wir miteinander verbrachten, desto offensichtlicher wurde es, dass diese Beziehung keinem von uns guttat. Mein Bauchgefühl wusste es schon lange vor dem Zusammenziehen, doch mein Herz wollte noch an den schönen Momenten festhalten. Darum redete ich mir ein, ihn verändern zu können, und dass wir uns zu dem Paar aus meinen Wünschen entwickeln würden. Tag für Tag wurde diese Hoffnung immer leiser und ein anderes Gefühl schlich sich stattdessen in mein Herz: Angst. Angst, dass unsere Beziehung nicht die große Liebe war. Angst, die Kontrolle zu verlieren. Angst, dass er die Kontrolle über sich verliert, wenn er mal wieder bekifft und gereizt war.

Bis es schließlich geschah: Es war ein Abend wie viele andere zuvor. Mein damaliger Freund war mit seinen Kumpels unterwegs und ich blieb in unserem Zuhause zurück. Irgendetwas in mir wollte diesmal nicht, dass ich es mir auf der Couch gemütlich machte und einen weiteren *Harry Potter*-Marathon startete. Über den ganzen Abend hinweg raste mein Herz wie wild und ich wurde das Gefühl nicht los, etwas unternehmen zu müssen. Nachdem ich einige Male ziellos alle Räume abgegangen war, kam ich schließlich an der Kommode im Schlafzimmer an. Dies wäre er, der Ort, an dem er das Gras verstecken würde, falls sein Versprechen nur eine Lüge wäre. Wollte ich wirklich die Freundin sein, die die Habseligkeiten ihres Mannes durchstöberte? Oder wollte ich die Freundin sein, die trotz großer Zweifel vertraute?

Ich öffnete die unterste Schublade und hielt keine drei Sekunden später seinen Notvorrat in den Händen. Ab dem Zeitpunkt machte sich mein Körper selbstständig, und bevor ich mich versah, landete der Inhalt des Tütchens in der Toilette und einen Wasserstoß später in der Düsseldorfer Kanalisation.

Okay Carmen, jetzt hast du deine Bestätigung. Und was nun?

Mir wurde schlagartig bewusst, in welche Lage ich mich gebracht hatte. Innerlich bereitete ich mich auf die Konfrontation vor, die mich erwartete, und redete mir in den Stunden vor seiner Heimkehr immer wieder Mut zu. Ich wollte meinen Standpunkt vertreten, war darauf gefasst, dass er mich anschreien würde. Doch ich würde mir jedes einzelne beleidigende Wort merken und ihm am nächsten Tag nüchtern den Spiegel vorhalten.

Hörst du, was du sagst, wenn du betrunken bist? Wie du reagierst, wenn du bei einer Lüge ertappt wirst? Merkst du, wie weh du mir tust?

Nervös mit den Beinen hibbelnd, erwartete ich ihn an unserem kleinen Küchentisch. Meine Hände waren schwitzig, mein Mund trocken und ich spürte meinen schnellen Herzschlag.

Sein Schlüssel verfehlte das Ziel ein paar Mal knapp und rastete schließlich im Schloss ein. Er war betrunken und verwundert, mich dort im Halbdunkeln sitzen zu sehen. Normalerweise war ich schon im Bett, wenn er länger unterwegs war oder eben in weiser Voraussicht bereits mit der Bettdecke auf der Couch.

»Was ist los? Wieso schläfst du nicht?«, fragte er mich, während er mit dem Rücken an der Wand lehnend, seine Schuhe von den Füßen streifte und sie in die Ecke kickte.

Der ganze Mut, den ich mir zugesprochen hatte, platzte nun aus mir heraus: »Du hast mich angelogen, mal wieder! Von wegen, ich bin dir wichtiger als das dumme Zeug! Von wegen, du willst dich ändern! Auf welcher Grundlage denn – auf Lügen und noch mehr Lügen? Ich hab keine Lust mehr, die gutgläubige Freundin zu spielen, die ständig wegguckt. Dein scheiß Gras schwimmt wahrscheinlich schon im Klärbecken.« Puh, das musste raus! Außer Atem und in Wuttränen aufgelöst erwartete ich seine vernichtenden, von

Alkohol befeuerten Worte. Doch was nun geschah, war mehr als der verbale Schlag ins Gesicht, mit dem ich gerechnet hatte. Dieses Mal blieb es nicht bei Geschrei.

Er lehnte noch immer an der Wand, aber sah mich direkt an. Jegliche Zuneigung und Liebe war aus seinem Blick gewichen. Er stieß sich leicht schwankend ab und kam rüber zu mir an den Tisch. Mit den Händen stützte er sich auf die Platte und beugte sich zu mir herunter: »Sag das nochmal.«

Ich wurde immer kleiner und immer stiller auf meinem Stuhl.

»Hör auf zu heulen! Was fällt dir ein, dich in meine Angelegenheiten einzumischen?«

»Du hast es mir versprochen«, entgegnete ich kleinlaut. »Ich wollte nur, dass …«

Er gab mir keine Chance, den Satz zu beenden. Ich spürte seinen groben Griff in meinen Haaren und einen Sekundenbruchteil später, wie mein Kopf auf den Tisch aufschlug.

Diese Nacht bescherte mir meinen absoluten Tiefpunkt und war gleichzeitig der Wendepunkt, der alles in meinem Leben veränderte. Es fiel mir damals und fällt mir auch heute noch schwer, zu akzeptieren, dass dieser Vorfall ein Teil meiner Geschichte ist – ich wurde Opfer häuslicher Gewalt.

Noch in derselben Nacht warf ich ihn raus, für immer. Es ging alles so schnell und gleichzeitig so unglaublich langsam. Meine Realität raste ungefiltert auf mich zu. Ich war plötzlich eine von diesen Frauen, die es so weit hatte kommen lassen. *Wie konnte ich nur?* Diese Gedanken waren auf einmal mein stetiger Begleiter.

In den folgenden Wochen tat ich kein Auge zu. Ich wusste, dass ich nicht schuld war. *Er* war derjenige, der völlig ausgerastet war. *Er* hatte mit seiner Gewalt gegenüber mir alles zerstört, was wir uns in den vergangenen Jahren gemeinsam aufgebaut hatten.

Aber da waren auch diese anderen Gedanken, die sich immer wieder in meinen Kopf schlichen: Hatte *ich* ihn unnötig provoziert?

Hatte *ich* seine Reaktion heraufbeschworen? Hatte *ich* überreagiert? War ich doch nicht so unschuldig, wie *ich* mir einredete?

Glaub mir, ich würde mein damaliges Ich am liebsten schütteln, anschließend ganz fest in den Arm nehmen und sagen: »Natürlich nicht! Du bist hier das Opfer! Wenn du dich jetzt zum Sündenbock machst, zerstört es dich!«

Zwischen all den Selbstvorwürfen und der Wut gegen alles, was mich an diesen Punkt gebracht hatte, traf ich in einem klaren Moment endlich den Entschluss: Das würde mir nie wieder zustoßen!

Die Entwicklung, die ich hier in wenigen Zeilen schildere, hat mir damals alles abverlangt. Herauszufinden, wie man nach so einem Erlebnis weitermacht, und zwar in der Praxis, nicht nur in der Theorie, war für mich eine große Herausforderung. Ich wusste, dass ich stark sein musste, aber diesen Gedanken umzusetzen, war schwer.

Nachdem die räumliche Trennung mit allen unbequemen Faktoren endlich über die Bühne gegangen war, war ich plötzlich allein. Wieder war eine Beziehung daran gescheitert, dass mir Leid zugefügt worden war. Doch anders als die Male zuvor, hatte ich keine Kraft mehr, um mich selbst und meine Gefühle herumzutänzeln. Also stellte ich mich zur Rede: *Carmen, was ist los mit dir? Weißt du überhaupt noch, was du willst? Nein?! Dann ist es genau jetzt an der Zeit, das herauszufinden!*

Also lernte ich als Erstes, allein zu sein, nur mit mir selbst. Ich musste wissen, wer Carmen ohne Beziehung ist. In den letzten Jahren hatte ich mich aus den Augen verloren.

Um mich persönlich weiterzuentwickeln, stürzte ich mich nicht mehr mit *Adele* in den Herzschmerz, sondern hörte auf das, was in mir zerbrochen war und Zeit zum Heilen brauchte. Ich musste alte Muster ablegen. Sie waren wie lästige Déjà-vus, die mich nicht los- und weiterziehen lassen wollten. Um aus ihnen auszubrechen, musste ich etwas völlig Untypisches für mich tun. Statt mich in eine neue toxische Beziehung zu stürzen, kümmerte ich mich ausschließlich um mich selbst. Ich schnappte mir meinen inneren Schweinehund und machte Sport. Mistete mein Zimmer aus und erlaubte mir nicht, in alten Erinnerungen zu versinken und siehe da: Mit jedem Tag, an dem ich mir selbst die Stirn bot, wurden die Déjà-vus seltener.

Eines Tages, bei einer mittlerweile routinemäßigen Aufräumaktion, fiel mir das Buch *The Secret* von *Rhonda Byrne* in die Hände. Meine Mutter hatte es mir zum sechzehnten Geburtstag geschenkt und ich hatte seither mal mehr, mal weniger interessiert darin geblättert. Doch nun, umzingelt von aussortiertem Dekokram und partnerlosen Socken, überkam mich das Bedürfnis, es zu lesen und mir jedes einzelne Wort zu Herzen zu nehmen. *Das Gesetz der Anziehung* hatte mich nach nur wenigen Seiten in den Bann gezogen und mit jeder neuen Zeile erkannte ich: Streng genommen war mein Wunsch, nicht allein zu sein, wahr geworden. Das Erfüllen war also nicht die Schwierigkeit, ich sendete einfach auf der falschen Frequenz den falschen Wunsch in mein Universum! Es lag tatsächlich an mir, meinen Wunsch noch präziser zu formulieren. Doch dafür musste ich zunächst herausfinden, was für mich wahre Liebe beinhaltete: *Ich möchte die Art Liebe spüren, die sich nicht erklären oder entschuldigen muss, die nicht kämpfen muss, um gehalten zu werden, die erwidert wird – ganz egal, welche Steine das Leben mir in den Weg legt. Ich wünsche mir eine Liebe, die verzeiht und die geduldig ist. Leidenschaft, die nicht erlischt, sondern mit den Jahren stärker wird.*

Was ich wollte, wusste ich also. Und ich hatte keine Lust mehr zu warten. Aber eine entscheidende Voraussetzung fehlte noch: Ich musste mich selbst bedingungslos lieben lernen. Erst, wenn ich mir selbst die Liebe schenken konnte, die ich von einem Partner erwartete, würde ich mir erlauben, mein Herz erneut zu öffnen. Das lehrte mich jeder Ratgeber, jedes Pinterest-Zitat und jede

Freundin, bei der ich einen Teil meiner Last abladen durfte. Diese neue Sicht auf die Liebe fühlte sich richtig an.

Liebes Universum, ich erfahre bedingungslose Liebe. Von mir, nur für mich

In der Theorie stand mein Plan fest, jetzt galt es, ihn in meinem Alltag umzusetzen. Ich musste mich selbst austricksen und mir vormachen, dass ich schon all das lebte, was ich als Wunsch in mein Universum geschickt hatte. Jeden Tag arbeitete ich weiterhin daran, meine alten Muster zu durchbrechen und mir neue Routinen zu schaffen. Routinen, die von Positivität und Dankbarkeit bestimmt waren und kaum Raum für Verlustängste und Selbstzweifel ließen. Ich ermahnte mich zu mehr Achtsamkeit, sobald ich merkte, dass negative Gedanken mein Tun bestimmten. Nahm ein Bad, schaltete das Handy aus oder ging eine Runde mit Hörbuch auf den Ohren spazieren. Statt mich über Pickel aufzuregen, sah ich meinem Spiegelbild in die Augen und sagte mit fester Stimme: »Du bist schön, du bist einzigartig. Du bist perfekt, so wie du bist. Und wenn du jetzt eine Tafel Schokolade isst, liebe ich dich vielleicht noch ein bisschen mehr.«

Nun befand ich mich in der wichtigsten Beziehung meines Lebens – in der mit mir selbst. Gut, meine Baby-Katze Jola gehörte noch dazu. Wir zwei, wir brauchten keinen Mann. Wir kamen ganz gut allein zurecht. Aber nur, weil ich keinen brauchte, hieß das nicht, dass ich keinen wollte. Denn trotz allem war ich der Liebe nicht überdrüssig. Ich wusste: *Irgendwo da draußen wartet genau diese Liebe auf mich, die ich mir ersehne!* Also machte ich mich bereit.

Dafür spielte ich mein neues Leben nach, tat so, als führte ich schon meine perfekte Beziehung. Meine Wohnung betrat ich mit einem »Hallo Schatz, ich bin zuhause!« und erzählte meiner Katze stellvertretend, wie mein Tag war, welche Events ich besucht hatte, welche Chancen sich mir boten, wie mich das Leben jeden Tag ein bisschen mehr anlächelte.

Während ich in den Monaten nach dem Schlussstrich unter meiner letzten toxischen Beziehung genau beobachtete, wie ich mit mir selbst umging und mein Leben in die richtige Richtung lenkte, wurde ich auch von außen beobachtet.

Seit jeher hatte ich die größte Angst davor, allein zu sein und nun musste ich herausfinden, dass ich dies zu keinem Zeitpunkt war – welch grausame Ironie. Jeder meiner Schritte wurde verfolgt. Der Mann, den ich mit aller Kraft aus meinem Kopf und Herzen verbannt hatte, überwachte mich aus dem Auto, beobachtete mich durchs Fenster unserer ehemaligen gemeinsamen Wohnung – und er ließ mich seine Anwesenheit in jedem einzelnen Moment spüren. Er fand heraus, wann ich wo auf welchen Veranstaltungen war, in wessen Begleitung ich mich befand und um wie viel Uhr ich erschöpft wieder nach Hause kam. Er verfolgte mich wie ein Schatten und ging sogar noch weiter: Er kontaktierte meine Freundinnen mit Updates über all meine Schritte, nachdem ich ihn auf allen Kanälen blockiert hatte. Er spielte ein Machtspiel mit mir. Zwar hatte ich meine Gedankenwelt weitestgehend im Griff, doch mein Ex wollte noch immer die Fäden meines Alltags ziehen. Er konnte nicht akzeptieren, dass ich einen Weg eingeschlagen hatte, der mich sehr weit von ihm entfernte. Er schien noch immer nicht zu verstehen, dass er Schuld am Aus unserer Beziehung hatte.

Trotz meiner neu gewonnenen Selbstständigkeit und dem Mut, mein Leben so zu führen, wie ich es mir erträumte, fühlte ich mich nicht sicher, weder auf dem Weg zum Supermarkt noch in meinem eigenen Zuhause.

Ich wollte ihm nicht den Platz in meinem Alltag zugestehen, den er sich zu erkämpfen versuchte. Also verwehrte ich ihm, ein Teil meines Lebens zu sein, indem ich keinen Gedanken mehr an ihn und seine Obsession mit mir verschwendete. Wenn ich nur lange genug durchhielt, würde er schon den Spaß an mir verlieren. Stattdessen schaffte ich zunehmend Raum für den ganz besonderen Menschen, der mir früher oder später geschickt werden würde. Wann immer mein Universum mir zutraute, bereit zu sein. Es stellte sich heraus, dass dieser Zeitpunkt eher früher als später eintreffen sollte.

2016 trat ich auf der Berlin Fashion Week einen Promoterinnen-Job an. Ich schnupperte von der Seitenlinie in das glamouröse Leben hinein. Solche Events sind nicht halb so glänzend, wie sie online oder im Fernsehen erscheinen. Hinter den Kulissen herrscht die pure Hektik, die Shows sind so eng getaktet, dass man alle Mühe hat, überhaupt etwas von den neusten Trends zu Gesicht zu bekommen, und die Prominenz verschwindet in Sekundenschnelle hinter einer Wand aus Securitys und getönten Scheiben. Ich liebte jeden unperfekten Moment dieser schimmernden Welt.

An diesem Wochenende war ich wohl nicht die beste Promoterin, die mein damaliger Chef je engagiert hatte. Und um komplett ehrlich zu sein, bin ich mir nicht ganz sicher, wieso er mich nicht schon am ersten Tag samt meinen Flyern und Probeartikeln zurück nach Düsseldorf schickte. Statt die mir zugeteilte Marke zu bewerben, schlich ich um die roten Teppiche herum, erhaschte mir Blicke auf die Laufstege und verlief mich ganz zufällig in die Backstage-Räumlichkeiten, bis die letzte Show des Tages gelaufen war.

Nach mehr oder weniger getaner Arbeit fanden wir, meine Arbeitskolleginnen, unser Chef und ich, uns wieder zum obligatorischen Gruppen-Selfie zusammen. Das Foto landete jedoch nicht in den Tiefen der iCloud. Nur wenige Sekunden nach der Aufnahme wurde es im WhatsApp-Gruppenchat meines Chefs bereits von seinen Kumpels begutachtet. Ganz der Gentleman gab er mit seinen Promoterinnen in der Männerrunde an. Auch wenn das vielleicht nicht ganz so galant war, kann ich ihm die Prahlerei nicht übelnehmen. Wieso? Weil der Mann, der mein Leben auf den Kopf stellen würde, in genau diesem Chat war. Und er war nicht nur in diesem Chat, sondern hatte die Fashion Week außerdem zum Jungs-Wochenendtrip-Ziel auserkoren und antwortete: »Die will ich!« Das ist zumindest die offizielle Version ... lassen wir den Männern mal ihre Geheimnisse.

Auf der After-Show-Party gab es für mich also nicht nur Connections und Cocktails, sondern auch einen Mann, der es sich zur Aufgabe gemacht hatte, mich zu erobern. Da stand er, die Augen voller Schabernack, laut, mitreißend, so voller Liebe und Lust aufs Leben, dass es mir regelrecht den Boden unter den unbequemen Pumps wegzog: mein Niclas, mein Knopf.

Die Begrüßung war so herzlich und überschwänglich, als hätte ich ihn seit einer Ewigkeit warten lassen und wäre nun endlich bei ihm angekommen. Ich fühlte mich ab dem ersten Moment umworben, geborgen und frei, das zu tun, wonach mein Herz sich sehnte. Dieser Mann, den ich im Prinzip nicht kannte, löste etwas in mir aus, was ich seit Jahren so nicht mehr gespürt hatte: pure Unbeschwertheit.

Den gesamten Abend wich er mir nicht von der Seite und hätte er es versucht, hätte ich es nicht zugelassen. Er stellte mich bei jeder Gelegenheit als seine zukünftige Frau vor und spielte den stolzen Ehemann an meiner Seite. Von außen muss das Ganze etwas skurril, wahrscheinlich sogar sehr verrückt, gewirkt haben, doch so fühlte es sich nicht an. Mir war natürlich bewusst, dass ich diesen Menschen gerade mal seit wenigen Stunden kannte, aber was soll ich sagen, er riss mich einfach mit und ließ keinen Raum für Zweifel. Ich wurde das Gefühl nicht los, in ihm genau die Person gefunden zu haben, auf die ich die ganze Zeit gewartet hatte. Die ich mir in mein Leben gewünscht und auf die ich mich in den letzten stürmischen Monaten ganz bewusst vorbereitet hatte. Also genoss ich seine Verrücktheit aus vollstem Herzen.

Auch in den folgenden Tagen der Fashion Week verbrachten wir jeden freien Moment zusammen. Mein Chef, der übrigens Niclas' Bruder ist, gab es auf, mich auf meine Pflichten hinzuweisen. Das hatte er sich nun selbst eingebrockt!

Die glückliche Berlin-Bubble folgte mir bis nach Düsseldorf, doch kam sie mir mit jedem zurückgelegten Kilometer etwas unwirklicher vor. *Was war da in den letzten Tagen passiert? Hatte ich mich wirklich gegen jede Vernunft wieder verliebt?*

Zurück in meiner Wohnung, in den gewohnten vier Wänden und im normalen Alltag, merkte ich schnell, dass mein Leben hier nicht mehr so recht zu mir passen wollte. Dies war das Zuhause der Vor-Niclas-Carmen. Und die gab es nun nicht mehr. Ich war so unruhig, weil ich fühlte, welche Chance mir in Berlin begegnet war. Welcher Traum nur darauf wartete, erfüllt zu werden. Plötzlich hatte ich keinen einzigen Zweifel mehr, dass ich mich fallen lassen konnte. Mein Universum hatte mir in Rekordzeit den Mann geschickt, den ich genau jetzt brauchte – und nicht mehr loslassen würde. Ich war bereit, all das Chaos der letzten Monate und Jahre hinter mir zu lassen und an meiner neu gefundenen Kraft und Liebe für mich selbst anzuknüpfen.

Mit zittrigen Händen und mir selbst zugesprochener Zuversicht klickte ich auf seinen Namen in meinem Telefonbuch. Es klingelte einmal, zweimal und wurde beim dritten Mal von einem »Wann und wo?« unterbrochen.

Unsere ersten beiden Dates verbrachten wir mit ein paar engen Freundinnen beim Abendessen. Auch wenn ich tief in mir wusste, dass ich Niclas vertrauen konnte, wollte mich meine Erfahrung aus den letzten Beziehungen doch noch nicht ganz ziehen lassen. Meine Freundinnen dienten als Puffer, damit ich mich nicht zu schnell in meinen Gefühlen verrannte, die mich in jedem

Augenblick mit ihm überwältigten. Aber um ehrlich zu sein, hätte kein Puffer der Welt verhindern können, dass dieser vorlaute, unentwegt singende und quasselnde Mensch zum Mittelpunkt meines Lebens werden würde.

Für unser drittes Date nahm ich mir vor, mutiger zu sein. Wir trafen uns zu zweit bei mir. Keine Puffer, keine Ausflüchte. Nur Niclas und ich – und seine Übernachtungstasche.

Dieser Abend sollte etwas ganz Besonderes werden. Und das wurde er auch. Nur leider nicht so, wie erhofft.

Niclas kannte und verstand mich schon nach wenigen Treffen in vielen Dingen besser als ich mich selbst. Jedoch wusste er nicht alles über mich. Um unsere frische, unbeschwerte Beziehung so lange wie möglich von dem ganzen Mist fernzuhalten, der mir in den letzten Jahren passiert war, erzählte ich ihm nichts von den toxischen Beziehungen, den Selbstzweifeln, meiner Abhängigkeit von der Liebe und all den negativen Dingen, die in meiner Zukunft mit ihm keinen Platz mehr finden sollten.

Niclas hatte es sich schon auf der Couch gemütlich gemacht und ich schüttete gerade das Mikrowellenpopcorn in eine Schüssel, um mich anschließend zu ihm in unsere rosarote Blase zu kuscheln. Da bekam Niclas einen Anruf. »Polizei Düsseldorf, ist das Ihr Auto in der Brückenstraße?«, sagte eine Männerstimme.

Sein Auto stand nur wenige Meter von meiner Wohnung entfernt. Er parkte nicht direkt in einem gekennzeichneten Parkplatz, aber es sollte sich eigentlich niemand von seinen Parkkünsten gestört fühlen. Sicherheitshalber lag ein Zettel mit seiner Nummer hinter der Windschutzscheibe. Nur für den Fall, dass das Auto doch bewegt werden musste oder die Polizei etwas klären wollte – und das wollte sie: Niclas sollte bitte schnellstmöglich am Fahrzeug erscheinen, weil sie einen Herrn »Soundso« dabei erwischt hatten, wie er sich gerade an dem Auto vergriff. Weiteres würde dann vor Ort geklärt werden.

Mein Herz schlug mir plötzlich bis zum Hals, mein Magen verknotete sich und meine Augen füllten sich sofort panisch mit Tränen. Hatte der Polizist gerade den Namen meines Ex an Niclas durchgegeben – oder war ich jetzt paranoid?

Hatte er immer noch nicht lockergelassen? Verfolgte er noch immer jeden meiner Schritte und beobachtete, mit wem ich sie ging? Ich war mir nicht sicher, ob wirklich *er* der genannte Vandalierer war. Mein Stalker, meine Vergangenheit … Noch während sich in meinem Kopf die schlimmsten Szenarien abspielten, schnappte Niclas sich die Schlüssel von der Garderobe und war schon fast aus der Tür.

»Geh nicht«, presste ich die Worte heraus, als hätten sie alle Mühe, sich den Weg durch meine Verzweiflung zu bahnen. »Es … er … du kannst da nicht hingehen, bitte!«, flehte ich ihn an und rappelte mich endlich von der Couch auf. Nun hing ich förmlich an ihm und hielt ihn mit zittrigen Händen zurück.

»Was? Ich kann nicht einfach ignorieren, wenn die Polizei mich anruft! Was ist denn mit dir?«, fragte er verwirrt und löste meine Hände sanft von seinem Shirt.

Ja, was war bloß mit mir? Niclas hatte ja keine Ahnung! Und ich konnte es ihm nicht erzählen. Ich war einfach zu überfordert, um ihm die Wahrheit sagen zu können, und gab schließlich auf.

Er verließ meine Wohnung und ich sackte auf den Boden im Flur. Ich starrte dorthin, wo Niclas noch vor einem Augenblick gestanden hatte und ich konnte es nicht fassen. Was oder wer auch immer ihn gleich am Auto erwarten würde, unsere rosarote Blase war zerplatzt. Er hatte mein Chaos gesehen – zumindest einen Teil davon. Selbst wenn mein Ex nicht hinter dem Schaden am Auto steckte, hatte Niclas nun eine Seite an mir entdeckt, die ich ihm so nicht zeigen wollte. Noch nicht.

Nach einer gefühlten Ewigkeit, ich kniete noch immer im Gang meiner Wohnung und starrte auf dieselbe Stelle, hörte ich Schritte im Hausflur. Jemand stieg die Treppe in den ersten Stock zu mir hinauf, bis er schließlich direkt vor mir stand. Niclas. Unversehrt. Zumindest äußerlich.

Zwischen Tür und Angel fiel ich ihm um den Hals, bemerkte zuerst gar nicht, dass sein Körper wie versteinert war. Ich sah ihn an, nahm sein Gesicht zwischen meine Hände. »Was ist los?«, fragte ich ihn.

»Dein Ex hat mein Auto komplett zertrümmert. Die Polizei hat ihn geschnappt.«

Er wand sich aus meiner Umarmung, trat ein paar Schritte zurück und sah mir direkt in die Augen. Ich konnte seinen Blick nicht lesen. Auf diese Weise hatte mich noch nie jemand angesehen. Seine Augen wanderten an mir vorbei in die Wohnung und er löste sich aus seiner Starre.

Wie betäubt musste ich mit ansehen wie der Mann, der mein Herz im Sturm erobert hatte, seine Tasche packte. Er sprach kein Wort, wobei wahrscheinlich auch kein einziges davon zu mir durchgedrungen wäre. Denn mein Kopf war blockiert durch einen einzigen Gedanken: *Er verlässt mich.* Das war es dann also mit meinem neuen, selbst erschaffenen Glück. Mit einem Schlag wurde meine Chance auf bedingungslose Liebe zum Totalschaden. Mein Herz zerbrach in tausend Teile, als ich dastand und Niclas nicht am Packen hinderte. Ich konnte einfach nichts tun! Was hätte ich schon sagen sollen? Wie hätte ich das alles rechtfertigen sollen? Konnte ich es ihm wirklich übelnehmen, dass ihm das alles zu viel war – dass *ich* zu viel war?

Meine Augen füllten sich mit Tränen, als er sich mit gepackter Tasche in der einen und dem Autoschlüssel in der anderen Hand direkt vor mich stellte. Seine grün-braunen Augen bohrten sich tief in meine und dann endlich brach er sein Schweigen: »Wenn ich jetzt bleibe, dann für immer. Du entscheidest.«

* * *

Ich hatte mir meinen Wunsch erfüllt. Es hat nicht gleich auf Anhieb funktioniert, und bis dieser perfekt für mich war, musste ich ihn immer wieder neu definieren. So ist das nun mal mit manchen Wünschen. Während des Lernprozesses hatte ich viel eingesteckt. Aber ganz ehrlich, das war es mir wert. Ich brauchte meine Fehlversuche. Jeder Rückschlag, jeder Zweifel und jede scheinbar aussichtslose Situation brachte mich einen Schritt näher zu der puren Liebe, die ich jetzt empfinde.

Es fällt mir zwar noch immer nicht leicht, über all die, entschuldige bitte, Scheiße, die mir widerfahren ist, zu schreiben, aber es gelingt mir mittlerweile besser, sie in Worte zu packen. Es war wichtig, dass ich mich mit all dem auseinandergesetzt hatte, und auch weiterhin reflektiere. All die gescheiterten Wunschträume, Niederlagen und Rückschritte sind Teil meines Lebens, meiner Geschichte und meines Universums. Dafür bin ich auf eine merkwürdige Weise unendlich dankbar.

* * *

So habe ich meinem Universum jeden Tag gezeigt, dass ich bereit für bedingungslose Liebe bin:

Platz schaffen: Ich ließ in meinem Bett immer eine Seite frei, um zu signalisieren, dass dort Platz für *den Einen* ist. Dasselbe in meinen Schränken: Ich räumte ein paar Fächer und Schubladen frei. Mein Traumprinz musste schließlich irgendwo seine Socken unterbringen!

Kleine Paar-Rituale einführen: Nach einem anstrengenden Tag sehne ich mich danach, nach Hause zu kommen und liebevoll begrüßt zu werden. Zwar war da noch niemand, aber ich trat immer mit einem »Hallo Schatz, ich bin zuhause!« in meine leere

Wohnung. Ein liebevolles »Gute Nacht« und »Guten Morgen« machte ich ebenso zu meiner Gewohnheit.

Erinnerungen erfinden: Ich malte mir drei Geschichten aus, die ich immer in meinem Kopf wiederholte. In ihnen ging es um Alltags-Szenarien oder große romantische Gesten. Ich habe diese an mein Universum geschickt, um sie eines Tages als echte Erinnerungen zurückzubekommen.

Hältst du mich jetzt für verrückt? Da bist du nicht allein! Klar sind diese Methoden ein bisschen eigen, aber ist ihre Erfolgsquote nicht genauso verrückt? Ich sehe das so: Meine Vorgehensweisen funktionieren vielleicht nicht bei allen Menschen. Ich behaupte auch nicht, dass die zweite Chipstüte, die ich beim Filmabend für meinen imaginären Partner geöffnet habe, mir meinen Freund herbeigeführt hat. Aber was ich behaupte, ist, dass es mich veränderte. Es hat mich in meinem Wunsch sicherer werden lassen und mein Verlangen nach echter, wahrer Liebe für mich greifbar gemacht. So konnte ich die Liebe ganz selbstverständlich erkennen und in mein Herz lassen, als sie umzingelt von zuckenden Neon-Lichtern im Fashion-Week-Getümmel vor mir stand.

Wenn das das Ergebnis von Verrücktsein ist, dann bin ich gerne ein bisschen verrückt.

LIEBES UNIVERSUM,

WAS WÜRDEST DU MIR RATEN, WENN ...

... ICH ANGST DAVOR HABE, DASS MEIN PARTNER JEMAND BESSERES ALS MICH FINDET?

Liebe und Partnerschaft funktionieren glücklicherweise nicht nach besser oder schlechter, sondern basieren auf wahren Gefühlen und tiefer Verbundenheit. Partnerschaft ist eine Begegnung auf Augenhöhe und ihr tragt beide die Verantwortung für ihr Bestehen. Wenn du dich klein und von deinem Partner abhängig machst, statt dein eigenes Leben zu führen und deine Interessen auch außerhalb der Beziehung zu verfolgen, ist das weder für dich noch für dein Gegenüber beziehungsfördernd.

Lasse folgenden Gedanken zu: *Ich habe Angst, verlassen zu werden, doch anstatt jemanden zwanghaft an mich zu binden, versuche ich, unsere Bindung zu stärken.*

Lenke die Aufmerksamkeit auf das, was ihr jetzt habt, anstatt dich darauf zu versteifen, dich »besser zu machen«. Sei fair zu dir selbst und mache dir bewusst, dass dein Partner mit dir zusammen sein *will*, weil du so bist, wie du eben bist. Schenke auch du dir diese Liebe!

... ICH MICH NICHT TRAUE, MEINEN PARTNER ZU VERLASSEN, WEIL ICH IHM NICHT WEHTUN MÖCHTE?

Du hast ihn bereits verlassen, innerlich. Wenn du ihm also wirklich so wenig Schmerz wie möglich zufügen willst, muss er es auch erfahren. Von dir, am besten sofort. Andernfalls würdest du dich verstellen und so tun, als liebst du deinen Partner noch, auch wenn das nicht der Fall ist. Das scheint unmöglich und unglaublich unfair euch beiden gegenüber zu sein. Niemand wird dadurch glücklich und du verwehrst euch gegenseitig die Chance auf Glück und wahre Liebe mit jemand anderem.

Dass du dich nach der gemeinsamen Zeit mit deinem Partner verbunden fühlst, ist ganz natürlich, doch dieses Gefühl darf der Wahrheit nicht im Wege stehen. Gib ihm die Verantwortung über seine Gefühle zurück. Auch wenn er verletzt sein wird, ist das ein Zustand, den auch du durchstehen musst. Die Trennung von einem einst geliebten Menschen ist nie leicht. Schmerz und Wut sind wichtig, denn daraus schöpft man die Kraft, ohne den anderen weiterzumachen.

... ICH BINDUNGSÄNGSTE HABE, ABER ENDLICH LIEBEN MÖCHTE?

Hört sich die folgende Aussage für dich bekannt an?

Lieber keine Beziehung, als verletzt und verlassen zu werden oder mich in ihr zu verlieren.

Falls ja, ist eine Beziehung in deinen Augen kein sicherer Ort, weil du wahrscheinlich glaubst, dich anstrengen oder verbiegen zu müssen. Du erlaubst dir womöglich nicht, du selbst zu sein, wenn du in einer Beziehung bist. Doch du solltest dir bewusstwerden, dass du in einer Partnerschaft deine Wünsche einbringen und Grenzen zeigen darfst – und bitte unbedingt sollst! Es geht nicht

darum, sich dem anderen auszuliefern und ab sofort in symbioti-
scher Eintracht oder Abhängigkeit zu leben. Eine gesunde Beziehung besteht aus einem ständigen Wechsel von Nähe und Distanz.
Lerne, dass Beziehungen keine lebenslange Diagnose sind, sondern aufgelöst werden dürfen, wenn sie Schaden anrichten. Folge
dem Teil deiner Gefühle, der endlich lieben möchte. Auf den anderen Teil hast du nun lange genug gehört.

... ICH DAS GEFÜHL HABE, NACH MEINER LETZTEN BEZIEHUNG NIE WIEDER RICHTIG LIEBEN ZU KÖNNEN?

Mit einer Trennung gehen Probleme, Konflikte und Schmerzen
einher. Sie tut einfach weh – da ist es erst mal sehr verständlich,
dass man vermeiden möchte, sich noch einmal so zu fühlen und
nicht bereit ist, sich abermals verletzlich zu machen. Eine Bezie-
hungspause kann dir dabei helfen, das Erlebte zu verarbeiten.
Nach einer Trennung nimmt man all die Teile von sich selbst, die
quasi mit dem anderen in Verbindung waren, wieder zu sich zurück. Lasse dir ganz bewusst Zeit nur für dich allein, um all diese
Teile wieder zusammenzusetzen. Irgendwann, wenn du und dein
Herz bereit seid, wirst du dich wieder verlieben und auf jemanden
einlassen können. Hab Geduld und gib dir Zeit, die Schutzmauer
und Trauer zu überwinden.

... ICH BETROGEN WURDE UND DACHTE, ICH HÄTTE MEINEM PARTNER VERZIEHEN, ABER DENNOCH UNGLÜCKLICH BIN?

Zu verzeihen ist kein einmaliger Akt, sondern eine langwierige
Entscheidung. All die negativen Gefühle, die du durch den Betrug
empfindest, wollen überwunden werden. Das scheinst du noch
nicht ganz abgeschlossen zu haben. Finde einen Weg, um mit der
Trauer, der Wut, der Enttäuschung, den Selbstzweifeln und der

Angst umzugehen. Tue es für dich, für die Beziehung, für die du kämpfen möchtest oder eine zukünftige Liebe.

Ich kann von außen nicht beurteilen, ob diese Beziehung einen Kampf wert ist, es sich um einen einmaligen Ausrutscher handelte, den dein Partner aufrichtig bereut. Deute die Zeichen, die dein Partner dir nun sendet. Zeigt er dir, dass eure Beziehung eine Zukunft hat? Hilft er dir dabei, deine Gefühle zu verarbeiten, indem ihr gemeinsam neue, positive Erinnerungen schafft? Sollte dies nicht der Fall sein, ist das vielleicht dein Zeichen, zu verzeihen und trotzdem einen Schlussstrich unter die Partnerschaft zu ziehen.

So oder so braucht es Zeit, mit immer wieder aufkommenden Gefühlen von Eifersucht oder Unsicherheit umzugehen. Nutze diesen Lernprozess dazu, dich selbst besser kennenzulernen und herauszufinden, wie eine Beziehung aussieht, in der du glücklich sein kannst.

KAPITEL 2

LIEBES UNIVERSUM,
ICH ARBEITE, WEIL ICH WILL

Früher war Arbeiten für mich mehr Zweck als Leidenschaft. Wollte ich mir etwas kaufen, das nicht zu den alltäglichen Anschaffungen zählte, musste ich es mir verdienen. »Ich bin schließlich kein goldenes Pferd« hatte meine Mutter meistens gesagt, wenn ich mal wieder um eine neue Jacke bettelte, die nicht nach Wühltisch schrie. Meine Stärke für falsch ausgesprochene deutsche Sprichwörter habe ich eindeutig von ihr.

Ich wuchs in einfachen Verhältnissen auf und so fielen solche Wünsche oft in die Kategorie »unnötiger Luxus«. Zwar musste ich nie Angst haben, auf der Straße zu landen oder kein Essen im Kühlschrank zu haben, dennoch erlebte ich täglich, wie sehr meine Mutter als alleinstehende Frau zu kämpfen hatte, um mir einen halbwegs normalen Alltag zu sichern. Mama arbeitete unter der Woche als Erzieherin, studierte nebenher Psychologie und am Wochenende betrieb sie noch ihre eigene polnische Disco bis in die frühen Morgenstunden – sie ist eben eine echte Powerfrau!

Für große Sprünge reichte es trotzdem nie. Einer dieser Sprünge waren Klassenfahrten. Damit ich die Erfahrung von Flaschendrehen in einer in die Jahre gekommenen Jugendherberge trotzdem für mich erleben konnte, legten die Eltern meiner Klassenkamerad*innen für mich zusammen.

Auf gewisse Weise hatte ich schon alles, was ich brauchte, doch wie das im Leben einer Vorpubertären halt so ist, reichte mir »die Basis« irgendwann nicht mehr. Auch wenn ich unglaublich viel Spaß daran hatte, mit meiner Mutter über Flohmärkte zu schlendern und bei Haushaltsauflösungen Schatzsucherin für passende Kleidung zu spielen, wollte ich gerne etwas besitzen, was von Anfang an nur mir gehörte. Ich musste selbst aktiv werden und Geld verdienen.

Liebes Universum, ich verdiene mein eigenes Geld

Von Babysitting über Putzen in der polnischen Disco von Mama bis hin zu Hausarbeit für ältere Leute aus unserer Nachbarschaft – ich war mir für nichts zu schade. Brachte es mir Taschengeld für Kinobesuche, Zeitschriften und Modeschmuck ein, war es für mich der passende Job.

Statt einer weiteren Schicht Kinderhüten schickte mir mein Universum mit vierzehn Jahren in der Düsseldorfer Fußgängerzone eine komplett neue Erfahrung. Zusammen mit meiner Mutter zog ich gerade von einem Schaufenster zum nächsten und bestaunte all die unerreichbaren Schätze, als mich eine euphorische Stimme aus meinen Tagträumen riss.

»Hey, warte kurz! Hast du mal darüber nachgedacht, zu modeln?«

»Äh, meinen Sie mich?« Von Model-Scouts auf der Straße angesprochen zu werden, war also wirklich etwas, das außerhalb von Hollywoodfilmen passierte? Ungläubig sah ich mich um, ob da nicht zufällig jemand hinter mir stand. Aber wie sich herausstellte, meinte er tatsächlich mich. Mama guckte mindestens genauso verdutzt aus der Wäsche wie ich.

Klar wollte ich die Welt bereisen, in *Victoria's Secret*-Flügeln Karriere machen und gemeinsam mit Heidi und Giselle über die neusten Modetrends quatschen! Wo soll ich unterschreiben?

Statt der großen Laufstege eroberte ich schließlich hauptsächlich die Modeseiten von Discountern, trotzdem liebte ich jeden verrückten Moment in dieser Welt. Leider war nie absehbar, wie viele Aufträge im Monat tatsächlich reinkommen würden oder mit wie viel Gage ich genau rechnen konnte. Darum suchte ich mir mit sechzehn meinen ersten richtigen Nebenjob im Supermarkt, um ein finanzielles Back-up zu haben. Zwar war das nicht so spannend wie die Modelaufträge, doch brachte mir diese Arbeit zumindest ein planbares Gehalt. Also rein in den Kittel und ran ans Regalauffüllen!

An einem Dienstagabend hatte ich mal wieder die Spätschicht. Zum zweiten Mal, seit ich dort arbeitete, war ich für den Dienst an der Kasse eingeteilt. Meine Kollegin räumte gerade mit unserem Chef Gemüse ins Kühlhaus und somit war ich für die Verkaufsfläche allein verantwortlich. Bis kurz vor Ladenschluss lief alles routinemäßig. Um die Uhrzeit kaufte eh kaum ein Kunde mehr ein. Dennoch blieb ich pflichtbewusst auf dem quietschenden Drehstuhl sitzen. Plötzlich hörte ich hinter mir dumpfe Schritte. *Da war doch was?* Es war wohl doch noch ein Spät-Shopper unterwegs. Bevor ich mich nach dem vermeintlichen Kunden umsehen konnte, spürte ich schon eine grobe Hand auf meiner rechten Schulter. Und etwas Kaltes, Hartes am Hals. Ich erstarrte und mir war sofort klar, dass mich jemand mit einer Waffe bedrohte. *Eine Pistole? Ein Messer? Scheiße.*

»Kasse öffnen! Geld her!«, befahl mir eine aggressive Männerstimme.

Das Blut rauschte mir mit einem Schlag in den Kopf und Panik beherrschte nun meine Gedanken.

Mach die Kasse auf, Carmen, und nimm das Geld raus!, redete ich mir in Gedanken ein. *Du willst hier nicht die Heldin für einen x-beliebigen Supermarkt spielen.*

Ich hatte keine Ahnung mehr, mit welcher Tastenkombination sich die Kasse öffnen ließ. Bisher hatte ich sie nur unter Anweisung bedient und dieses Uraltding war alles andere als intuitiv verständlich. Wie wild drückte ich auf den Tasten herum, erwischte mit bebenden Händen mehrere gleichzeitig und wurde immer hektischer.

1 0 8 Enter. Nichts.
8 1 0 * Enter. Wieder nichts.
1 0 0 ...? Zwecklos.

Ich konnte einfach keinen klaren Gedanken fassen. Panisch rüttelte ich an der Kasse, schlug seitlich gegen sie und schließlich aus voller Kraft mitten auf die Geldlade. Knack. Offen. Das altertümliche Fabrikat hatte also doch seine Vorteile. Schnell griff ich den kompletten Inhalt der Kasse und übergab diesen dem Mann hinter mir mit zittrigen Händen. Ich traute mich nicht mal, dem Dieb in die Augen zu schauen und wollte einfach nur so wenig Angriffsfläche wie möglich bieten. Das sollte mir nicht viel helfen. Sobald der Mann die Geldscheine an sich gerissen hatte, drückte er mir die Waffe noch fester an meinen Hals. Nur Millisekunden später durchfuhr mich ein gellender Schmerz. Ein Stromschlag schoss durch meinen Körper und ich sank schlaff vom klapprigen Drehstuhl. Hart schlug ich mit der Schulter und dem Kopf auf dem Boden auf.

In dem Moment kam mein Chef aus dem Kühlhaus, blieb nur wenige Meter entfernt abrupt in der Gemüseabteilung stehen und schrie: »Halt! Ich rufe die Polizei!« Der Täter flüchtete sofort mit seiner Beute auf die Straße.

Mein Chef löste sich aus seiner Starre und nahm die Verfolgung auf. Mit hochrotem Kopf jagte er ihm hinterher. Auf der gegenüberliegenden Straßenseite hatte der Dieb ihn längst abgehängt. Schwer schnaufend und stinkwütend kam mein Chef zurück in den Markt und fummelte erst mal sein Handy aus der Brusttasche, obwohl ich immer noch zusammengekauert auf dem Boden im

Kassenbereich lag. Die Schmerzen an meinem Hals und am Hinterkopf glichen tausend Nadelstichen. Meine Schulter war taub vom Aufprall. Mit diesem Trauma endete meine Supermarktkarriere. So gut konnte die Bezahlung gar nicht sein, dass ich mich diesem Risiko nochmal aussetzen würde.

Liebes Universum, ich verdiene mein Geld mit etwas, das mir Freude bereitet

Was genau mir Freude bereitete, wusste ich jedoch damals nicht. Es war mittlerweile auch an der Zeit, mir einen Zukunftsplan anzulegen. Ich war nun achtzehn Jahre alt, hatte das Abi in der Tasche und ein Studium war der nächste Punkt auf meiner To-do-Liste. Klingt wenig enthusiastisch, war es ehrlicherweise auch. Für keinen Themenbereich hegte ich besonders große Leidenschaft. Ich mochte Vieles, aber nichts genug, um mir darauf eine Existenz aufbauen zu wollen. Meine Familie wünschte sich, dass ich in die medizinische Richtung einschlage. Da sah ich mich allerdings so gar nicht. Also entschied ich mich für den Klassiker der Unentschlossenen: Geisteswissenschaften. Germanistik, um genau zu sein. Das Fach interessierte mich wirklich (deutsche Redewendungen, du erkennst den roten Strick?), aber was genau ich am Ende mit dem Abschluss anstellen sollte, wusste ich nicht. Das wiederum kam mir ganz gelegen. So hatte ich die Freiheit, mich neben dem Studium in unterschiedlichen Jobs auszuprobieren. Meine Freiheit war mir generell sehr wichtig. Ich zog sogar aus der gemeinsamen Wohnung mit meiner Mutter aus, obwohl ich es mir nicht wirklich leisten konnte, nur um noch unabhängiger zu sein. Etwas zusätzliches Luxus-Geld verdiente ich mit Wimpernkleben für Kommilitoninnen, ich modelte sporadisch und arbeitete in der Sprachförderung für Kinder mit Migrationshintergrund. Mit meinem Talent für Redewendungen belastete ich sie nicht, das war schon eher Profi-Level. Mein Haupteinkommen sicherte mir jedoch die Anstellung als Verkäuferin bei einer großen Modekette auf der Düsseldorfer Shopping-Promenade. Mit diesem Job erfüllte ich mir einen kleinen Traum. Denn die Klamotten aus der stylischen Markenabteilung schienen in meiner Schulzeit unerreichbar und nun bekam ich sogar Mitarbeiter*innenrabatt!

Kleiner Ausflug in die Kategorie peinliche Momente für alle, die denken, sie hätten schon mal einen richtig fragwürdigen Auftritt bei einem Bewerbungsgespräch hingelegt. Hier komme ich: Nach dem Fiasko an der Supermarktkasse wollte ich nichts mehr mit Kasse, klapprigen Drehstühlen und Elektroschockern zu tun haben. Um das in meiner Einzelhandelsbewerbung direkt klarzumachen, schrieb ich: *Ich helfe gerne überall, solange die Kasse außer Sichtweite ist.* Nicht die optimale Ausgangssituation für eine unerfahrene Bewerberin, aber zumindest fiel ich so auf und wurde zu einem Vorstellungsgespräch eingeladen. Als ich schließlich dem Geschäftsführer der Modekette gegenübersaß, sprach er mich ganz direkt auf meine Kassenphobie an und konnte dann erst einmal zusehen, wo er die nächste Packung Taschentücher aufgetrieben bekam. Bei mir brachen alle Dämme und ich platzte ohne Vorwarnung mit der ganzen Überfallgeschichte heraus. Der arme Mann wusste gar nicht, wie ihm geschah, und bevor ich mich versah, bekam ich die Zusage.

Vielleicht hatte er Mitleid mit mir.

Vielleicht wollte er einfach nur, dass ich aufhörte, lautstark zu schluchzen. Vielleicht hatte aber auch einfach nur mein Universum die Finger mit im Spiel.

Kommen wir zurück zum Studium: Ich lernte nicht nur Phonetik und Morphologie, sondern auch meine liebe Freundin Mirja kennen. Wir verbrachten unsere gemeinsame Vorlesungszeit meistens in einer der hinteren Reihen und übertrumpften uns gegenseitig darin, komplett vom Thema abzuschweifen und unsere eigenen Studieninhalte zu definieren. Gerne würde ich als Vorzeigestudentin auftreten, aber wir wollen ja bei der Wahrheit bleiben. Uns war einfach zu oft zu langweilig. Und wozu führt Langeweile? Zu Schnapsideen. Und von denen hatten wir so einige.

Statt uns für die nächste Prüfungsphase zu registrieren, unterschrieben wir einen Arbeitsvertrag bei einer Düsseldorfer Castingagentur. Langeweile hätten wir da sicherlich nicht! Die Agentur lockte mit Jobs bei bekannten nationalen Veranstaltungen, mit guter Bezahlung für Promotion von coolen Marken und mit flexibler Arbeitszeit. Um das mal kurz zu übersetzen: Die Veranstaltungen variierten von Düsseldorfer Partymeile bis zur Fashion Week, je nach Erfahrung und Erfolgsstatistik, inklusive kostenloser Pröbchen und dummer Sprüche. Die Coolness der Marken möchte ich mal so stehen lassen und nur kurz sagen, dass ich mir als absolute Nichtraucherin *cooleres* hätte vorstellen können, als Zigaretten unter die Menschen zu bringen. Ach, und was die flexiblen Arbeitszeiten anging: Das Einzige, was in diesem Job absolut flexibel sein musste, war mein Schlafrhythmus. Aber gut, Abwechslung boten die Einsätze auf den verschiedenen Events allemal, auch wenn sie mir keine großen finanziellen Sprünge ermöglichten.

Die Agenturszene war neu für mich und so aufregend. Ich wollte immer mehr ausprobieren. Mirja ging es wie mir und schließlich entschieden wir uns dazu, unser schauspielerisches Talent nicht nur für die Werbung von Tabakwaren einzusetzen. Hallo Komparsenleben! Genauso spannend, nur leider ebenso schlecht bezahlt wie die Promotion.

Ich weiß nicht genau, wann es passiert war, aber meine Einstellung gegenüber der Arbeitswelt hatte sich komplett geändert. Jobs bedeuteten jetzt nicht mehr Geld, sondern Spaß. Mein Universum hatte also zugehört. Das Arbeiten machte mir so viel Freude, dass die Bezahlung mir tatsächlich immer unwichtiger wurde. Das nötige Kleingeld zum Überleben und für den Alltagsluxus verdiente ich mir weiterhin im Einzelhandel. Ich hatte nun Lust darauf, noch mehr zu erleben, mich auszuprobieren und auszuleben. Mein Wunsch brauchte also mal wieder eine Generalüberholung:

Liebes Universum, ich kann mich in meinen Jobs ausleben

In diesem Wunsch findet das Wort »Geld« nicht mal mehr einen Platz.

Ich liebte die Abwechslung, die meine verrückten Auftritte in diversen Fernsehformaten, in Musikvideos und auf Events mit sich brachten. Zu Tagesbeginn wusste ich nie genau, was mich in den nächsten Stunden erwarten würde und das war genau passend für diesen Lebensabschnitt. Die Ergebnisse waren nicht immer Stoff fürs Poesiealbum, wenn ich mich auch für kein einziges schäme. Zurückblickend würde ich jedoch nicht mehr alle Aufträge annehmen. So zum Beispiel meine Komparsenrolle im Film eines bekannten deutschen Comedians.

Am Morgen der Aufzeichnung machte ich mich zusammen mit Mirja voller Vorfreude und Schlaf in den Augen auf den Weg zum Drehort des Films. Mit Mirjas altem Golf, der uns unter Ruckeln und Quietschen mitten in die rheinländische Pampa kutschierte, trafen wir bei Sonnenaufgang endlich in der Zeltstadt der Produktion ein und wurden in die Maske geschickt. In unserer Vorstellung sahen wir uns schon an einem dieser Schminktische Platz nehmen, an dem uns eine Maskenbildnerin für unseren Auftritt stylte. Doch für die Komparsen gab's lediglich eine grobe Vorlage und einen Make-up-Koffer zur Selbstbedienung. Kein Problem für uns, solange wir nur ein bisschen Showbizluft schnuppern durften. An diesem Tag lernte ich, dass der Alltag am

Set hauptsächlich aus Warten auf den Auftritt vor der Kamera bestand – zumindest für die Randfiguren ohne Sprechrolle. Mirjas und mein letzter Einsatz sollte um circa zwei Uhr nachts stattfinden. Dafür mussten wir die Location wechseln – mit unserem eigenen Auto, versteht sich. Leider blinkte die Tankleuchte mittlerweile schon ungeduldig und uns blieb nichts anderes übrig, als eine der Tagesgagen von sagenhaften fünfzig Euro an der überteuerten Self-Service-Tankstelle im nächstbesten Bauernörtchen zu lassen. Showbiz-Glam? Nirgends zu finden. Aber jetzt hieß es durchhalten. So setzten wir am neuen Drehort komplett übermüdet unsere professionellsten Masken auf, zertrümmerten in sexy Weihnachtsengelkleidchen für unsere letzte Szene die Inneneinrichtung eines Hauses und fielen uns beim finalen »Cut« des Directors erleichtert in die Arme.

Am nächsten Tag wachten wir zur besten Kaffee- und Kuchenzeit völlig verschnupft und ausgelaugt in meiner Studentenwohnung auf und mussten erst mal verzweifelt darüber lachen, was wir uns da für je fünfzig Euro eigentlich angetan hatten.

Jobs wie dieser und die schlechte Bezahlung waren nicht selten. Sie versprachen keinen Reichtum, doch lieferten sie den ungefilterten Blick in die TV-Branche. Nicht nur einmal wurde ich auf die Casting-Couch eingeladen oder erhielt anderweitig unmoralische Angebote von Agenturen und Stars, die ich nicht ganz so höflich ablehnte. Von Shoot zu Shoot wurde ich mir sicherer: Hier will ich nicht landen. Zumindest nicht, wenn der Weg über die Couch diverser Strippenzieher*innen führt.

Allerdings konnte ich nicht leugnen, dass es mir gefallen hatte, in unterschiedlichen Rollen für ein paar Momente in der Öffentlichkeit zu stehen. Aber statt weiterhin in irgendwelchen Realityformaten Fake-Immobilien zu besichtigen und Schein-Anzeige gegen andere Laienschauspieler*innen zu erstatten, brachte mich das nächste Selbstexperiment direkt auf die Bühne zur *Miss*

Düsseldorf- und anschließend zur *Miss NRW*-Wahl. Mirja hatte mich ohne mein Wissen angemeldet und machte sich einen riesigen Spaß daraus, mein verwirrtes Gesicht beim »Du bist dabei!«-Anruf zu sehen. Nun gut, wieso eigentlich nicht?

Mit der *Miss NRW*-Schärpe rutschte ich automatisch ins Rennen für den *Miss Germany*-Titel und das Abenteuer »Carmen findet heraus, was ihr wirklich Spaß macht« ging weiter.

Im *Miss Germany*-Camp in Ägypten wurden wir Kandidatinnen durchgehend von Kameras verfolgt, studierten Choreografien ein und machten Workouts in der Kleidung der Sponsoren. Während einer dieser Sporteinheiten lernte ich Alfonso kennen. Er war unser Fitnesstrainer, erfolgreicher YouTuber und aus irgendeinem Grund sah er in mir mehr als ein Aushängeschild im Missen-Wahnsinn.

»Wenn du den Titel nicht bekommst, melde dich bei mir. Ich hab da vielleicht eine bessere Idee für dich!«, sagte er vielversprechend, als ich mich erneut vor einem Benimmtraining drückte.

Seine Idee für mich sollte dazu führen, dass ich mich 2015 nach dem Ausscheiden unter dem Namen *Carmen Mercedes* auf Facebook registrierte. Alfonso hatte mir nach dem Camp vorgeschlagen, es statt im Fernsehen, im Internet zu versuchen. Geld verdienen mit Facebook und YouTube – darin sah ich zwar keine echte Karrierechance, aber hey, was hatte ich denn schon zu verlieren? Neben dem Studium verdiente ich noch immer das Nötige als Verkäuferin und hatte Lust, mal wieder etwas anderes auszuprobieren. So drehte ich unter Alfonsos Anleitung und mit seinem Equipment Comedy-Videos. Wer ganz tief in der Social-Media-Kiste kramt, wird sicherlich fündig und darf sich an meinen manchmal unfreiwillig komischen Anfängen erfreuen. Mit meinen Pranks und Sketchen baute ich mir tatsächlich in wenigen Monaten eine Followerschaft von über 110000 Menschen auf, die mochten, was ich da tat oder zumindest ihre Berufung darin fanden, Hasskommentare unter meinen Videos zu verbreiten.

Die sozialen Medien, und die sofortige Reaktion auf das, was man dort von sich preisgab, waren gewöhnungsbedürftig und etwas ganz Neues für mich. Dafür gab es kein Handbuch. Wir versuchten doch alle nur, unsere Plattform zu finden und gesehen zu werden. Ich war für jede Unterstützung und Insiderinformation, die mir Alfonso bot, dankbar und ließ mich von ihm in die (nach seiner Meinung) richtige Richtung lenken. Mit wachsender Fanbase auf Facebook und dann – hier kommt sie, die App, die mein Leben total verändern würde – Instagram, stiegen auch die Möglichkeiten, größer zu träumen. Als ich eines Tages mit der Idee, eigene Kleidungsstücke auf den Markt zu bringen, zu Alfonso ging, war er direkt Feuer und Flamme. Das Design fiel in meinen Verantwortungsbereich, er kannte da jemanden, der jemanden kannte, der jemanden beauftragen konnte, unsere Produkte günstig zu produzieren. So gründete ich mein allererstes Label *Aloha Karma* – Social Media macht's möglich!

Nach einigen Monaten purer Euphorie sickerte die Realität langsam zu mir durch: Alfonso hatte zwar gute Vorschläge, doch war es immer ich, die diese Ideen umsetzte, ob nun in Form von Facebook-Clips, Designs für unser Label oder Promotionen auf Instagram. Ich machte die Arbeit und er räumte nebenbei ab. Es störte mich nicht, dass er finanziell von mir profitierte, aber mich für ihn innerlich bis zur Unkenntlichkeit zu verbiegen, ging mir eindeutig zu weit. Diese ganze Comedy-Nummer kam einfach nicht natürlich aus mir raus, so sehr ich es mir damals auch gewünscht hatte. Alles war einstudiert und ich spielte mal wieder eine Rolle.

Irgendwann wollte ich nicht mehr die gut vermarktete Witzfigur sein und das passte ihm so gar nicht in den Kram. Es gehörte nicht zu seinem Plan, dass ich plötzlich meinen eigenen Kopf durchsetzen wollte, hatte er mich doch mühevoll zu seinem Aushängeschild gemacht. Gerade, weil es kein Erfolgshandbuch für

Social Media gab, war ich mir sehr unsicher, ob ich wirklich auf meine Intuition hören und Alfonso den Rücken kehren sollte. Mittlerweile hing viel an der Zusammenarbeit.

Nach weiteren Wochen des Haderns mit mir selbst war es schließlich Niclas, der meinen inneren Kampf nicht länger ertrug. In den Anfangsmonaten unserer Beziehung hatte er sich Alfonsos Spiel geduldig angeschaut. Je besser Niclas mich kennenlernte, desto schleierhafter kam ihm diese *Carmen Mercedes* auf Facebook vor. Er sah keine Verbindung zwischen seiner Freundin und der öffentlichen Figur und stellte mich schließlich zur lang überfälligen Rede: »Irgendwie glaube ich, dass das, was du auf Facebook machst, nicht echt ist. Also klar, es sind einstudierte Clips, aber es kommt nicht authentisch rüber. Fühlst du dich damit wirklich wohl?«

»Naja, irgendwie hab ich's mir ja schon ausgesucht ... Ich bin schließlich ganz bewusst in die Comedy-Schiene gegangen. Und es kommt auch ganz gut an«, entgegnete ich kleinlaut.

Mit dieser Antwort gab sich Niclas nicht zufrieden und bohrte nach: »Das meine ich nicht. Ich will wissen, wie du dich heute damit fühlst. Du darfst deine Meinung und Einstellung ändern. Du musst nicht an etwas festhalten, das du vor Monaten für eine gute Idee hieltest. Du darfst dich weiterentwickeln.«

Puh, damit hatte er genau ins Schwarze getroffen. Ich hatte tatsächlich einfach Angst, meine Rolle zu verändern und mich neu zu entdecken. Niclas stärkte mir den Rücken, ohne mich zu schubsen, und so fand ich einige Tage später den Mut, mich von Alfonso und unserer Zusammenarbeit zu trennen.

Seine Reaktion fiel eher in die Kategorie »trotziger Schuljunge«. Er drohte mir damit, mir das Label zu entziehen. In meiner Unerfahrenheit hatte ich damals bei der Gründung zugestimmt, es in seinem Namen laufen zu lassen. Außerdem wollte er mir das Video-Equipment, welches die Basis meiner Social-Media-Karriere war, wegnehmen.

Wie um alles in der Welt hatte ich mich in eine solche Abhängig-keit manövriert?

»Ohne mich bist du niemand! Du hast keine Ahnung, was ich für einen Einfluss habe. Eine Karriere in der Öffentlichkeit kannst du vergessen!«, lautete sein kläglicher Versuch, meine Entscheidung zu beeinflussen. Statt mich damit an sich zu binden, erreichte er genau das Gegenteil.

Da stand ich nun. Ohne Alfonso, und nein, das ist nicht sein richtiger Name, ohne Kamera, ohne Label und ohne Beteiligung an unseren *Aloha Karma*-Einnahmen der letzten Monate. Aber das Wichtigste gehörte allein mir: Ich hatte immer noch Lust, meinen Platz im Social-Media-Dschungel zu finden und war zuversichtlich, dass alles so kommen würde, wie es kommen sollte. Und ich hatte Niclas.

Ganz ohne Filmkamera, Ringlicht und Drehbuch versuchte ich nun also herauszufinden, was ich mit meiner Reichweite anfangen wollte. Schließlich war ich ohne Plan gestartet. Während der Findungsphase hing ich stundenlang auf der damals neuen Plattform Snapchat rum. So vertrieb ich mir und den Menschen, die mir von Facebook und Instagram auch hierher gefolgt waren, die Zeit mit Einblicken in mein Studentenleben, statt an meinem Fünfjahresplan zu arbeiten. In den kurzen Sequenzen zeigte ich mich von meiner witzigen, aber nicht mehr gestellten Seite und plapperte das erste Mal direkt in die Handykamera. Nun sprach ich einfach zu den Menschen am anderen Ende und führte nichts auf. Ein komisches Gefühl, aber irgendwie auch sehr befreiend. Niemand quatschte mir rein und ich konnte einfach mal machen und *Ich* sein! Naja gut, Niclas quatschte mir schon oft mitten im Satz rein, aber das hatte weniger mit Beeinflussung als mit liebevoller Nerverei zu tun.

Ich merkte, dass ich keine Rolle spielen musste, ich war auch ohne Drehbuch witzig. Die Leute interessierten sich für meine

Tipps zur Fotobearbeitung, für meine Abendroutine, meinen Alltag mit Niclas und sie mochten die Pranks, die keine geplanten
Streiche, sondern ganz natürliche Foppereien zwischen uns waren.
Es gab wirklich Menschen, die sehen wollten, wie ich lebte. Das fiel
mir leicht, das machte mir Spaß und genau so wollte ich sein.
Langsam aber sicher legte ich meine alte Facebook-Persönlichkeit
ab und meinen Plan, einen Plan zu schmieden, verwarf ich wieder.
Snapchat entwickelte sich währenddessen sehr schnell vom Under-
dog zur beliebtesten Plattform und überholte sogar Instagram mit
dem starren Foto-Feed. Perfekte Momentaufnahmen waren eben
weniger mitreißend als kurze Videos aus dem echten Leben, die
sich nach einem Tag in Luft auflösten. Man musste dranbleiben,
um nichts zu verpassen.

Auf die Macht des Fomos (Fear Of Missing Out) wurde natürlich auch mein guter, alter Freund – die TV-Branche – aufmerksam. Um auf den Zug aufzuspringen, schnappte sich *RTL2* eine
Gruppe erfolgreicher Kölner Snapchatter und Influencer und rief
das Projekt *Daily Cologne* ins Leben. Ratet mal, wer da nicht
widerstehen konnte: Yours truly, Carmen! Ach, und Niclas zerrte
ich dieses Mal gleich mit vor die Kamera – ganz liebevoll natürlich.

Daily Cologne sammelte selbstgedrehte Clips von einem festen
Cast, der *Daily Cologne*-Clique, und fügte sie zu täglichen Sendun-
gen zusammen. Ziel war es, das Leben der Freund*innen aus den
unterschiedlichen Perspektiven zu zeigen. Was auch immer wir so
taten, die eigene Vlogging-Kamera lief mit. Ich zeigte mich mit
Gesichtsmaske vorm Schlafengehen, Niclas sang Kirchenlieder,
während ich verzweifelt nach dem verbummelten Hausschlüssel
suchte, ein paar andere trafen sich zum Shoppen oder auf Events.
Wir waren prinzipiell Vlogger, nur luden wir unser Material nicht
selbst hoch. Diesen Schritt übernahm die Produktion nach dem
hausinternen Schnitt. Sie schufen ihren eigenen Kontext, kürzten
Sequenzen, fügten Ausschnitte zusammen, um sie reißerischer zu

machen und kreierten so ihre eigene Storyline. Es gab zwar kein Drehbuch, jedoch mussten wir einige Richtlinien einhalten und miteinander agieren, ganz egal, wie wenig oder viel wir im echten Leben miteinander zu tun hatten. Reality-TV eben, dafür hatten wir unterschrieben.

Daily Cologne öffnete mir einige Türen und durch das arrangierte Aufeinandertreffen der Darsteller wurde der Austausch untereinander angeregt. Wir lernten voneinander, knüpften Freundschaften außerhalb der Aufnahmen und erkannten die Möglichkeiten, die unsere geballte Reichweite uns bot. Es fühlte sich gut an, in dieser ungewöhnlichen Arbeitswelt nicht allein zu sein.

Ganz im Gegensatz zu meinen vorherigen Auftritten im Medienrummel verdiente ich dieses Mal auch ein erschreckend gutes Gehalt: 5000 Euro, und das jeden Monat! Ich war schockiert. Also im positivsten Sinne. Dieses Geld ermöglichte es mir, jegliche Nebenjobs ruhen zu lassen.

Wie bei jeder Produktion gibt es jene Dinge, die vor der Kamera zu sehen sind und jene, die dahinter geschehen. Wir waren keine Clique, wir waren Arbeitskolleg*innen und so gab es auch Machtkämpfe und Intrigen. Der Umgang untereinander fühlte sich für mein Empfinden oftmals toxisch an und solchen Gefühlen wollte ich in meinem Leben keinen Platz mehr geben. Ich dachte auch an den Wunsch zurück, den ich in mein Universum geschickt hatte. Ja, okay, ich hatte mich in diesem Job weiterentwickeln können. Doch wollte ich jetzt stehenbleiben? Genau das wäre geschehen, wenn ich alle Warnzeichen ignoriert und einfach mit guter Miene zum bösen Spiel weitergemacht hätte. Also nein, ich war es mir und meinem Universum mal wieder schuldig, etwas zu verändern.

Ich würde jetzt gerne behaupten, dass ich aus eigener Kraft sofort den Ausstieg fand. Da ich aber ein emotionaler Mensch bin, habe ich früh gelernt, meinem Kopf ein paar Tage Zeit zu geben, um mit meinen Gefühlen aufzuschließen. Nachdem ich meine negativen Eindrücke allerdings auch nach wochenlanger Bedenkzeit nicht abschütteln konnte, wandte ich mich beim Abendessen endlich an Niclas und beichtete: »Ich kann das so nicht mehr. Es macht mich unglücklich, mich nach anderen zu richten, nur damit meine Worte nicht gegen mich verwendet werden können. Ich will nicht schon wieder in eine Rolle gedrängt werden.« Niclas schob seinen Teller beiseite und nahm meine Hand: »Wenn du dich nicht wohlfühlst, gehen wir. Wir müssen das da nicht weiterhin machen.« Er nickte zum Fernseher rüber, in dem wir beide in diesem Moment mit strahlendem Zahnpastalächeln für *Daily Cologne* im Auto durch Köln fuhren. »Wir brauchen keine Mittelsmänner und Produktionsfirmen, um erfolgreich zu sein. Alles, was wir brauchen, sind du, ich und unsere Handys«, versicherte er mir und er sollte – natürlich – recht behalten. Niclas wusste wieder einmal früher als ich Bescheid. Er hatte mir nur Zeit gegeben, meine Entscheidung selbst zu treffen. *Gut, dass ich ihn gefunden habe.*

Wir kündigten unsere Verträge zum schnellstmöglichen Zeitpunkt und drehten dem festen Einkommen den Rücken zu. Ein Risiko, das ich erneut eingehen musste, um meinen planlosen Karriereplan zu verfolgen – und Niclas zog mit. Er kündigte neben dem Vertrag für die Sendung auch seinen eigentlichen Job und wurde mein Vollzeit-Manager. Die Position erfüllte er sowieso schon, aber jetzt war es offiziell: Wir waren auch beruflich ein unschlagbares Team!

Mit der professionellen und privaten Trennung vom Großteil meiner Kolleg*innen und von den Menschen hinter den Kulissen fiel mir eine Last von den Schultern, die ich zuvor so bewusst gar nicht bemerkt hatte. Ich war aus einem Trott ausgebrochen. Mit dem Ausstieg machte ich mich ein Stück weit frei davon, was andere von mir dachten, wie sie mich aus ihrer Sichtweise darstellten und wie ich letztendlich über den Bildschirm flimmerte.

Die einzige Meinung, die zählte, war meine und die der Menschen, die ich liebte.

Es wurde mal wieder Zeit, meinem Karrierewunsch ein Update zu verpassen …

Liebes Universum, ich arbeite, weil ich will

Auch hier findet das Wort »Geld« keinen Platz – doch mein Wunsch implizierte es. *Ich will arbeiten und ich will davon leben können. Ich muss mich keinem Vertrag verschreiben, nur um meine Rechnungen bezahlen zu können. Es sei denn, ich will es so.*

Von da an gehörten meine Snapchat-Storys wieder mir und meine Instagram-Postings nutzte ich nicht mehr dafür, die Sendung oder deren Sponsoren zu bewerben. Was meine Zukunft im Internet anging, verließen Niclas und ich uns auf unser Bauchgefühl. Etwas anderes blieb uns auch nicht übrig, denn ein allwissendes Influencer-Handbuch gab es noch immer nicht. Um meinen inneren Wandel und neugewonnenen Mut auch von außen sichtbar zu machen, nannte ich mich auf allen Plattformen um:

Hey, schön, dass du da bist, ich bin Carmushka!
Ich bin karmasüchtig, aber unabhängig, vielfältig und dennoch strukturverliebt. Ein Klamottenmessi mit Ordnungszwang und sportverliebt mit großem Schweinehund. Ich bin wie DU! Doch ich bleib ICH. Und hier sind wir jetzt WIR.

Von nun an bestimmte ich selbst, mit wem ich arbeiten wollte und Niclas unterstütze mich in allen Verhandlungen. So langsam merkte ich nämlich, dass ich mehr erreichen konnte, als kostenlose Produkte für Werbung abzusahnen. Ich hatte Einfluss und meine »Marke« war für Brands wertvoll geworden. Besonders zu Beginn meiner bezahlten Kooperationen hatte ich nicht immer die richtigen Entscheidungen getroffen. Ich warb auch für Firmen, deren Anfragen heute direkt im Spam-Ordner landen. So ist das nun mal mit den sozialen Medien. Jeder will mitspielen, wir wollen alle ein Stück vom Kuchen abbekommen und entscheiden manchmal einfach unüberlegt, um bloß nichts zu verpassen.

Aus heutiger Sicht könnte ich das voreilige Handeln als jugendlichen Leichtsinn abtun. Aber erstens ist es nur wenige Jahre her und zweitens verdanke ich einen Großteil meines Erfolges genau dieser »Chance ergreifen und mitmachen«-Mentalität. Und diese Einstellung habe ich bis heute beibehalten: Der Einführung des Story-Features auf Instagram stand ich zunächst sehr kritisch gegenüber und wollte unbedingt an Snapchat festhalten. Aus irgendeinem Grund kam es mir öffentlicher und angreifbarer vor, plötzlich auf Instagram in die Kamera zu sprechen. Aber ich probierte es trotzdem aus. In den ersten Storys achtete ich noch sehr darauf, was ich sagte und wie ich ausgeleuchtet war. Der perfekte Schein, der im Feed dargestellt wird, sollte auch in den Videosequenzen nicht fehlen. Doch mit jeder weiteren Story fühlte ich mich wohler, auch mal ungeschminkt und unüberlegt den Aufnahmeknopf zu drücken und direkt mit meiner Community – meinen Carmushkis – zu sprechen. Wie auf Snapchat zeigte ich einfach nur mein Leben und konnte durch das unmittelbare Feedback viel mehr von den Menschen erfahren, die mich täglich begleiteten. Die *Daily Storys* wurden zu einem großen Teil meines Social-Media-Images und ließen die Grenze zwischen gestellten Fotos und *Carmushka* im echten Leben verschwimmen.

Die anfängliche Skepsis neuen Tools gegenüber habe ich mir mittlerweile komplett abgewöhnt. Bevor ich mir nun eine Meinung bilde, teste ich es einfach. Neue Instagram-Features wie IGTV, Reels und Guides knüpfte ich mir direkt nach Bekanntgabe vor und war somit immer eine der Ersten, die mit den neuen Formaten in Verbindung gebracht wurde. Die meisten Menschen schauen zunächst anderen zu, bevor sie etwas selbst ausprobieren. Während die Mehrheit demnach noch beobachtete, flimmerte ich bereits regelmäßig über die Bildschirme und blieb im Gedächtnis. Aus professioneller Sicht clever und aus persönlicher superspannend!

Nicht jedes Tool und nicht jede App gewinnt mich nach der Testphase für sich. Ich habe schon Vieles ausprobiert, aber nicht alles passte zu dem, was ich verkörpern wollte. Manche Dinge können andere einfach besser und das ist gut so. Wir finden letztendlich alle unseren Platz im Social-Media-Getümmel. Meinen hatte ich definitiv mit *Carmushka* gefunden. Vollzeit!

Mit der Abgabe meiner Germanistik-Bachelorarbeit 2017 über deutsche Redewendungen – mein Lieblingsthema, wie du sicherlich bemerkt hast – hatte ich endlich alle Zeit der Welt und einen freien Kopf, um mich meiner Karriere komplett zu widmen. Mit Niclas' Hilfe trat ich in enge Zusammenarbeit mit großartigen Firmen, reiste für Events und Aufträge um die Welt, lernte sogar Hailey Bieber kennen (ein High-Five an Bieber-Fieber-Carmen) und teilte alles in Echtzeit auf Instagram. Ich konnte ziemlich schnell nach meinem Studium sehr gut von meinem »Online-Job« leben. Mein privates Umfeld nahm meinen eingeschlagenen Karriereweg allerdings nicht so wirklich ernst.

»Das ist doch keine Arbeit für die Ewigkeit! Wovon lebst du, wenn es Instagram mal nicht mehr gibt?«, so oder so ähnlich lautete die allgemeine Reaktion auf meine Entscheidung, mir keinen »richtigen Job« zu suchen. Diesen Spruch bekomme ich heute kaum noch zu hören. Schade eigentlich. Denn was ich früher mit »Das wird schon nicht passieren und wenn, dann suche ich mir halt was anderes« abblockte, würde ich heute so beantworten:

»Zunächst einmal: Sollte Instagram aus irgendeinem Grund vom Erdboden verschwinden oder uninteressant für zahlende Partner werden, dann taucht eine neue Plattform auf. Menschen, die etwas zu sagen oder zu zeigen haben, werden immer einen Weg finden, ihr Publikum mitzureißen. Zum anderen ist *Carmushka* nur ein Teil von Carmen. Im Hintergrund geschieht noch so viel mehr, um Instagram in dieser Form möglich zu machen. Ich habe einen Blog, besitze Immobilien und nicht zu vergessen: Ich bin Gründerin von vier eigenen Unternehmen! Die Kooperationen auf Instagram lieferten mir die finanziellen Mittel und das Online-Marketing für eine erfolgreiche Gründung. Doch meine Firmen sind keineswegs abhängig von einer Social-Media-App. Gäbe es Instagram morgen nicht mehr, wäre ich unglaublich traurig, aber noch lange nicht am Ende meiner Geschichte angekommen.«

* * *

Einen richtigen Karriereplan hatte ich zu keinem Zeitpunkt in meinem Leben. Es gab Perioden, in denen ich mich dafür schrecklich schämte und krampfhaft versuchte, einen Fünfjahresplan zu schreiben. Diese erzwungenen Zukunftsaussichten konnte ich aber spätestens nach ein paar Monaten wieder komplett über den Haufen werfen, da mein Leben entweder eine unvorhersehbare Wendung nahm oder ich schlichtweg meine Meinung änderte. Ich war einfach nicht versteift auf ein Ziel und ließ mich gerne treiben. Na und?

Niemand weiß, was in zehn Jahren mit der Welt passiert. Darum setze ich mir meine Ziele so, dass ich sie erfüllen kann. Sie sind kurzfristig erreichbar, ich verwirkliche sie mit all meiner Leidenschaft und bin immer flexibel für spontane und großartige Veränderungen. Manchmal ist es völlig egal, ob du weißt, was dein Vorsatz ist, solange dich der Weg dahin glücklich macht.

Wenn ich auf meine Karriere-Achterbahnfahrt zurückblicke, muss ich schon sehr schmunzeln und mich oft kneifen. Was auf den ersten Blick eine chaotische Ansammlung von Jobs war, zeigte auf den zweiten Blick, in welchen magischen Wegen mein Universum arbeitet.

Schauen wir uns das Ganze nochmal an:

Mein erster richtiger Job im Supermarkt weckt bei mir keine schönen Erinnerungen. Er ist der Auslöser meiner Panikattacken und sorgte dafür, dass ich mich sogar als Kundin lange Zeit in den engen Gängen zwischen den Regalen fürchtete. Mein Universum konnte das so nicht stehenlassen und schenkte mir eine fröhliche Supermarkterinnerung, um sie gegen meine alte auszutauschen: pastellfarbene Kaubonbons. Wenn ich jetzt ans Einkaufen denke, sehe ich meine Lieblingssüßigkeit in der *Carmushka Limited Edition* aus den Regalen strahlen und denke nicht mal mehr an Elektroschocker und klapprige Drehstühle.

Das Modehaus, in dem ich während meines Studiums jobbte, ist heute Geschäftspartner meines eigenen Modelabels *Oh April*. Statt als Verkäuferin strahle ich nun als Geschäftsführerin vom überlebensgroßen Plakat der *Oh April*-Kooperation.

Das ist dir noch zu wenig Beweis? Keine Sorge, ich habe noch mehr auf Lager: Heute besichtige ich nicht mehr als Fake-Mieterin im Reality-TV Wohnungen, sondern kaufe, saniere und renoviere sie, um schließlich eine Kapitalanlage daraus zu machen. Ich preise keine Marken mehr auf der Fashion Week an, sondern sitze als geladener Gast in den Shows. Früher schlich ich, während irgendwelcher Promojobs, in den hintersten Reihen diverser Messen herum und machte mir gedankliche Notizen zu Themen wie Marketing und Karrieremanagement. Heute stehe ich voller Stolz auf der Bühne, um auf dem *Online Marketing Rockstars Festival* über den durchschlagenden Erfolg mit *Oh April* zu sprechen.

Das könnten alles Zufälle sein, aber daran glaube ich nicht. Mein Universum hat mit jedem schrägen Ereignis und mit jeder Herausforderung dafür gesorgt, dass ich umdachte und mich neu orientierte. Als Belohnung für das Meistern und Weitermachen schickte es mir neue Ziele und verwandelte die ein oder andere negative Erfahrung in Glücksmomente der Gegenwart und Zukunft. Ich erinnere mich noch an viele verrückte Erlebnisse, die mein Universum aufklären muss, und bin wirklich neugierig, wieso es mich im Mauskostüm zu einer Käseverkostung schickte oder wofür mein Auftritt bei der Gamescom im Latexanzug gut war. Aktuell habe ich keinen blassen Schimmer, aber hey, das kommt bestimmt noch.

Bis hierhin kann ich nur sagen: Universum, good job!

* * *

So habe ich den Wunsch für mein Universum manifestiert:

Das Wort »muss« aus dem Wortschatz streichen: statt zu müssen, will ich!

Ich *will* eine Stunde früher aufstehen, um es rechtzeitig zum Termin zu schaffen.

Ich *will* aufräumen, damit ich in meinem Zuhause besser durchatmen kann. Das Wort »müssen« ist mir einfach zu negativ. Es suggeriert Undankbarkeit für all die Chancen in meinem Leben und das fühlt sich falsch an. All die kleinen und großen Aufgaben meines Alltags sind keine Bürden, sondern das Ergebnis harter Arbeit.

Ich habe einen Termin, der mich in meiner Karriere bestärkt. Ich besitze ein Zuhause, in dem ich mich wohlfühle. Das ist wirklich nichts, was ich mit negativen Gedanken belasten möchte. Also sprich mir nach: »Ich will, ich will, ich will!«

Schwarzmalen: richtig gelesen! Oft trauen wir uns nicht, ein Wagnis einzugehen, weil wir Angst vorm Scheitern haben. Dabei kann es hilfreich sein, Negativität für einen kontrollierten Zeitraum einfach mal zuzulassen. Vor jeder großen Entscheidung frage ich mich, was das Schlimmste wäre, das passieren könnte. Dann spiele ich die Situation durch, schreibe jede kleine und große Katastrophe auf und überlege, wie ich mit dieser Situation umgehen würde. Meistens werden diese Worst-Case-Szenarien bei genauem Betrachten weniger tragisch. Ich finde immer einen Weg, sie abzuschwächen oder mit ihnen zu leben. Wenn ich mit dem Worst Case klarkomme, wie sehr werde ich dann alles lieben, was dem Best-Case-Szenario näherkommt? Abschließend verbanne ich alle negativen Gedanken. Diese nützen mir nichts, bringen keine neuen Ansätze und Impulse.

Ich habe sie durchgekaut und für nicht empfehlenswert befunden. Also her mit den positiven, motivierenden Gedanken!

Flexibel planen: Wie gesagt, ich hatte und habe keinen festen Zukunftsplan. So ganz strategielos bin ich allerdings nicht. Im Gegenteil. Ich habe so viele Pläne, dass ich mir jeden Tag einen neuen aussuchen könnte. Jeder Aspekt in meinem Leben bekommt von mir eine Auswahl an möglichen Szenarien, die ich verfolgen kann, wenn ich denn will. Es gibt immer mehr als nur einen Weg. Entweder entscheidet das Leben, welche Abzweigung ich nehme, oder ich befreie mich selbst aus einer festgefahrenen Situation und springe auf einen mir unbekannten Zug auf.

Schreibe dir zu einem Aspekt deines Lebens mehrere Wege und Ziele auf. So empfindest du es nie als Scheitern, wenn eines dieser Szenarien in einer Sackgasse verläuft. Schau nach links und rechts, lass dich auch mal ablenken, wenn sich die Gelegenheit bietet und probiere alles aus, was sich gut anfühlt.

Vertrau dem Leben. Vertrau deinem Universum!

Das, was ich heute als alltäglich empfinde, hätte ich mir vor Jahren so niemals erträumen können.

Mit diesem kleinen, cleveren Teil namens Handy erreiche ich hunderttausende von Menschen, die sich in ihren Wohnungen, in der Bahn, beim Zubettbringen der Kinder oder während der Vorlesung dazu entscheiden, mich zu einem Teil ihres Lebens zu machen. Jeden dieser fremden und doch so vertrauten Menschen hat mir mein Universum geschickt und damit die Grundlage für meine Karriere geschaffen. Denn ja, ohne Instagram stünde ich nicht genau hier. Ich stünde irgendwo anders. Vielleicht wäre ich genauso glücklich, vielleicht auch nicht, wer weiß das schon außer meinem Universum?

Mit all dem habe ich nie gerechnet, aber überrascht es mich, dass es so gekommen ist?

Keinesfalls.

LIEBES UNIVERSUM,

WAS WÜRDEST DU MIR RATEN, WENN ...

... ICH EINFACH NICHT WEISS, WELCHER BERUF ZU MIR PASST?

Es gibt so viele Jobs, spätere Weiterbildungs- und Gestaltungsmöglichkeiten innerhalb eines Berufes. Um diese grob einzugrenzen, stelle dir die Frage, womit du dich gerne beschäftigst und ob du diese Tätigkeit auf Dauer tun könntest. Was zu dir passt, hängt stark mit deiner Persönlichkeit zusammen. Frage dich also auch, welche Charaktereigenschaften du hast, worin deine Stärken und Vorlieben liegen.

Auf lange Sicht sollte die Tätigkeit zu dir als Person passen. Bist du eher introvertiert, arbeitest konzentriert für dich oder bist du vielleicht der extrovertierte Typ, stehst gerne in Kontakt mit anderen, bist offen und wortgewandt? Finde heraus, ob du tendenziell Kopfmensch oder handwerklich veranlagt bist. Nichts davon schließt sich natürlich aus, vielleicht bist du auch ein wilder Mix aus all den genannten Dingen? Probiere dich in die Richtungen aus, die zu deinem Charakter passen und gehe nicht mit der Einstellung an das Berufsleben heran, dass dein erster Versuch sofort sitzen muss. Lerne dich selbst kennen, sammle Erfahrung und taste dich an die Arbeitswelt heran. Auch wenn das bedeutet, dass du dich quer durch verschiedene Branchen bewegst.

... ICH ANGST VOR VERÄNDERUNGEN HABE UND DESHALB NICHT KÜNDIGE, OBWOHL ICH EIGENTLICH MÜSSTE?

Es gibt drei Möglichkeiten:

1. Es bleibt, wie es ist – du bleibst, wie du bist. Denke fünf Jahre weiter und stelle dir vor, wo du dann stehst.
2. Du entscheidest dich, persönliche Veränderungen zu wagen und verlässt deinen Job.
3. Du bleibst, veränderst aber deine Haltung deinem Job gegenüber.

Welche dieser Möglichkeiten löst bei dir Aufatmen aus, welche bereitet dir beim bloßen Darübernachdenken schon Bauchschmerzen?

Mache dir klar, welche Sicherheiten du im Leben hast und auf welche deiner Fähigkeiten und Eigenschaften du dich verlassen kannst. Diese Sicherheiten werden dir auch in sich verändernden Umständen bleiben und helfen. Überlege dir konkret für deinen Alltag, wie du flexibler und veränderungsfreudiger werden kannst und stärke erst mal durch kleine Schritte deine Freude daran. Schaue dich nach beruflichen Alternativen um, bevor du kündigst, und male dir verschiedene Richtung aus, in die du gehen und dich entwickeln könntest.

Es ist okay, dass dir Veränderungen Angst machen. Gewohnheiten haben wir schließlich nicht ohne Grund – sie sind gemütlich und sicher und genau das ist es, was dich wahrscheinlich daran hindert, deinen jetzigen Job zu verlassen. Dafür musst du ein Risiko eingehen.

Lass mich dir ein wenig von der Angst vor dem Schritt der Kündigung nehmen: Du musst nicht sofort handeln. Du darfst Schritt für Schritt lernen, deine Gewohnheit abzulegen und die Veränderung zuzulassen.

... ICH ANGST HABE, BERUFLICH ZU VERSAGEN UND MICH ZU BLAMIEREN?

Dahinter steckt die Angst vor der Scham. Untersuche erst mal, worin diese begründet ist. Fürchtest du, von anderen abgewertet und bloßgestellt zu werden oder viel mehr deinen eigenen Ansprüchen nicht zu genügen?

Der Preis, das Risiko der Scham nicht einzugehen, ist, dich kleinzuhalten, weil du dir Entwicklung verbietest. Vielleicht machst du dein Selbstwertgefühl zu einseitig von Erfolg und beruflicher Anerkennung abhängig. Dann schaue auch nach anderen Lebensbereichen, die dir Stärke vermitteln. Du musst nicht perfekt sein, sondern darfst Fehler machen. Ohne Fehler können wir nicht lernen. Ohne vorher hinzufallen, hättest du niemals das Laufen gelernt. Akzeptiere Fehler als Normalität! Genauso wichtig, wie Erfolg zu haben, ist es, mit Niederlagen und Scheitern umgehen zu können. Darum sollte eigentlich beides gewünscht sein – auch wenn sich das nicht gut anfühlt. Statt Misserfolge mit allen Mitteln zu umgehen, gib einfach dein Bestes. Solltest du scheitern, machst du es das nächste Mal besser. Und danach noch ein bisschen besser.

... ICH ARBEITSUNFÄHIG BIN UND DESHALB DAS GEFÜHL HABE, KEIN TEIL DER GESELLSCHAFT ZU SEIN?

Es ist für uns so wichtig, zu spüren, dass wir dazugehören. In unserer Gesellschaftsstruktur werden wir zu einem Großteil durch die Arbeit in eine Gemeinschaft eingebunden. Es fällt uns leichter, uns selbst anzuerkennen, wenn wir eine Aufgabe haben und unsere Fähigkeiten einbringen können. Dein Job ist es nun, auf deine Gesundheit zu achten. Es erfordert deine gesamte Aufmerksamkeit. Auch wenn du nicht auf herkömmliche Weise arbeitest, leistest du jeden Tag deinen Beitrag, indem du in Kontakt mit anderen Menschen stehst und deine Erfahrungen teilst. Es ist nicht leicht und verlangt einem viel ab, sich eine eigene Struktur zu erschaffen, die ein zufriedenes Leben ermöglicht. Doch vielleicht gibt es da noch unentdeckte Möglichkeiten, Aufgaben, Talente in dir und einen Lebensstil, der auch dir ermöglicht, dich wieder als Teil der Gesellschaft zu fühlen.

Wir sind mehr als Arbeitsmaschinen, deren Leistung zählt. Deine Situation erinnert uns alle daran, innezuhalten, und zu bemerken, dass unser menschlicher Wert nicht vom Leisten abhängt. Allein dafür danke dir – als Teil der Gesellschaft, in der auch du einen festen Platz einnimmst!

LIEBES UNIVERSUM,
ICH BIN FINANZIELL UNABHÄNGIG

Mein Universum schickt mir so viel Geld, wie ich will. Alles was ich dafür tun muss, ist meinen Teil des Deals einzuhalten. Praktisch, oder? Mein eigener magischer Bankautomat!

Du erwartest jetzt sicherlich das große »Aber«, doch da muss ich dich enttäuschen. Es ist *tatsächlich* so simpel, es ist bloß nicht einfach, diese Denkweise zu verinnerlichen, dass alles Geld der Welt nur einen Wunsch von dir entfernt ist. Und genau das ist mein Part des Deals: Ohne Zweifel an die finanzielle Fähigkeit meines Universums zu glauben und danach zu leben. Bis ich das jedoch herausgefunden hatte, hat es mich ungefähr fünfundzwanzig Jahre, etliche rote Kontostände und Unmengen schlafloser Nächte gekostet.

* * *

Liebes Universum, ich kann mir meinen kleinen Luxus leisten

Wie du weißt, habe ich schon alle möglichen Jobs gemacht, um mir mein Taschengeld aufzustocken. Ich wusste immer ganz genau, worauf ich hinarbeitete – also zumindest finanziell gesehen.

Ein Ziel war meine Traumuhr, die fast siebzig Euro gekostet hatte. Die zwölfjährige Carmen wünschte sich diese viel zu klobige, schweinchenrosa *Baby-G* an ihrem Handgelenk. Nachdem jeder meiner Überzeugungsversuche zum Kauf durch meine Mutter mit einem Kopfschütteln und einem genervten »Nein Carmen, lass es« abgewürgt wurde, musste ich selbst aktiv werden.

Also rechnete ich mir aus, dass bei einem Babysitting-Stundenlohn von fünf Euro circa vierzehn Spielstunden mit den Kindern aus der Verwandtschaft fällig waren. Easy! Das hatte ich mit einem zugeschobenen Fünfeuroschein hier und da in nur drei Monaten zusammen! Aus dem Wunsch nach der Uhr wurden mit den Jahren immer größere Luxusansprüche. Im Teenie-Alter brauchte ich ein Handy, wollte mit meinen Freundinnen ins Eiscafé, meine große Liebe Lenni auch mal ins Kino einladen und mich nicht zwischen einem Abend in der Jugenddisco und einem neuen Buch entscheiden müssen. Mehr Geld und mehr Jobs mussten her! Mein System funktionierte tadellos. Hatte ich ein Ziel, arbeitete ich darauf hin und erreichte es nach einer bestimmten Zeit.

Die Rechnung ging so lange auf, bis meine Mutter mir nicht mehr den Rücken freihielt. Was ich nicht berechnet hatte, waren die Kosten, die ich verursachte: Kleidung, Schulgeld, Ausflüge, Lebensmittel, Miete, Nebenkosten und die unzähligen Dinge, die für mich selbstverständlich von meinen Eltern und der Verwandtschaft gestemmt wurden.

Als ich nach dem Abi für das Studium in meine erste eigene Wohnung zog, flatterte die Realität mit jeder Zahlungsaufforderung und Mahnung in meinen Briefkasten. Nebenkosten, Internetanschluss, Rundfunkgebühren, Semesterbeitrag – das klang alles so gar nicht mehr nach Luxusartikeln. Dafür wollte ich meinen Lohn eigentlich nicht ausgeben. Also wartete ich lieber die zweite und dritte Mahnung ab. Vielleicht würde sich der Stapel Briefe auf meiner nagelneuen *Ikea*-Kommode ja in Luft auflösen.

Meine Einstellung zu offenen Rechnungen zeigte eindeutig, dass ich nie gelernt hatte, mit Geld umzugehen. Mein Selbstverdientes war immer »Spielgeld« gewesen. Ein leeres Konto am Monatsende löste also keine Panik bei mir aus.

Meine Mutter hatte nie von mir verlangt, etwas zur Haushaltskasse beizusteuern. Was sehr nobel von ihr war, sich aber in Bezug auf meine finanzielle Selbstkontrolle verheerend auswirkte. Ich unterschätzte die Wichtigkeit von Rücklagen für Fixkosten und überraschende Ausgaben, die auf mich zukamen, enorm. So tappte ich beim Übergang von »Mama zahlt die Rechnungen« zu »Ich finanziere mich nun komplett selbst« in so einige Fettnäpfchen oder auch metertiefe Pfützen.

Ich war nun erwachsen und der verantwortungsvolle Umgang mit Geld gehörte nun mal dazu.

Liebes Universum, ich kann mich selbst finanzieren

Zumindest theoretisch stand ich von Anfang an voll und ganz hinter meinem Wunsch. In der Praxis schob ich die Rechnungen in der Gerümpel-Schublade jedoch immer weiter nach hinten, bezahlte erst kurz vorm Inkassoschreiben und redete mir ein, dass Tortellini mit Pesto fünfmal die Woche eine freiwillige Entscheidung statt Mangel an Haushaltsgeld waren.

Mir fehlte schlichtweg die Motivation, etwas an meinem Lebensstil zu ändern und auch meine wachsende Social-Media-Präsenz half mir nicht dabei, den Pleite-Kreislauf zu durchbrechen.

Seit 2016 verdiente ich endlich Geld mit Marken-Kooperationen, aber um davon neben dem Studium sorglos leben zu können, war es nicht genug. Auf Instagram sah das natürlich ganz anders aus. Im Feed war ich auf jedem Foto auf einer anderen Veranstaltung, präsentierte das neuste Designerparfüm und trug trendige Klamotten – nichts davon hatte ich selbst bezahlt.

Mit den Kooperationen ist das nämlich so eine Sache. All die schönen Produkte, die mir ins Haus flatterten, kosteten mich nichts – zumindest nicht direkt. Jeder einzelne Duft, jedes einzelne Paar Schuhe und jede Tasche musste allerdings im Nachhinein von mir versteuert werden. Nahm ich kein Geld für das Werben über meine Plattformen, zahlte ich drauf. Zwar hatte ich das Produkt, doch was brachte mir ein Parfüm, wenn das Pesto mal wieder alle war? Wurde ich nicht auf ein Event eingeladen, blieb ich immer öfter zuhause, weil die rot leuchtende Zahl auf meinem Konto nicht gerade zum Feiern, Shoppen und Spontansein einlud. Trotz immer besserer Bezahlung kam ich mit dem Geld, das ich verdiente, nicht hin – nicht bei meinem damaligen Lebensstandard. Ich begleitete »reichere« Kolleg*innen in teure Restaurants, wollte nicht die Einzige ohne Designerschuhe sein, sagte zu selbstfinanzierten Kurztrips in die Sonne selten nein und überzog Kreditkarten. Das Luxusleben, das ich auf Instagram führte, wollte ich auch privat genießen und gab mein Geld oft unbedacht aus, nur um mir selbst etwas vorzuspielen. Mein Verhalten verfrachtete mich immer tiefer in die roten Zahlen und zwang mich schließlich, der bitteren Realität ins Auge zu blicken: Diese Traumversion meines Lebens konnte ich mir einfach noch nicht leisten. Zwischen Arbeit und Privatleben fühlten sich die Tage wie ein einziger Kulturschock an, in dem ich mich unentwegt im Kreis drehte und nicht nur die Kontrolle, sondern langsam, aber sicher auch das Verständnis meines direkten Umfeldes verlor. Das wurde mir spätestens dann bewusst, als mich eine enttäuschte SMS von meiner Freundin erreichte, die ich im letzten Moment versetzt hatte. Wir waren verabredet, um gemeinsam auf die Kirmes zu gehen. Doch nach einem schnellen Blick auf meinen Kontostand schob ich Kopfschmerzen vor, um ohne große Erklärung aus der Verabredung herauszukommen. Leider kaufte sie mir meine Notlüge nicht ab, die hatte ich einfach schon zu oft gebracht. Meine Freundin warf mir vor, mich für etwas Besseres zu halten und sie nur hängen zu lassen, weil ich lieber mit meinen Instagram-Freund*innen chillte. Fast hätte ich das so stehen lassen.

Früher oder später würde sie sich wieder beruhigen und mir meine Ausrede verzeihen. Doch die falschen Anschuldigungen ließen mir keine Ruhe. Sie konnte es ja nicht besser wissen, wenn ich nie mit der Wahrheit rausrückte. Bis zu der SMS, in der ich zugab, dass ich einfach kein Geld hatte, um mit ihr oder mit meinen »Instagram-Freunden« auf irgendwelche Partys zu gehen, die nicht gesponsert waren. Ich hatte ja nicht mal das nötige Kleingeld, um Geburtstagsgeschenke zu kaufen. Niclas' erstes Geburtstagsgeschenk war ein Shirt, das ich ihm von einem Gutschein kaufte, den ich selbst geschenkt bekommen hatte. Zu einem anderen Anlass schenkte ich uns beiden einen Kurztrip samt Übernachtung im Europapark – finanziert mit einem Gutschein der Misswahl. Blöderweise hatte ich diesen falsch gelesen und statt des Standardzimmers eine Suite gebucht. Als mir mein Fehler beim Einchecken bewusst wurde und die nette Frau an der Rezeption mit entschuldigender Miene sagte: »Leider können wir für diese Nacht kein anderes Zimmer anbieten, wir sind komplett ausgebucht«, schossen mir direkt die Tränen in die Augen. Ich hatte das Geld weder im Geldbeutel noch auf dem Konto und mein Gutschein deckte nur einen Bruchteil des Preises ab. Wäre Niclas nicht ohne zu zögern eingesprungen, um die Differenz zu begleichen, wäre ich wahrscheinlich vor Scham an Ort und Stelle im Erdboden versunken. Doch auch so war mir die ganze Situation unglaublich peinlich. Vor dem Hotelpersonal, Niclas und mir selbst auch.

Die finanziellen Pannen und Peinlichkeiten versteckte ich nach außen hin mit aller Kraft und so bekam auch meine Freundin nicht mit, was wirklich los war. Bis zu dieser ehrlichen Nachricht, die mich sehr viel Überwindung kostete, aber längst überfällig gewesen war. Nicht unbedingt für sie, aber für mich. Sie half mir dabei, mir endlich einzugestehen, dass mein Doppelleben so zu keinem Ergebnis führte. Es brachte mich weder beruflich noch privat weiter, so zu tun, als hätte ich alles im Griff. Bis zu diesem

Zeitpunkt hatte ich mich kein einziges Mal so verhalten, als könnte der Wunsch nach finanzieller Unabhängigkeit Realität werden. Die Situation, in der ich mich befand, war komplett mein Verschulden. Was bedeutete das? Richtig, *ich* konnte sie ändern!

Als erste Amtshandlung in Richtung Selbstfinanzierung kramte ich all die zerknickten und verwaisten Rechnungen aus der Schublade der Schande hervor, sortierte sie und heftete sie fein säuberlich ab. Nun nahm ich mir ein leeres Blatt Papier zur Hand und schrieb die offenen Beträge samt Zahlungsziel auf.

Ganz ohne Panik, einfach nur stumpf aufschreiben, Carmen! Das wird schon.

Nach drei Stunden saß ich schließlich umzingelt von Ordnern, Zahlen und getackerten Quittungen in meinem Schuldenberg, den ich ab sofort Euro für Euro abbezahlen würde. Der Betrag war zwar nicht unerheblich, doch er war nur halb so schlimm wie das Gefühl kurz vorm Schlafengehen, wenn ich mir mal wieder das Schlimmste ausmalte. Eine Zahl konnte mir nichts antun, negative Gedanken schon – also weg mit ihnen!

Das klare Wissen über meine Situation und der Gedanke »Geld ist nicht mein Feind« würden jetzt die Ungewissheit in meinem Kopf ersetzen. Ich gebe zu, diesen Wandel habe ich nicht ganz allein geschafft. Wie so oft vorher und auch nachher wies mir das Buch *The Secret* den Weg. Während des Lesens erkannte ich, dass Geld nicht beängstigend sein musste, und ich lernte, es als das wahrzunehmen, was es schlicht und einfach war: Ein erreichbares Gut, welches ich materialisieren und benutzen konnte.

Glaube mir, ich weiß, wie privilegiert das klingt. Ich wuchs mit wenig Geld auf und hätte meiner Mutter jemand gesagt, dass sie einfach nur eine andere Einstellung zu Geld haben sollte, um die finanziellen Sorgen loszuwerden, hätte sie diese Person wahrscheinlich bis nach Polen verflucht. Aber es schadete nicht, eine neue Denkweise zuzulassen. Pleite war ich ohnehin schon.

Also freute ich mich von nun an über jede Rechnung und jede Zahlungsaufforderung des Finanzamtes.

»Niclas, schau mal, das Finanzamt schickt mir schon wieder Geld. Ist das nicht Wahnsinn?«

»Ich sehe da etwas Wahnsinniges.« Niclas beobachtete kopfschüttelnd, wie ich aufgeregt mit dem Brief wedelnd durch unsere erste gemeinsame, für mich eigentlich viel zu teure, Wohnung in Köln hüpfte und voller Vorfreude meinen Lieblingskuli zückte.

»Carmen, du weißt schon, dass du die Summe trotzdem überweisen musst, oder? Nur weil du auf der Rechnung rumkritzelst, erledigt sich die Sache nicht. Du machst mich auch noch ganz wahnsinnig!«

»Ach was, das geht ganz einfach«, konterte ich und verwandelte das Minus mit nur einem Strich in ein Plus. »Du wirst schon sehen«, entgegnete ich. »Irgendwann lade ich dich davon zum Essen ein!«

Bevor du jetzt denkst, ich hätte wirklich komplett den Verstand verloren, kläre ich besser mal auf: Natürlich habe ich den offenen Betrag beglichen, sobald ich das Geld dafür auf meinem Konto hatte. Der Minus-Plus-Trick funktionierte in meinem Kopf so: Ich überwies das Geld, um es in naher Zukunft doppelt und dreifach zurückzubekommen. Je mehr ich einzahlte, desto mehr würde mir mein Universum letztendlich schicken. Fantastisch, oder?

Allerdings funktionierte dies nicht ausschließlich durch mein neues Mindset und meine zurechtgebogene Realität, sondern durch die Taten, die aus meiner neuen positiven Haltung gegenüber Geld folgten.

Und genau das ist er, der kleine, feine und entscheidende Unterschied zwischen »sich Geld wünschen« und »*sich Geld wünschen*«. Ich musste die Regler meines Lebens auf die richtige Frequenz einstellen und wünschte mir Geld, das mich so leben lassen würde, wie ich es mir vorstellte. Zunächst brauchte ich nur genug, um meine Schulden zu tilgen. Ich wünschte es mir so sehr, dass ich mit jeder Faser meines Körpers daran glaubte, die Erfüllung schnellstmöglich herbeizuführen. Dieser Glaube an meine eigene Kraft beflügelte mich und ließ mich selbstbewusster auftreten. Da ich wusste, was mich erwarten würde, konnte ich auch ohne Zweifel den Weg dorthin beschreiten. In dieser Phase hörte ich auf, als »buchbare Reklame« zu arbeiten und war bereit, meine Stimme als Businessfrau zu finden. Es war höchste Zeit, mich selbst und mein Potential auf Instagram ernst zu nehmen!

In diesem Sinne beleuchtete ich nun jedes Angebot und jede Kooperation mit dem Hintergedanken: »Bringt mich dieser Job meinem Wunsch näher?« Lautete die Antwort nicht eindeutig »Ja!« sagte ich, ohne zu zögern, ab oder ging in die Nachverhandlung, bis der Deal für mich akzeptabel war. Diese Entscheidung traf ich nicht ausschließlich mit Blick aufs Gehalt. Klar, die Bezahlung musste meiner Leistung entsprechen, doch, wenn Geld der einzige Grund dafür war, einen Job anzunehmen, würde mich diese Entscheidung auf Dauer nicht glücklich machen. Zwar bin ich ein Fan von kurzfristigen Plänen, aber ins Nichts arbeiten, kam für mich nicht infrage. Konkret heißt das: Ich suchte mir die Aufträge und Marken nun so aus, dass wir alle langfristig voneinander profitieren konnten, sich neue, wirtschaftliche und bestenfalls leidenschaftliche Wege auftaten und ich dadurch mein Ziel von finanzieller Selbstversorgung nicht nur erreichen, sondern meinen Wunsch darüber hinaus weiterspinnen konnte.

Und siehe da: Nahm ich mich selbst und meine Wünsche ernst und verhielt mich dementsprechend, funktionierte das mit der Schuldentilgung, der finanziellen Selbstständigkeit und dem Rücklagenpolster auch. Monat für Monat wurde die rote Zahl auf meinem Konto geringer, bis sie nach etlichen Wochen des Sparens, des meine Frau-Stehens und gute Entscheidungentreffens ins Plus rutschte. Ich hatte es geschafft und war nun wirklich finanziell selbstständig. Danke Mama, danke Papa – eure Tochter ruft euch jetzt einfach so zum Quatschen an, nicht, weil sie Hilfe braucht. Naja okay, Hilfe brauche ich auch heute noch, aber zumindest keine finanzielle mehr.

Ich wäre nicht ich und mein Universum wäre eindeutig nicht meines, wenn die schwarze Zahl auf dem Kontoauszug das Ende meines Wunsches bedeutet hätte. Die Zahl wuchs jeden Monat, weil ich sicherstellte, meine Fixkosten und Luxus-Ausbrüche einzuplanen. Es gab da in meinem Hinterkopf noch diese eine Rechnung, die ich mit mir selbst offen hatte. Ein geradezu wahnwitziger Wunsch, den ich schon als Kind hatte – mal abgesehen davon, die beste Sängerin der Welt zu werden. Und ganz im Gegensatz zu meinem fehlenden Gesangstalent und der damit zum Scheitern verurteilten Popstarkarriere, schien dieser nicht mehr so unerreichbar ...

Liebes Universum, ich bin Millionärin

Wie oberflächlich, nicht wahr? Aber wenn wir mal ganz ehrlich sind, hat diesen Wunsch doch schon jeder von uns gedacht. Die große Million. Eine Zahl, die ungreifbar scheint und nur von sehr wenigen Menschen erreicht wird. Eine Zahl, die so unfassbar ist, dass wir sie uns ganz ohne Druck wünschen können. Denn egal, was wir tun, besitzen werden wir sie ja doch nie.

Wirklich niemals? Ich war bereit, genau das herauszufinden. *Liebes Universum, jetzt testen wir mal, wie gut du wirklich bist.*

Also begann ich, an meiner Million zu arbeiten. Doch bei so vielen Nullen legte ich ein paar Zwischenschritte ein. Als Studentin waren 500 Euro nach Abzug der Miete, Versicherung und Co. schon ziemlich nah am Reichtum. Der erste Schritt in Richtung Millionärin!

Hi, mein Name ist Warschau und ich bin hier, um das Haus des Geldes auszurauben! Heist-Serien-Anspielung beiseite: Ich druckte mir einen Geldschein aus, der statt dem Eurobetrag ein freies Feld hatte, in das ich meinen gewünschten Reichtum von 500 Euro selbst eintrug. Der Schein sah nicht sonderlich echt aus. Das lag zum einen daran, dass realistisches Gelddrucken verboten ist und zum anderen an meinem Drucker, der wie immer kaum noch Magenta-Tinte hatte. Aber egal, zum Visualisieren reichte mir der Selfmade-Schein allemal. Das mehr oder weniger wertvolle Stück Papier steckte ich mir nun in den Geldbeutel und warf bei jedem Gang zur Kasse einen Blick darauf, bis ich mich komplett an dessen Existenz gewöhnt hatte. Der Mechanismus dahinter: 500 Euro waren in Griffweite. No big deal!

Nach einigen Tagen fühlte sich der Betrag gar nicht mehr so utopisch an. Ich hatte mich selbst darauf konditioniert, ihn als erzielbar zu betrachten. Und das war er auch.

Die ersten 500 Euro, die ich drei Wochen nach dem Start meines Experiments durch eine gut ausgehandelte Kooperation »übrig« hatte, gab ich sofort aus. Anders, als bei meinen vorherigen Shopping-Eskapaden hatte ich jedoch kein schlechtes Gewissen. Dies war Geld, das ich ausgeben durfte. Es war nicht dafür bestimmt, in einen Bausparvertrag, in einen Rentenfonds oder in die Haushaltskasse zu wandern. Es war allein dafür da, um meinen ersten kleinen Schritt in Richtung Million zu gehen. Um genau zu sein, war ich mit dem Ausgeben der 500 Euro genau 500 Euro weiter von meinem Ziel entfernt, doch ich sollte ja auch nicht den Spaß an der Sache verlieren.

Aus einem einseitig bedruckten Schein in meinem Portemonnaie wurden zwei, dann drei, dann vier. Ich trug nun jeden Tag 2000 Euro mit mir herum, und das fühlte sich erstaunlich normal an. Auch diesen Betrag würde ich mir sehr bald erarbeiten.

Mit den Monaten und Jahren steckte ich mir immer höhere Ziele und gab das Geld aus, statt es auf dem Konto versauern zu lassen. So ganz ging der Plan mit der Million auf der hohen Kante also nicht auf. Doch dahinter steckte mittlerweile ein System. Wie du weißt, bin ich ein großer Fan von verworfenen Plänen und neuen Ideen, die meine komplette Aufmerksamkeit und volle finanzielle Power verdienen. Der Luxus, den ich mir 2018 von meinem »Spielgeld« kaufte, hatte einen ganz besonders hübschen Namen: *Oh April*. Mein eigenes Modelabel und diesmal stand mein Name Schwarz auf Weiß als Gründerin in den Unterlagen.

Die Idee, ein Modelabel zu gründen, war schon jahrelang irgendwo in meinem Hinterkopf. Doch so richtig darüber nachgedacht, das Projekt wirklich anzugehen, habe ich erst 2017 während einer geschäftlichen Reise nach New York City. Ist man in dieser Stadt, liegt es einfach nah, *Sex and the City*-Shoppingfantasien auszuleben. Gemeinsam mit einer flüchtigen Bekannten verbrachte ich Stunden damit, von Second-Hand-Läden zu Boutiquen zu laufen. Sie hatte ein Händchen dafür, aus einer Ansammlung unscheinbarer Kleidungsstücke dieses eine Teil hervorzuzaubern, mit dem man jedes Outfit mühelos stylisch aufwerten konnte.

»Ich wünschte, das würde bei mir auch so klappen«, gestand ich bei einem überteuerten Skim-deluxe-no-sugar-extra-sweetener-Hauptsache-hübsch-Frappuccino.

»Das bringt mein Job so mit sich. Als Designerin habe ich den ganzen Tag mit Kleidung und Modetrends zu tun. Da entwickelt sich das irgendwann automatisch«, erklärte sie.

»Ich würde auch so gerne mehr mit Mode machen. Also nicht nur Werbung und Shoppen, sondern wirklich selbst gestalten und umsetzen. Das ist so ein Kleinmädchentraum, aber ich kenne mich da einfach nicht gut genug mit aus«, sagte ich zwischen zwei Schlucken Frappuccino und einer hektischen Ampelüberquerung.

Inmitten vorbeizischender gelber Taxis, niemals verstummender Sirenen und den unendlichen Möglichkeiten des Big Apples legten wir in diesem Moment den Grundstein für *Oh April*.

Wenige Monate später nahm die lose Idee dann tatsächlich Gestalt an: Das Modelabel sollte Realität werden. Die Basis des Unternehmens würde Nachhaltigkeit sein – produktionstechnisch sowie finanziell. Da waren wir uns sofort einig. Neben nachhaltigem Rohmaterial, verantwortungsvoller Produktion und fairen Gehältern für alle Beteiligten in den ausländischen Produktionsstätten und zuhause bedeutete diese grundlegende Philosophie vor allem eines: Wir mussten finanziell so agieren, dass das Unternehmen langfristig mit diesen Ansprüchen bestehen und wachsen konnte.

Die erste Besichtigung für Produktionsstätten führte uns nach Portugal. Dieses Mal packten wir Frauen die Männer als Mitbringsel – und Mitentscheider – ein. Neben ersten Einblicken in Fabriken und Arbeitsbedingungen wurden auch Faktoren für uns sichtbar, die wir bisher noch nicht genügend durchdacht hatten. Wir wussten zwar, welche Art von Mode wir machen wollten, doch welche Summe uns und letztendlich die Endkund*innen das Ganze kosten würde, hatten wir nicht ganz realistisch eingeschätzt. Uns wurde vor Ort bewusst, wie viel teurer nachhaltig produzieren, einkaufen und verkaufen war. Unsere Mode würde teuer sein – zumindest im Vergleich zu großen Modeketten, die auf fragwürdige Produktionsstätten und Dumping-Gehälter setzten, um gewinnbringend zu wirtschaften. Die wenigen freien Momente zwischen Geschäftsmeetings in Portugal verbrachten wir also nicht mit Sonnenbaden, sondern zerbrachen uns die Köpfe darüber, wer wir als Marke sein wollten. Wollten wir das Risiko eingehen, mit fair produzierten, jedoch höherpreisigen Kleidungsstücken zu launchen? Oder wollten wir endkundenfreundliche Preise und Fast-Fashion anbieten, um somit eine größere Zielgruppe anzusprechen?

Nach tagelangem hin und her wälzen entschieden wir uns schließlich dazu, auf unser Bauchgefühl zu hören. Für mich stand fest: »Wir bleiben bei Nachhaltigkeit! Wenn wir schon gründen, dann richtig. Das Risiko geh ich ein, seid ihr dabei?«

»Dabei. Mit Angst, aber dabei«, stimmten mir alle zu.

Die Sorge war natürlich begründet. Denn von der Entscheidung hing nicht nur unser aller Ruf, sondern auch unser Investment ab. Im Gegensatz zu den meisten Labels finanzierten wir uns von Anfang an komplett aus eigener Tasche. Keine Investoren, keine Anteilseigner, keine Banken und somit auch kein Fallschirm, der den Aufprall abfangen konnte, wenn sich unsere Vision nicht erfüllen würde. Scheitern war also keine Option. Lasst die Produktion beginnen!

Nun folgte die Phase der ersten Male: Das erste Mal Gründerin sein. Das erste Mal eigene Designs entwerfen und produzieren lassen. Das erste Mal Models buchen und die erste Kollektion shooten. Das erste Mal Preise festlegen, Marketingstrategie entwickeln und Onlineshop bauen. Das erste Mal den Launch der eigenen Modemarke vorbereiten. Das erste Mal im Social-Media-Shitstorm untergehen.

Denn ja, unser Worst-Case-Szenario trat tatsächlich ein: Die potenziellen Kund*innen und Follower auf unseren privaten Kanälen sowie auf dem offiziellen *Oh April*-Account hassten uns für die Preise unserer nachhaltigen Kollektion. Noch bevor unser Shop online gehen konnte, hatte Facebook den verlinkten Produktkatalog samt Preisen veröffentlicht und lud damit zum Urteilen ohne Kontext ein.

Das ist doch kompletter Wucher!
Die nehmen ihre Follower aus, schamlos!
So'n T-Shirt krieg ich woanders für ein Drittel, die spinnen doch!
Damit fahren die voll gegen die Wand, das überlebt die Marke niemals!

Hunderte wutentbrannte Kommentare und Nachrichten flogen uns wenige Stunden vor dem offiziellen Launch um die Ohren.

Ich muss wohl nicht erklären, wieso keiner aus dem *Oh April*-Team an diesem Tag zu irgendwas anderem als Schadensbegrenzung und Selbstzweifeln fähig war.

Verdammt nochmal, hatten wir uns wirklich falsch entschieden? Hätten wir einfach den leichten Weg gehen sollen? War jetzt schon alles zum Scheitern verurteilt, bevor wir überhaupt richtig losgelegt hatten?

Mit jedem weiteren vernichtenden Kommentar verabschiedete ich mich vom Erfolg der eigenen Modemarke, von meinem Investment und sogar von meinem privaten Ruf auf Social Media. Ich machte mir unendliche Vorwürfe, hatte Schuldgefühle unseren neu eingestellten Mitarbeiter*innen gegenüber. Dieser Tag hätte locker unser Ende bedeuten können.

Hätte.

Was wir zwischen all den Hasstiraden auf Instagram übersahen, waren die Aktivitäten im Onlineshop, die kurz nach der Liveschaltung sichtbar wurden: Ding, Bestellung abgeschlossen. Ding, Bestellung abgeschlossen. Ding, Bestellung abgeschlossen. Ding, ding, ding.

Wir nahmen in den ersten Minuten nach Launch 100000 Euro ein. Hunderttausend!

Nicht alle schienen uns zu hassen, doch freuen konnten wir uns trotzdem nicht. Die Angst, dass die Käufer sich von den bösen Stimmen im Nachhinein beeinflussen lassen würden, die Pakete wieder zu uns zurückschicken und uns nicht mal die Chance geben würden, mit Qualität und fairen Preisen zu überzeugen, war einfach viel zu groß. Wir waren uns sicher: Unser Traum war nicht nur geplatzt, sondern unkontrollierbar explodiert.

Was um alles in der Welt hatte mich geritten, so eine Verantwortung zu übernehmen? Hätte ich es nicht bei Shopping in NYC belassen können? Wieso musste ich bloß immer meinen Tagträumen nachgehen?

Vielleicht sollte ich mich einfach damit abfinden, dass das Experiment Mode für mich gescheitert ist. Aloha Karma hat mir kein Glück gebracht, wieso sollte es diesmal besser laufen?

»Leute, hört mal kurz zu. Handy aus der Hand, Carmen, komm schon!«, riss Niclas mich aus meiner Trance. Das letzte Mal, als ich aufgeschaut hatte, war es draußen noch nicht dunkel gewesen. Einige Stunden nach Launch hatten wir uns mit allen Mitarbeiter*innen in unserem provisorisch eingerichteten Büro versammelt, um gemeinsam in Selbstmitleid zu versinken. »Ich weiß, wie scheiße das grade alles ist«, sprach Niclas weiter. »Mir ist auch kotzübel, aber wir können nicht die ganze Nacht Kommentare beantworten und uns rechtfertigen. Alles, was wir zu sagen haben, steht im Shop. Die Leute, die das nicht interessiert, die wollen von uns auch nichts anderes hören. Das ist zweckl…«

»Aber wir müssen doch irgendwas machen!«, fiel ich ihm ins Wort. »Wir können die Leute doch nicht im Glauben lassen, dass wir sie rücksichtslos ausnehmen!«

Niclas versuchte, mich zu beruhigen. »Komm mal her. Schau dir diese Zahl an: 173. So viele Menschen sind jetzt in diesem Moment in unserem Shop, trotz all der negativen Kommentare. Obwohl der Launch«, kurzer Blick auf die Uhr, »mehr als neun Stunden her ist.«

Ding, ding, ding.

Nun versammelten wir uns alle um Niclas' Laptop und sahen zu, wie ein Warenkorb nach dem anderen abgeschickt wurde. Wer jetzt kaufte, konnte gar nicht an unserem Shitstorm vorbeigeschlittert sein. Die Kund*innen wussten, was im Internet kursierte, es war nicht zu übersehen. Und trotzdem unterstützten sie uns und schienen das zu lieben, was sie im Shop sahen. Ich legte das Handy aus der Hand und starrte eine Weile an die Wand, an der noch die Testshoots unserer ersten eigenen Kampagne hingen. Vor weniger als einem Tag hatten diese Fotos und ganz besonders die Kleidung darauf nichts als Glücksgefühle in mir ausgelöst. Auch wenn sich nun Panik und Zweifel dazugesellt hatten, liebte ich unsere Mode nach wie vor. Und anscheinend taten das die Besucher*innen im Shop auch. War das nicht eigentlich das Einzige, was zählte? Wenn so viele Menschen die Vision, die wir materialisiert hatten, feierten, konnten wir dann nicht einfach auf die Negativität auf Social Media pfeifen – oder sie uns wenigstens nicht zerstören lassen?

»Wir gehen jetzt alle schlafen. Morgen schauen wir weiter«, verkündete ich in die Runde, packte das Handy samt Ladekabel in meine Tasche und zog Niclas zur Tür.

Am nächsten Morgen, am Tag danach und auch am darauffolgenden war nicht alles toll, aber immerhin ein bisschen weniger schlimm als zuvor.

Unsere Panik entwickelte sich langsam, aber sicher, zu etwas Größerem: Kampfgeist.

Wir entschieden uns dazu, nicht aufzugeben. Wir würden nicht mehr unter dem Hass einknicken! Wir würden uns nicht mehr vor Menschen rechtfertigen, die keine Meinung außer ihrer eigenen vertragen konnten! Wir würden uns und unsere Marke nicht verbiegen, um in irgendeine Schablone zu passen. Wir würden hinter unserem Traum stehen. Unser Startkapital sollte nicht verschwendet gewesen sein! In dem Moment, als wir wirklich daran glaubten, weitermachen zu können, wurden wir zu echten Unternehmerinnen.

Und wir sollten recht behalten. Fast keine*r unserer Kund*innen machte vom Umtauschrecht Gebrauch. Stattdessen trugen sie die Kleidung, fotografierten und liebten sie. Mit jedem positiven Wort auf Instagram und jedem geposteten *Oh April*-Outfit wurden all die vergossenen Tränen der Verzweiflung mit Freudentränen aufgewogen.

Was unser persönlicher und finanzieller Absturz hätte sein

können, stellte sich als brutale Lernkurve in der Welt der Unternehmerschaft heraus.

Danke Universum, das hättest du auch ein bisschen liebevoller verpacken können!

Mein Startkapital war nicht weg, aber auch drei Jahre nach dem Shitstorm-Launch hat mir keine der Kollektionen auch nur einen Cent eingebracht. Auf meinen Wunsch hin, versteht sich. Stattdessen werden ständig alle Gewinne neu investiert. Mehr Mitarbeiter*innen, neues Ladenlokal, verbesserter Onlineshop, neue Kollektionen, bessere Arbeitsbedingungen, wahrgenommene Wachstumschancen! Mein Baby hatte es nicht leicht und ich bin umso stolzer, zu sehen, wie es immer weiterwächst und von Kollektion zu Kollektion mehr Menschen begeistert. Genau das ist es, was mich dazu motiviert, weiterzumachen. Denn, Achtung Klischee: Es geht mir hier nicht um *meinen* Gewinn. Das Geld wird momentan noch an anderer Stelle benötigt und wenn es an der Zeit ist, wird mein Universum mir genau das schicken, was mir zusteht. Dann werde ich meinen Anteil voller Stolz empfangen.

Über die Jahre habe ich mich als Businessfrau weiterentwickelt und mich bewusst dagegen entschieden, einer Zahl auf meinem Konto hinterherzujagen. Wenn Millionärin sein bedeutet, eine siebenstellige Zahl auf dem Konto ruhen zu lassen, ist das kein Wunsch, den ich weiterhin verfolgen möchte. Das reicht mir ganz einfach nicht – ich will mehr. Nicht mehr Nullen hinter der Zahl, sondern mehr Möglichkeiten, mein Geld schlau auszugeben, clever zu investieren und genau dort einzusetzen, wo es hingehört.

Was ich mir wirklich wünsche und erfülle, ist Folgendes:

Liebes Universum, ich bin finanziell unabhängig

Mit meinem Schritt in die Unternehmensgründung legte ich bereits den Grundstein für meine Unabhängigkeit. Entgegen der

Meinung gehässiger Stimmen war ich nämlich nun nicht mehr nur *Carmushka* die Influencerin, die ohne Instagram wirtschaftlich nichts vorzuweisen hatte. Ich bin und war nie so naiv zu denken, dass eine Social-Media-Plattform mir für immer ein stabiles Einkommen sichern wird. Meine Karriere auf Instagram schenkte mir keine planbaren Einnahmen, stattdessen bot sie mir etwas viel Besseres: das Startkapital für ein plattformunabhängiges Leben.

Ich liebe es, mich über die sozialen Medien zu zeigen und meiner Stimme Gehör zu verleihen, doch ich werde diesen Karriereweg nicht für immer gehen. In hoffentlich ferner Zukunft wird Instagram keine Einnahmequelle mehr für mich sein und das macht rein gar nichts. Als Businessfrau arbeite ich mit jedem Euro, den ich in meine Projekte stecke, daran, mir eine nachhaltige Zukunft aufzubauen, die auf mehr als einer Säule steht. Ich investiere in bestehende und gründe neue Unternehmen, bezahle oder werbe für Anteilseignerschaft an anderen Unternehmen, ich kaufe, renoviere und vermiete Immobilien. Schlichtweg nutze ich mein Potential. Und das werde ich nicht kleinreden.

Ich verdiene sehr gutes Geld und lebe dadurch bequem. Mittlerweile kann ich es mir leisten, nicht auf den Preis zu schauen. Nichts davon kam überraschend – ich habe es mir schließlich sehr hart erarbeitet. Als finanziell unabhängige Frau muss ich glauben, dass mir alles Gute, wozu ebenfalls das Geld gehört, zusteht. Also verhalte ich mich auch so – mir, meinem Wunsch und meinem Universum zuliebe.

* * *

Auch wenn ich den Wunsch, Millionärin zu werden, schon lange nicht mehr verfolge, hat er sich doch erfüllt. Denn ja, ich bin tatsächlich Millionärin. Eine solche Aussage kommt meistens nicht gut an, aber ich habe mich dazu entschieden, mich nicht für meinen Erfolg zu schämen. Wieso denn? Ich habe das Geld nicht gestohlen oder durch unfaire Mittel an mich gerissen. Ich habe es mir gewünscht und alles getan, damit mein Universum mir meinen Wunsch erfüllt. Was jedoch nicht bedeutet, dass ich mich nun mit Ende zwanzig auf einer Yacht mit Mimosas und Privatkoch zur Ruhe setze – dafür habe ich viel zu viel Respekt vor dem offenen Meer. Aber mal ernsthaft: Ich habe sehr viel Geld und habe es gleichzeitig auch nicht. Es ist gut angelegt. In meine Unternehmen, in meine Tochter, in meine Zukunft und in die Zukunft, die ich mir für all die Kinder, die da noch kommen mögen, wünsche.

Und weil ich gerade dabei bin, folgt direkt noch eine Aussage, die zunächst sehr krass um die Ecke kommt: Ich habe oft keine Ahnung, wie viel ich für einen Job genau bekomme. Und weißt du warum?

Geld ist mir egal, das kommt sowieso.

Dieser Satz ist keinesfalls so lapidar und überheblich gemeint, wie man vielleicht vermutet.

Was meine Finanzen angeht, bin ich absolut im Bilde. Ich weiß, wo meine Investitionen hinfließen, wie ich mein Kapital vergrößern kann und mich fürs Alter absichere. Finanzielle Bildung ist etwas, zu dem ich mich gezwungen habe, weil sie unabdingbar ist. Meine frühere Einstellung »Damit beschäftige ich mich, wenn ich erwachsen bin« war mit steigendem Erfolg und größer werdender Verantwortung nicht mehr tragbar. Denn ich war schon längst erwachsen und hatte mir gegenüber die Verantwortung, mich auch in allen Aspekten so zu verhalten. Mit dem Entschluss, Geld nicht mehr als Feind anzusehen, habe ich mich auch dazu entschieden, dass ich kein mathematisches Mastermind sein muss, um meine Finanzen zu verstehen. Ich suchte mir Hilfe bei Menschen, die sich auskennen und ihr Wissen auf eine verständliche Art mit mir teilten. Mit jedem aufgelösten Fragezeichen im Kopf wurde mir bewusster: Das ist kein Hexenwerk.

Ich *kann* das alles verstehen. Und je mehr ich meine Finanzen selbst begreife, desto sicherer bin ich mir, einige Themen auslagern zu dürfen. Ums Finanzamt kümmert sich mein Steuerberater. Nicht, weil ich keine Ahnung vom Steuerwesen habe, sondern weil ich einem Experten vertraue, in meinem Sinne zu handeln. Die Verhandlungen für Jobs macht mein Management. Okay, mein Mann, aber das läuft auf dasselbe hinaus. Und diese Entscheidung ist weder antifeministisch noch gutgläubig. Sie ist ganz einfach die einzig sinnige, die ich für mich und meine Karriere treffen konnte. Es ist mir tatsächlich egal, welche Zahl da im Vertrag steht. Aber auch nur deshalb, weil ich weiß, dass sie dem angemessen ist, was ich wert bin. Dabei geht es nicht darum, was ich als Frau wert bin, sondern was mir für meine Leistung zusteht. Durch meine Selbstständigkeit habe ich den großen Vorteil, mich nicht damit zufrieden geben zu müssen, weniger Gage als meine männlichen Kollegen zu bekommen. Ich verdiene weder weniger noch mehr als andere, sondern ganz einfach das, was ich verlange. Ansonsten kommt der Vertrag nicht zustande. Auch hier habe ich komplettes Vertrauen, dass Niclas sich dafür einsetzt, was ich im Sinn habe. Ich kenne nicht jedes finanzielle Detail für alle Verträge, denn das ist nicht notwendig, solange ich Menschen um mich habe, denen ich gänzlich vertraue. Es wäre schlichtweg unklug und unwirtschaftlich, alles allein machen zu wollen. So oft es geht, nehme ich Hilfe in Anspruch. Das ist nicht schwach, das ist unternehmerisch.

Es gibt noch eine Sache, die ich unbedingt loswerden möchte. Ganz egal, was und wie ich hier schreibe und so meine Aussagen verständlich untermale, wird jedes einzelne meiner Worte zum Thema Finanzen privilegiert bleiben. Dessen bin ich mir sehr bewusst.

Ich habe Eltern, die mich schon immer mit allem unterstützt haben, was ihnen zur Verfügung stand – auch wenn wir nie viel

Geld hatten. Mir wurde das große Glück zuteil, ein sicheres Zuhause zu haben, eine Schulbildung genießen und meinen Interessen nachgehen zu können. An meiner Seite weiß ich einen Mann, der mich nicht in den Schatten stellt und der ab der ersten Sekunde an mich geglaubt hat. Ich habe großartige Geschäftspartner*innen, die in meine Fähigkeiten vertrauen. Meine wunderbare Community steht hinter mir und unterstützt meine verrückten Ideen nicht nur mit ihrer Begeisterung, sondern auch finanziell. All diese Privilegien haben die Basis für das geschaffen, was ich aus meinem Leben gemacht habe. Dafür kann ich kaum dankbar genug sein und ich möchte mir nicht anmaßen zu beurteilen, wie schwer der Weg für jemanden gewesen wäre, der weniger privilegiert ist. Das werde ich niemals nachempfinden können. Doch ich darf trotzdem stolz sein. Auf alles, was ich mir auf der Grundlage aufgebaut habe, die mir mein Universum geschenkt hat. Dazu gehört eben auch meine finanzielle Unabhängigkeit.

Geld ist für mich ein Teil meines Erfolges. Es definiert ihn nicht, aber macht ihn auf eine Weise sichtbar und messbar. Das ist wichtig, weniger für mich als für die Außenwelt. Zeige ich mich in meinen Storys in einer Wohnung, deren Wände wegen eines Bauschadens immer mehr Risse bekommen, bin ich eine schlechte Geschäftsfrau, die nicht kalkuliert hat und sich nicht eigenständig aus einer misslichen Lage befreien kann. Zeige ich meine Immobilieninvestments und hochwertigen Designerteile, führe ich entweder nur wegen des Geldes meinen Job aus oder bekomme alles hinterhergeworfen. All diese Theorien stimmen, in den Köpfen derer, die sie denken. Von solchen Annahmen werde ich mich nie freimachen können, aber ich habe mittlerweile gelernt, sie nicht an mich heranzulassen. Denn ich habe es satt, mich zu rechtfertigen. Ja, vielleicht ist irgendein Urlaub gesponsert, vielleicht habe ich ihn mir auch einfach so leisten können. Weißt du was? In beiden Fällen ist es ein Beweis für meinen Erfolg. Ich entschuldige mich nicht mehr für das, was ich geschafft habe und noch alles in meinem Leben erreichen werde.

Ich entscheide mich ganz bewusst dazu, meine Frau zu stehen, eine finanziell unabhängige dazu.

* * *

So signalisiere ich meinem Universum, dass ich finanziell unabhängig bin:

Über Geld sprechen: Das Thema Finanzen ist überwiegend noch ein Tabuthema. Entweder, weil wir uns schämen, wie wenig Geld uns zur Verfügung steht, oder weil wir mit unserem bequemen Finanzpolster nicht als abgehobene Angeber*innen gelten wollen.

Beschäftigen wir uns alle ein wenig mehr mit dem Thema, werden wir einsehen, dass weder Scham noch Prahlerei was mit der Zahl auf unserem Konto zu tun haben sollten.

Ich selbst habe eine lange Zeit alles vermieden, was die Wörter Aktien, Investments oder Fonds beinhaltete. Diese Begriffe waren für mich Hüllen für ein ungutes Gefühl. Doch sobald ich anfing, mich wirklich zu informieren, entkräftete ich all diese wichtig klingenden Wörter und erkannte das Potential, das dahintersteckte. Finanzielle Bildung hat viele Gesichter: Fachgespräche, Workshops, Bücher, Podcasts oder schlichtweg der Austausch mit anderen Interessierten. Man muss kein Finanzprofi sein, um Expert*in über die eigenen Finanzen zu werden. Was es braucht, ist, den Mut anzufangen und den Willen, dranzubleiben!

Über die Verhältnisse leben: O mein Gott, das hat sie nicht gesagt! Oh doch, hat sie!

Ich würde niemals behaupten, dass dies ein empfehlenswertes oder gar ein erwachsenes Verhaltensmuster ist, aber mit diesem

Trick habe ich mir meinen Wunsch von finanzieller Unabhängigkeit erfüllt. Ich dichtete mir den Spruch *Dress for the job you want* zu *Spend money like you can afford it* um. Naiv oder mutig? Auslegungssache. In meinem Fall hat es geklappt, also geht mein Voting ganz klar an mutig!

Praktisch umgesetzt muss das »über die Verhältnisse leben« gar nicht so beängstigend sein. Schließlich habe ich mir keinen Helikopter gemietet (wobei die fälschlich gebuchte Suite da schon nahekommt), sondern zwischendurch einfach mal etwas gegönnt, auch, wenn es eigentlich nicht drin war – Sushi statt Cornflakes, zwei Kleider statt der notwendigen Socken. Kleine Dinge, die mir ein Gefühl von Luxus schenkten und von denen ich mehr wollte. Damit wären wir beim entscheidenden Punkt angelangt: Ich wollte immer mehr und habe immer mehr dafür getan, dass meine Luxus-Ausbrüche nicht nur größer, sondern auch guten Gewissens bezahlbar wurden.

Den Wortschatz anpassen: Nicht nur das Wort »müssen« vermeide ich im Alltag so gut es geht, ich habe auch das Wort »Problem« komplett aus meinem Wortschatz gestrichen. Da bin ich sehr penibel! Niclas musste schon sehr oft seine Sätze neu formulieren, weil mir sein »Problem« so absolut nicht gepasst hat. Probleme sind Einbahnstraßen. Klar, es gibt Lösungen, doch wieso zuerst etwas Negatives heraufbeschwören, um dann Schadensbegrenzung zu betreiben? In meinem Universum gibt es lediglich Herausforderungen, die überwunden werden. Ist diese gemeistert, erhalte ich etwas viel Besseres als eine Lösung: Ich habe einen Erfolg vorzuweisen und bin cleverer und stärker denn je!

Verinnerlichte Werte überdenken: Wir können leider nicht alles, was wir denken, beeinflussen. Es gibt unendlich viele Faktoren, ob Nature oder Nurture, die uns alltäglich zu dem formen, wer wir sind. Nicht jeder dieser verinnerlichten Werte passt jedoch zu dem, was wir eigentlich sein wollen. Also müssen wir uns selbst ermahnen und umtrainieren. Was ich damit genau meine, zeige ich dir am Beispiel eines meiner ersten Dates mit Niclas:

Wir hatten uns zum Essen in einem Restaurant verabredet, in dem man an der Theke bestellt und direkt zahlt. Niclas war in der Schlange vor mir, bestellte seine Pasta, zahlte und überließ mir den Platz am Tresen. Nun war ich dran, aber eigentlich war das Date für mich schon gelaufen. *Toll, musste ich mir meine Pizza Funghi jetzt echt selbst kaufen? Was ist das denn für einer, der mich nicht mal einlädt?*

Und genau da haben wir es. Ich war fast schon beleidigt, weil er mich selbst zahlen ließ, und *erwartete* tatsächlich, dass der Mann die Rechnung übernimmt. Und wieso? Weil ich es von klein auf so mitbekommen habe. Der Mann zahlt, die Frau lächelt dankbar. Leicht angefressen bezahlte ich meine Pizza. Aber schon auf dem Weg zu unserem Tisch merkte ich, wie dumm ich mich verhielt. Ich war doch keine Teenagerin mehr! Zwar war ich noch Studentin, verdiente aber trotzdem Geld. Genauso gut hätte ich ihn einladen können. Aber war mir das in den Sinn gekommen? Nein.

Und das meine ich: Wir müssen uns dabei ertappen, wenn wir in alten Gedankenspielen festhängen.

Mit dem Herzen statt dem Kontostand denken: Mache das, wofür du eine Leidenschaft hast. Etwas nur des Geldes wegen zu tun, wird dich nie übers Ziel hinausschießen lassen. Wenn du die Möglichkeit hast – denn ja, auch das ist ein Privileg –, dann agiere nicht für eine Zahl, sondern für die Chancen und Freuden, die ein Projekt dir bieten kann. In meinem Fall ist das beste Beispiel für ein Herzensprojekt, das mit anderen Kooperationen finanziell nicht mithalten kann, mein *Carmushka*-Kalender. Meine Liebe zum

Organisieren und Basteln projiziere ich seit 2019 in dieses Produkt. So ein Kalender ist nicht innerhalb eines Meetings abgefertigt. Das dauert Monate, Vorschläge und Muster gehen durch viele Abteilungen, werden getestet, verworfen und neu überlegt, bis das Ergebnis sinnvoll, schön und authentisch ist. Mit der Kalender-Kooperation habe ich nicht nur Geschäftspartner*innen, sondern auch Vertraute gefunden, die meine Ideen hinterfragen und unterstützen. Wir nicken nicht alles gegenseitig ab, sondern lenken uns in die Richtung, die allen Seiten des Herzensprojektes einen langjährigen Mehrwert bietet. Außerhalb der Meetings trudeln Entwürfe über WhatsApp ein, meine minutenlangen Sprachnachrichten werden auch nach Feierabend abgehört und am Tag des Launches sind wir alle gleichermaßen aufgeregt. In dem Projekt hängt viel mehr als nur Geld drin – hier geht's um Leidenschaft für die eigene Vision!

Klar, am Ende des Tages fließt Geld. Beide Seiten profitieren voneinander. Doch wäre mein Kalender wirklich so erfolgreich, wenn ich einfach nur meinen Namen unter ein fertiges Muster setzen würde? Mit Blick auf den Markt würde ich mal ganz selbstbewusst behaupten: Ne.

Fake it till you make it: Auch heute habe ich noch manchmal das Gefühl, die Rolle der selbstbewussten Powerfrau lediglich zu spielen und warte auf den Tag, an dem ich auffliege. Gedanken wie: »Wann merken die anderen, dass ich überhaupt nicht qualifiziert bin?« oder »Wieso hat mich noch niemand auf meine Planlosigkeit angesprochen?« überraschen mich ganz besonders in wichtigen Meetings, in denen ich im Fokus stehe, bei Neugründungen oder auch einfach so zwischendurch, wenn nur ich, mein Handy und die eine Million Follower in meinem Wohnzimmer sind.

Na, kommen dir diese Gedanken etwa bekannt vor? Dann herzlich willkommen im Club der Impostor-Syndrom-Betroffenen!

Doch wir sind kein cooler Club mit Lederjacken und Welcome-Drinks. Bei uns gibt's nur eine verschobene Selbstwahrnehmung und Selbstzweifel serviert mit einer Prise Selbstzerstörung.

Nicht die beste Werbung für uns, oder?

Ich würde auch gern meine Mitgliedschaft kündigen, aber so einfach ist das leider nicht. Die Tatsache, dass es einen Namen für die unnötig selbstkritischen Gedanken gibt, hat mir allerdings sehr geholfen, ich war also nicht allein mit diesen Gefühlen. Aussteigen werde ich aber trotzdem.

Unter dem sogenannten Hochstapler-Syndrom zu leiden, darf keine Diagnose sein, mit der man lebt. Es reicht nicht aus, die Selbstzweifel als krankhaft einzustufen. Darauf ruhen wir uns nicht aus! Die Überzeugung, eine Mogelpackung zu sein, können wir ablegen, indem wir das Impostor-Syndrom verleugnen:

Nein, ich werde nicht auffliegen, weil es nichts gibt, wofür ich auffliegen kann. Ich werde nicht wegen Unterqualifikation gekündigt, weil ich es nicht bin. Ich habe das alles hier verdient, nicht gestohlen und erlogen!

Rufe dir diese Gedanken immer dann ab, wenn der Club mal wieder gegen deinen Willen die Mitgliedschaft verlängern will. Vertreibe den Impostor und lass zu, dass du dich genauso großartig fühlst, wie du es bist! Ich mache mit.

Was mit dem Wunsch nach einer *Baby-G*-Uhr begann, entwickelte sich zu einem Leben, das mit Geld gesegnet, aber nicht dadurch definiert ist. Ich arbeite hart und bin noch lange nicht fertig damit, mich weiterzuentwickeln. So stolz ich auch auf alles bin, was ich bereits erreicht habe, so unsicher bin ich auch, diese Worte aufzuschreiben. Ich habe Angst, Zahlen zu nennen. Angst, eine Illusion zu zerstören. Das wird auch nie ganz weggehen und wahrscheinlich auch der Grund sein, wieso ich immer mit beiden Beinen fest auf dem Boden der Tatsachen stehe. Doch ab und an möchte ich ein bisschen abheben. Nicht viel, nur ein paar Millimeter, die mir zeigen, zu was ich in der Lage bin. Und ganz vielleicht habe ich ja irgendwann den Mut, meine Traumuhr, die nun keine *Baby-G* mehr ist, öffentlich zur Schau zu stellen, statt sie als Wertanlage im Safe zu verstecken.

Nicht heute, aber ganz bald – oder was sagst du dazu, liebes Universum?

LIEBES UNIVERSUM,

WAS WÜRDEST DU MIR RATEN, WENN ...

... ICH WENIGER ALS MEINE FREUNDE VERDIENE UND NICHT ZUGEBEN WILL, OFT KAUM ÜBER DIE RUNDEN ZU KOMMEN?

Wenn du deinen Verdienst zu sehr an deinen Selbstwert knüpfst und dich wegen des geringeren Einkommens abwertest, fühlst du dich unter deinen Freund*innen nicht mehr wohl. Das ist sehr schade, da diese zwischenmenschlichen Beziehungen für unser Wohlbefinden so entscheidend sind. Egal, ob du ihnen erzählen magst, wie es bei dir finanziell aussieht oder nicht, fange bitte nicht an, Ausgaben zu tätigen, die deinen Geldbeutel überfordern. Achte auf dich und wie du mit dem, was du hast, besser zurechtkommen kannst. Vielleicht ist es auch nur eine temporäre Situation, weil du andere Ziele verfolgst. Vielleicht liebst du deine Tätigkeit aber auch sehr und hast eine tolle Work-Life-Balance, die dir wichtiger als ein hohes Gehalt ist. Jedenfalls bin ich sicher, dass du dich nicht verstecken musst. Möglicherweise bist du wirklich in einer misslichen Lage und willst das verändern. Auch dann darfst du zu dir stehen, Gehalt hin oder her! Wahre Freundschaft gründet auf anderen Werten und wird deine finanziellen Möglichkeiten berücksichtigen, wenn ihr gemeinsam Pläne schmiedet.

... ICH HOHE SCHULDEN UND DESHALB DAS GEFÜHL HABE, EINE VERSAGERIN ZU SEIN?

Du hast im Bereich Finanzen Nachholbedarf. Frage dich, wie sehr du dich bisher in deinem Leben mit dem Thema wirklich beschäftigt und mit einer ausgeglichenen Haushaltsplanung auseinandergesetzt hast. Unsere Schulbildung lehrt uns wenig über den Umgang mit Geld, aber das kannst du jetzt bewusst ändern, indem du dir deinen eigenen Lehrplan gestaltest.

Ein guter Anfang wäre es, zu erkennen, dass du aus deiner momentanen Situation ein ganz globales Urteil über dein Leben fällst. Konstruktiv wäre es jedoch, die Sache ganz sachlich und nüchtern zu analysieren und dann schrittweise zu ändern. Manchmal ist es hart und unbequem, sich Fehler wie beispielsweise das Leben über die eigenen Verhältnisse oder die Schwäche gegenüber verlockenden Angeboten einzugestehen. Vielleicht hattest du aber auch Pech, einen Schicksalsschlag zu erleiden oder wurdest ausgenutzt. Damit kann jetzt Schluss sein und du kannst gerade aufgrund dieser Notlage lernen, es anders zu machen. Mache einen Kassensturz mit einer Auflistung aller fixen Ausgaben und aller Einnahmen. Schaue, welche Kosten du einsparen kannst und mache einen Plan zum Schuldenabbau, verhandle Ausgleichszahlungen oder lasse dich beraten. So bekommst du wieder das Gefühl, die Macht über den Ausgang deiner Situation zu haben!

... ICH MEINEN WERT AN MEINEM KONTOSTAND MESSE?

Wenn du deinen Wert allein vom Geld abhängig machst, dann würde ich raten, weitere Selbstwertpolster aufzubauen. Denn von nur einer Strategie im Selbstwert abhängig zu sein, kann dich sehr schnell in eine Krise stürzen. Du bist keine Ware, sondern ein Mensch. Und diesen kann man nicht in Euros bemessen – dafür

gibt es einfach viel zu viele Eigenschaften, die zudem so individu-
ell sind. Jeder hat andere Umstände und einen anderen Lebensweg. Du bist bereits mit allem auf die Welt gekommen, was dich
wertvoll macht. Die Person, die du bist, macht bereits deinen un-
messbaren Wert aus, dem du durch Geld und Leistung nichts hinzufügen kannst. Die Lebensqualität steigt mit dem Einkommen
nur bis zu einem gewissen Betrag – weil anderes, nämlich in erster
Linie Mensch zu sein, für ein erfülltes, reiches Leben viel entschei-
dender ist. Wertest du Menschen nach ihrem Hab und Gut? Wenn
ja, dann glaube ich, dass dich das auf Dauer nicht glücklich macht.
Falls nicht, ist es dann nicht unfair, das bei dir selbst zu tun?

... ICH WEISS, VIEL MEHR GELD VERDIENEN ZU KÖNNEN, ABER NICHT STARK GENUG BIN, FÜR EIN HÖHERES GEHALT EINZUSTEHEN?

Du hast alle Voraussetzungen an Stärke in dir, dich für eine
Gehaltsanpassung einzusetzen, identifizierst dich aber mehr mit
der Unsicherheit als mit deinen starken Anteilen und Ressourcen.
Warum? Vielleicht bist du im Job zu sehr Teamplayer oder von
Natur aus auf Harmonie ausgerichtet. In beiden Fällen bist du zu-
gunsten der Konfrontationsvermeidung auf der Anpassungsseite.
Du könntest auch in anderen Bereichen beginnen, auszuprobieren, dich mehr zu behaupten. Und schließlich die Verhandlung
selbst als Übung betrachten. Es spricht nichts dagegen, in einem
Mitarbeiterinnengespräch deinen Einsatz für das Team aufzuzei-
gen und damit deinen Wert herauszustellen. Fokussiere dich auf
gute Argumente, beginne und ende mit starken, weil diese in Erinnerung bleiben, punkte mit Sachlichkeit und Freundlichkeit.
Kleiner Trick: Richte dich auf, mache dich groß und stelle dir vor,
dass all die Menschen, die dich unterstützen, bei der Verhandlung
hinter dir stehen.

LIEBES UNIVERSUM, ICH WÄHLE FREUNDSCHAFT

Mein Leben glich schon immer einer Achterbahnfahrt und auf dieser nahm ich auch meine Freundschaften mit. Die Höhen waren hoch, die Tiefen tief und zwischendurch gab es ein paar Loopings, dutzende Missverständnisse und die ein oder andere Notbremsung bei voller Fahrt. Nicht jede Beziehung hat sich von ihrer Vollbremsung erholt und so manche entgleiste schließlich, während andere mit neuer Kraft und doppelter Geschwindigkeit wieder durchstarteten.

Heute fahre ich noch immer Achterbahn, doch ich sitze fest angeschnallt mit meinen besten Freund*innen im Sitz. Egal, wie wackelig und morsch das ganze Konstrukt um uns herum auch sein mag, uns kann nichts etwas anhaben. Auch wenn wir teilweise grundverschiedene Leben führen und uns manchmal wochenlang nicht sehen, sind wir bedingungslos füreinander da. Das unendliche Glück, wahre Freundschaft zu erleben, musste ich mir aber erst verdienen.

* * *

Kindergarten- und Grundschulfreund*innen sucht man in meiner Geschichte vergebens. Die wenigen oberflächlichen Freundschaften scheiterten schließlich, weil niemand aus meiner Klasse auf die-selbe weiterführende Schule wie ich wechselte. Ich hatte keine Gymnasialempfehlung erhalten, dennoch kämpfte meine Mutter darum, dass ich ein Abitur absolvieren könnte und schließlich bekam ich nach einigen Hürdenläufen einen Platz.

Auf der neuen Schule kannte ich zu Beginn niemanden, was jedoch auch Vorteile hatte. So nutzte ich das fremde Umfeld dazu, mich ein Stück weit neu zu erfinden. Ich wollte damals nicht mehr das Mädchen sein, das immer ein bisschen zu bunt gekleidet war und verrückte polnisch-deutsche Wortkonstruktionen in seine Sätze einbaute. Stattdessen wollte ich beliebt sein! Dafür musste ich meiner Meinung nach:

1. eine coole Clique um mich herum versammeln
2. einen festen Freund haben – spätestens nach der »Ihhh, Jungs«-Phase ab der siebten Klasse gehörte das einfach dazu

Um meinen Wunsch nach einem großen Freundeskreis zu er-füllen, hatte ich versucht, mit Schminke und trendigen Outfits Eindruck bei meinen Mitschüler*innen zu schinden. Doch so richtig funktionierte das nicht. Mir fehlte damals einfach das nötige selbstbewusste Auftreten und so extrovertiert wie die älteren Mädels war ich längst nicht – egal, wie sehr ich mich auch bemüht hatte.

Zum Glück traf ich dann Lenni. Du erinnerst dich doch noch an meine erste große Liebe? Er nahm mich, wie ich war. Mit ihm erreichte ich nicht nur das Ziel, meine erste feste Beziehung einzu-gehen, sondern erhielt direkt seine ganze Clique dazu. Jackpot!

In meinem ersten richtigen Freundeskreis fühlte ich mich wohl, verstanden und legte meine Schüchternheit mit jedem Jahr, das wir gemeinsam auf der Schule verbrachten, ein wenig ab. Umso mehr traf mich der plötzliche Bruch, als die Beziehung aufgrund seines Seitensprungs scheiterte. Aus der Schulzeit blieben nur zwei Mädchen – Janine und Laura – an meiner Seite. Wobei »nur« das falsche Wort ist. Diese beiden sind mir mehr wert als all die Scheinfreund*innen, mit denen ich mich stark gefühlt hatte. Wir gingen durch dick und dünn, hielten zusammen die Köpfe hin, wenn wir während des Unterrichts beim Freundschaftsbuch-Schreiben erwischt wurden. Sie standen mit *Don Carlos* und mir auf der Schulbühne und gemeinsam schmachteten wir auf zahlreichen Übernachtungspartys Zac Efron im Basketball-Trikot an – unerreichbare Liebe verbindet schließlich.

Auch wenn mir diese beiden wichtigsten Freundinnen geblieben sind, von so vielen Menschen gleichzeitig fallengelassen zu werden, tat trotzdem weh. Ich hatte das Gefühl, meine Freundschaft in den letzten Jahren verschenkt zu haben. All die Liebe und Aufmerksamkeit hatte ich an Menschen verschwendet, denen im Grunde nichts an mir lag. Diese schmerzhafte Erfahrung half mir letztlich dabei, zu erkennen, was ich mir wirklich von Freundschaften wünschte.

Liebes Universum, ich habe Freunde, die mich um meinetwegen mögen

Meine geliebten Schulfreundinnen Janine und Laura gingen nach dem Abi ihren Weg und ich meinen. Wir vergaßen einander nie, aber sahen uns natürlich auch nicht mehr täglich. Mit Auslandsaufenthalten, Sommerjobs und Studienantritten hatten wir nun alle neue Lebensmittelpunkte. Doch auch wenn wir uns unvermeidlich ein wenig aus den Augen verloren, blieb unsere Freundschaft immer echt. Sie veränderte sich lediglich, genau wie wir.

Auch meiner Stadt hielt ich nach dem Abi die Treue und wurde 2011 an der *HHU Düsseldorf* immatrikuliert. Auf ins Abenteuer Bachelor!

Doch so ganz ohne Vertraute an meiner Seite erlitt meine Erst-semester-Euphorie rasch einen Dämpfer. Dieses Abenteuer schüch-terte mich ziemlich ein. Denn emotional war ich zu Beginn des Studiums nicht sonderlich belastbar. Ich hatte große Selbstzweifel, klammerte mich an jede Bestätigung und stürzte mich vorschnell in eine neue Beziehung, bloß, um nicht allein zu sein. Die Leere in mir füllte ich, indem ich mich auf Partys mit so vielen Kommili-ton*innen wie nur möglich umgab. Ich trank auch gerne mal einen Tequila mehr, um die unschönen Gedanken, die mich im nüchter-nen Zustand verfolgten, für einen Moment verstummen zu lassen. Süchtig war ich nicht – also zumindest nicht nach Alkohol. Nach der Ablenkung vielleicht schon. Ich war Studentin, von dem neuen Umfeld, dem Leistungsdruck und den Erwartungen an mich selbst überfordert und tat einfach das, was alle in meinem Semester taten: feiern.

Eins möchte ich dennoch festhalten: Alkohol ist niemals eine Lösung. Ich wünschte, ich wäre auch ohne mutig genug gewesen. Doch diese Selbstsicherheit gehörte damals noch nicht zu meinen Charaktereigenschaften. So hatten mich ein, zwei Drinks auf der Ersti-Fahrt tapfer genug gemacht, mich Mirja und Anna zu öff-nen. Nur wenige Stunden nach unserem Kennenlernen quatsch-ten wir auf unserer spontanen Zimmerparty schon über die emo-tionalsten und persönlichsten Dinge. Und das fühlte sich auch in nüchternem Zustand am Morgen danach noch immer gut an.

Schnell wuchs unser Dreiergespann um eine weitere Person, ohne die ich mir mein Leben, und das ist keine Übertreibung, nicht mehr vorstellen kann. Wie genau wir uns kennenlernten, weiß ich nicht mehr. Alina auch nicht. Woran ich mich aber noch sehr gut erinnere, ist der Moment, in dem wir zu echten Freun-dinnen wurden. Wie an den meisten Wochenenden waren wir, Anna, Mirja, Alina, ein paar weitere Leute aus dem Studium und ich, im Düsseldorfer Nachtleben unterwegs. Alina tanzte gerade ausgelassen mit den Mädels, während Krešo, ihr Date, mit den Jungs in der Sitzecke am Rande der Tanzfläche feierte. Auf dem Weg zur Bar bemerkte ich eine hübsche Frau, die sich waghalsig direkt vor Alinas Date positionierte, sich ohne Vorwarnung auf seinen Schoß schwang und ihn überfordert aus der Wäsche schauen ließ.

Moment mal, so nicht! Gegen Fremdgehen oder auch nur Fremdflirten reagierte ich allergisch. In den wenigen Schritten zu den andern hatte ich die Konfrontationsrede bereits in meinem Kopf vorbereitet. Bei ihnen angelangt, öffnete ich gerade meinen Mund, um das Mädel in ihre Schranken zu weisen, als Alina auch schon neben mir stand und übernahm: »Sitzt du bequem? Ich glaube, du gehst jetzt besser zu deinen Freunden und lässt meinen in Ruhe.« Ein innerlicher High Five meinerseits und ein verschmitztes und anerkennendes Lächeln von Krešo später war Alina nicht mehr aus meinem Leben wegzudenken. An diesem Abend wurden wir unzertrennlich. Ach, und das Date durfte ab dann auch für immer an ihrer Seite bleiben.

Zu uns gesellte sich während meiner Missenzeit noch meine liebe Jana dazu. Bei den Vorbereitungen auf die Shows übertrumpften wir uns gegenseitig mit dummen Ideen und Aktionen, um die Zeit bis zum Auftritt ein bisschen witziger und schneller vergehen zu lassen.

Die Vier lernten mich wirklich nicht zu meiner Blütezeit kennen und haben mich trotzdem so angenommen, wie ich war – Heulkrampf um Heulkrampf, Krise um Krise.

Sie standen mir zur Seite und halfen mir schließlich auch viele Jahre später dabei, mich aus der toxischen Beziehung mit meinem Exfreund, der, für den ich mir nicht mal einen Decknamen ausdenken möchte, zu befreien. Sie fingen mich auf und reichten mir die Weinflasche, als ich wieder mal in den Scherben meines Lebens unterzugehen drohte. Sie waren meine Rettung – die wahren Freundinnen, nach denen ich mich so sehr gesehnt hatte.

Doch auch echte Freund*innen sind nur Menschen. Keine von uns ist fehlerlos und so haben wir uns manchmal gegenseitig wehgetan, obwohl wir doch eigentlich nur das Beste füreinander wollten.

Nachdem mein Ex die Trennung nicht akzeptieren wollte, schlich er nicht nur um mich herum, sondern drängte sich auch in die Leben meiner besten Freundinnen. Er spielte den Unverstandenen, der verzweifelt um seine verlorene Beziehung kämpfte. Als er Mirja erzählte, er wolle mich mit einer romantischen Geste überraschen und sich entschuldigen, glaubte sie ihm und wollte ihm nicht im Wege stehen. Ich kann ihr die Entscheidung, ihm zu helfen, auch heute nicht richtig verübeln. Mein Ex-Freund besaß schon immer eine unglaubliche Überzeugungskraft, die einen dazu brachte, die eigenen Bedenken zu ignorieren. Diese Überraschung, so hatte er beteuert, würde mich umhauen. Doch die einzige Person, die von seiner geplanten Aktion letztendlich profitieren sollte, wäre wie immer er gewesen. Ich hatte das schon unzählige Male miterlebt. Mirja jedoch nicht. Und so hatte sie seinen Plan ahnungslos unterstützt und ihm dabei geholfen, ein Treffen im Hotel zu arrangieren, in dem Mirja und ich aufgrund eines gemeinsamen auswärtigen Jobs übernachten sollten. Glücklicherweise war die ganze Sache durch einen zufälligen Blick meinerseits auf Mirjas Handy, auf dem gerade eine Nachricht meines Ex auf dem Display aufleuchtete, vorher aufgeflogen und ich wurde nie mit seinem ach so romantischen Überraschungsbesuch konfrontiert. Auch wenn es niemals Mirjas Absicht gewesen war, mir in den Rücken zu fallen, hatte es sich genau so für mich angefühlt. Und meine Reaktion darauf war Rückzug. Ich musste mich sofort aus dieser Situation befreien. Das Hotel, meinen Stalker und zu diesem Zeitpunkt eben auch Mirja verlassen.

2017 beendete ich schließlich mein Germanistikstudium mit dem Bachelor in der Tasche. Einige weitere Freundschaften, die ich in den vergangenen Jahren geknüpft hatte, endeten mit meinem

Abschluss. So ist das Leben. Alina, Anna und Jana blieben jedoch auch nach der Studienzeit an meiner Seite. Obwohl wir vier uns für verschiedene Karrieren entschieden und ich den großen Schritt nach Köln wagte, als Düsseldorferin ist das nicht zu unterschätzen, waren wir stets nur einen Anruf und dreißig Kilometer voneinander entfernt. Es kostete nun ein bisschen mehr Mühe, die Freundschaft zu pflegen, doch wir waren nach wie vor, ohne zu zögern, füreinander da, wenn es drauf ankam.

Instagram wurde nach dem Studium zu meinem Fulltime-Job. Das Arbeiten in dieser noch recht unkonventionellen Branche ging immer mit vielen Rechtfertigungen meinerseits einher. Ich hatte keine regulären Arbeitszeiten, kein festes Gehalt, kein Büro und verdiente mit einem Foto manchmal mehr Geld als manche Menschen in einem Monat. Das wurde außerhalb der Branche, besonders vor ein paar Jahren, noch mit hochgezogenen Augenbrauen beurteilt. Meine Freundinnen unterstützten mich zwar so gut es ging, aber so richtig verstehen konnten sie die Welt, in der ich mich bewegte, nicht. Das war allerdings auch nicht ihre Aufgabe. Trotzdem wünschte ich mir jemanden, bei dem das Zusammensein auch ohne viele Erklärungen harmonierte. In meiner Instagram-Bubble beobachtete ich die vielen Freundschaften unter Content Creators mit neidischem Beigeschmack. Gemeinsam verreisen, sich über Insider austauschen, einander blind verstehen – das wollte ich auch!

Liebes Universum, ich habe eine Freundin, die mich und meinen Lebensstil komplett versteht

Tatsächlich sollte es nicht lange dauern, bis mir mein Universum genau das schenkte, was ich mir gewünscht hatte. Was als Bekanntschaft zwischen zwei Kolleginnen über Instagram begann, verließ ziemlich schnell den starren Feed und wir verbrachten immer mehr Zeit miteinander, ohne dass die Handykamera alles für die Außenwelt festhielt. Meine neue »Instagram-Freundin« und ich bereisten zusammen die Welt, gingen auf dieselben verrückten Events und verstanden einander ohne viele Worte. Dieses Nichts-erklären-Müssen fühlte sich unglaublich gut und erfrischend an. Wie immer auf Social Media ging alles unglaublich schnell und war sehr intensiv. Unsere Freundschaft war da keine Ausnahme. Nach nur wenigen Monaten taten wir schon alles füreinander. Wir unterstützten uns gegenseitig dabei, unsere beruflichen und privaten Ziele zu erreichen. In Rekordzeit wurde sie, neben Niclas, zu dem wichtigsten Menschen in meinem Leben. Meine neue beste Freundin plante mit meiner großen Liebe meinen Heiratsantrag: Ich war unendlich glücklich.

Bis die Instagram-Bubble mitsamt unserer perfekten Freundschaft nach intensiven zwölf Monaten zerplatzte und nur Schmerz und Verlust hinterließ.

Ich weiß nicht, wann es begonnen hatte, doch irgendwann veränderte sich unsere Freundschaft. Meine beste Freundin vertraute mir nicht mehr. Glaubte nicht mehr daran, dass ich nur das Beste für sie im Sinn hatte. Ich vermute, dieses Misstrauen und die Unsicherheit müssen schon immer ganz tief in ihr gesessen haben. Die Stimmen von außen hatten diese Zweifel lediglich an die Oberfläche gebracht.

Immerhin führten wir unsere Freundschaft öffentlich sichtbar auf Social Media. Und wie das im Internet so ist, hat jeder eine Meinung und schafft sich nach Belieben Kontext. Lästerforen sind voll von individuellen Ansichten, Scheinwahrheiten und Boshaftigkeiten. Sucht man lange genug, findet man etwas, das die eigene Wahrnehmung der Dinge infrage stellt. So wurde die Verbindung zwischen ihr und mir vergiftet. Von außen, von innen, von fremden Stimmen und von den eigenen. Das toxische Umfeld schlich sich in die Freundschaft und schädigte sie irreparabel. Dieses

Gefühl, gegeneinander zu spielen, war irgendwann nicht mehr tragbar für mich und durfte nicht länger wertvollen Raum in meinem Leben blockieren. Also trennte ich mich erneut von einem Herzensmenschen.

Mit diesen Zeilen schreibe ich mir hier etwas von der Seele, von dem ich nicht wusste, dass es mir so schwerfallen würde. Mit jedem Wort merke ich, was diese Freundschaft und ganz besonders ihr Ende mit mir gemacht hat. Ich möchte keinen einzigen schönen, aufregenden und liebevollen Moment missen oder mit negativen Gefühlen überlagern, aber ich werde auch kein enttäuschendes Erlebnis schönreden, geschweige denn vergessen. Es war traurig, dass die Freundschaft zu Ende ging und trotzdem gut, dass es passierte. Wir trennten uns einvernehmlich, aber nicht aus denselben Gründen. Doch das macht in der Praxis keinen Unterschied – eine Trennung bleibt eine Trennung. Unsere Zeit war vorbei. Mein Kopf wusste das. Mein Herz war sich da trotz aller Vernunft noch nicht so sicher, wie ich an meiner standesamtlichen Hochzeit feststellte.

Der große Tag war endlich gekommen: Niclas würde meinen Namen annehmen und ich seine Ehefrau werden.

In meinem ursprünglichen Plan standen Alina und meine (scheinbar doch nicht) beste Instagram-Freundin als Trauzeuginnen und inoffizielle Hochzeitsplanerinnen an meiner Seite. Nun führte Alina dieses Amt kurz vor der Hochzeit allein aus. Und das viel besser, als ich es mir hätte wünschen können. Sie kniete sich voll rein, las mir jeden Wunsch von den Augen ab und hatte alles im Griff. Der Sekt war gekühlt, die Taschentücher nur einen Handgriff entfernt und die Gäste waren alle pünktlich vor dem Standesamt versammelt. Fast alle.

Obwohl es absurd war, hatte ich doch noch den Funken Hoffnung, dass *sie* auftauchen würde. Ich hatte es nicht übers Herz gebracht, meine kürzlich noch beste Freundin von der Gästeliste zu streichen. Vielleicht würde sie ja trotz allem heute an meiner Seite sein wollen. Und vielleicht würde mir diese Geste zeigen, dass es da doch noch etwas gab, an dem wir festhalten konnten. Dieser Gedanke verflog mit der Aufforderung, nun ins Trauzimmer zu kommen.

Ich griff Niclas' Hand und gemeinsam traten wir vor die Standesbeamtin. Gleich war es so weit. Plötzlich ging ein Knarzen durch den Raum. Die schwere Holztür hinter uns wurde langsam geöffnet. Ruckartig drehte ich mich um, blickte voller Erwartung zum Spalt zwischen Tür und Wand, durch den vorsichtig ein Kopf gestreckt wurde. *Konnte das ...* Aber nein, nur einer der Fotografen huschte noch schnell hinein, bevor ich meinen Gedanken beenden konnte.

Sie war nicht gekommen und die Tür fiel dumpf ins Schloss.

»Sind wir vollzählig?«, fragte die Standesbeamtin an Niclas und mich gerichtet. Ich ließ den Blick über die Stühle hinter uns schweifen, auf denen unsere Gäste Platz genommen hatten. Die Menschen, die diesen Tag mit uns verbringen wollten, schauten nun erwartungsvoll zu uns nach vorne. Unsere engsten Freund*innen saßen voller Vorfreude und mit Taschentüchern bewaffnet nebeneinander. Unsere Eltern hatten jetzt schon Tränen in den Augen.

»Ja, es sind alle da – niemand fehlt«, bestätigte ich entschlossen.

Als ich nach dem tränenreichen »Ja« den Jubel und die herzensechten Glückwünsche unserer Lieben entgegennahm, merkte ich, dass ich genau hier, jetzt in diesem Moment, alles hatte, was ich mir wünschte. Mit dem Blick in die Gesichter erkannte ich, was wahre Freundschaft für mich ausmachte: Freundschaft bedeutet, trotzdem da zu sein. Sich nicht erklären zu müssen, auch wenn man einen anderen Lebensstil führt. Freundschaft bedeutet, zu gönnen, zu unterstützen, zu hinterfragen und doch immer loyal zu sein. Sie kennt keinen Neid, beflügelt, steht in den dunkelsten Zeiten an deiner Seite, reicht dir die Weinflasche und tanzt die Sorgen bis in die Morgenstunden fort. Sie bringt dir manchmal Tadel ein, schmachtet mit dir den Fernseher an, lässt dich Kind sein und zu dem Menschen heranwachsen, auf den ihr gemeinsam stolz seid. Freundschaft ist da, auch wenn sie hunderte Kilometer entfernt ist. Freundschaft ist Liebe, die überdauert, die verzeihen kann und wächst, wenn sie von den richtigen Personen gefühlt wird.

Liebes Universum, ich wähle Freundschaft

Eine Zeit lang hatte ich mich in meiner Instagram-Bubble und in meinem Lebensstil verrannt. Hatte mich zu sehr auf eine Person fixiert und dabei unglaublich wichtige Menschen in meinem Leben vernachlässigt. Doch wahre Freundschaft verzeiht auch das. So rief ich mit all den Freundinnen, die mich über die Jahre immer in ihrem Herzen getragen haben, den Gruppenchat »Alte Liebe rostet nicht« ins Leben. Viel treffender kann ein Name wohl nicht sein. Hier waren sie alle versammelt: die Herzensmenschen, die ich am Tag meiner kirchlichen Trauung als Brautjungfern an meiner Seite wissen wollte.

Doch nur wenige Tage vor der großen Hochzeit beschlich mich abermals das Gefühl, dass jemand fehlte. Im Chat und als Brautjungfer an meiner Seite.

»Ruf sie an, Carmen«, sagte Niclas eines Abends auf der Couch, als ich mich wieder einmal nicht auf unsere Serie konzentrieren konnte.

»Ich weiß nicht, ob ich ihr wirklich vergeben kann oder ob das nur Nostalgie ist. Nachher bereue ich es vielleicht.«

»Du hast ihr doch schon längst verziehen. Sonst würdest du nicht so mit dir kämpfen.«

Also gut, Herz über Kopf – für die Freundschaft.

Ich griff zum Handy und wählte ihre Nummer. Das Freizeichen wurde nur wenige Herzschläge später von ihrer vertrauten Stimme unterbrochen. Mit leicht zittrigen Worten und dem

Wissen, genau das Richtige zu tun, bat ich sie, am Tag der kirchlichen Trauung als Brautjungfer an meiner Seite zu stehen. Ich sah ihr Gesicht zwar nicht, doch ihr Lächeln spürte ich durchs Telefon hindurch.

Und diesmal wurde ich nicht versetzt. Am Morgen der Hochzeit empfingen mich meine Brautjungfern mit handgeschriebenen Briefen voller liebevoller Worte, die dazu führten, dass ich mein Make-up komplett verheulte – doch das war mir dieser Herzensmoment wert. Alle waren sie an meiner Seite und sahen wunderschön aus: Alina, Anna, Laura, Jana, Janine.

Und Mirja.

∗ ∗ ∗

Das, was Mirja und mich vor Jahren getrennt hatte, war, im Gegensatz zur gescheiterten Instagram-Freundschaft, nicht toxischer Natur gewesen. Sie hatte mir nicht absichtlich wehgetan, mich nicht gewollt manipuliert oder mit bösen Hintergedanken gehandelt. Mirja hatte einen Fehler gemacht, den ich verzeihen konnte, weil die Freundschaft, die wir füreinander fühlten, echt war.

Toxische Beziehungen dulde ich in meinem Leben nicht mehr und falsche Freund*innen haben keinen Platz in meiner Welt. Ich habe gelernt, einen Schlussstrich unter solche Verbindungen zu ziehen, schließe die Tür und beginne ein neues Kapitel ohne Negativität. Ohne Rücknahmerecht. Diese Art zu denken und zu handeln hat mir schon oft geholfen und mir die Augen geöffnet. Doch sie verlangt mir auch alles ab. Denn selbst, nachdem ich mich bewusst von meiner (wie ich einst glaubte) besten Instagram-Freundin und allem, was uns jemals verbunden hat, getrennt hatte, empfand ich noch immer Freundschaft-Liebeskummer. Ganz verschwinden wird er wohl nie und das ist okay. Ich sehe dieses Gefühl als Erinnerung und Mahnung an eine Erfahrung, die so niemals wieder ein Teil meiner Geschichte sein darf. Das Beenden der Freundschaft, die in der perfekten Instagram-Welt begonnen hatte, war die beste Entscheidung meines Lebens, wenn auch eine der schmerzhaftesten. Diesen Schmerz habe ich mir allerdings gleichermaßen zugefügt wie sie mir. Zu einer guten Beziehung gehören immer zwei. Zu einer toxischen meistens auch.

Dass die Trennung so wehtat, zeigt jedoch auch, wie wichtig mir die Freundschaft war. Egal, ob platonisch oder romantisch: Die Grundlage einer jeden Beziehung ist am Ende doch immer die Liebe. Eine Liebe, an der man festhalten will, für die man mit aller Kraft sämtlichen Mist ausblendet, um sie nicht zu verlieren. Wir kämpfen um sie – der Liebe zuliebe.

Doch was ist mit der Selbstliebe? Darf die wirklich auf der Strecke bleiben? Ich denke nicht.

Neben all dem Leid, das diese Trennung in mir ausgelöst hat, hat sie mich aber in erster Linie befreit. Das Brechen mit einer toxischen Beziehung ist vergleichbar mit dem Gefühl, wie es ist, nach Luft zu schnappen. Erst, als ich den Schritt ging, sich meine Lungen mit kühler, sauberer Luft füllten, ich die Augen schloss und spürte, wie all der Nebel in meinem Kopf und meiner Seele mit Frische durchflutet wurde, merkte ich, dass es notwendig war.

* * *

So habe ich meinem Universum signalisiert, dass ich wahre Freundschaft wähle:

Freundschafts-Checkliste schreiben: Das klingt erst mal ziemlich nüchtern. Ich bin und bleibe aber einfach ein Fan von Listen.

Nach dem Bruch mit meiner damals besten Freundin nahm ich mir Zeit, um aufzuschreiben, was mir wirklich an einer Freundschaft wichtig ist. Fehlt bei einer meiner Freundschaften auch nur ein Punkt dieser Liste, ist sie nicht die richtige für mich. Auf meinem Zettel stehen Dinge wie Vertrauen, gönnen können und Loyalität. Diese Merkmale sehen ganz unterschiedlich in den verschiedenen Beziehungen aus. Hauptsache sie sind vorhanden.

Verzeihen können: Ich habe es mir zum Ziel gemacht, allen Menschen in meinem Leben zu verzeihen. Nicht um derentwillen, sondern um meinetwillen. Schuldzuweisung ist ein negatives Gefühl, welches ich mir nicht zumuten möchte. Negativität limitiert mich und der Schmerz erinnert mich immer an das, was ich verloren habe.

Ich habe mir Mirja ganz bewusst zurück in mein Leben gewünscht. Sie hat mich verletzt, wenn auch ungewollt. Doch unsere Freundschaft durfte deshalb nicht enden. Manche Menschen gehören einfach zu mir. Egal, wie holprig einige Abschnitte waren, will ich sie doch in der Zukunft an meiner Seite wissen. Um das zu ermöglichen, musste ich den ersten Schritt tun. Aus dem Grund rief ich sie auch kurz vor der kirchlichen Hochzeit an und bat sie, meine Brautjungfer zu werden. Es kostete mich Überwindung, doch sie war es mir tausendmal wert.

Verzeihen kann aber auch anders aussehen: Toxische Menschen gehören nicht in dein Leben. Du kannst ihnen nachsehen, dich so behandelt zu haben. Du vergibst dir selbst, so lange ein Teil davon gewesen zu sein und dann schließt du damit ab. Ganz konkret hat mir das Vergebungsritual *Ho'oponopono* auf Hawaii geholfen, mich mit allen Aspekten der gescheiterten Beziehung auszusöhnen. In diesem Ritual geht es darum, ehrlich mit sich selbst zu sein und laut auszusprechen, was genau in einem passiert – und das bedeutet manchmal auch, hart mit sich ins Gericht zu gehen.

Nur wenige Wochen nach dem entscheidenden Streit mit meiner ehemals besten Instagram-Freundin verbrachte ich einen unvergesslichen Urlaub mit Niclas und Valerie, meiner lieben

Fotografin und Freundin, auf Hawaii. Der noch frische Bruch ließ mich trotz wunderschöner Szenerie nicht los und so hatte ich sichtlich mit der Veränderung in meinem Leben zu kämpfen. Darum bemüht, mich aufzumuntern, sagte Valerie folgende weise Worte, die ich mir sofort Schwarz auf Weiß niederschrieb:

Lebe und gebe, Carmen. Aber lass dich nicht ausnehmen. Umgib dich mit Menschen, die dir guttun und dir zur persönlichen Weiterentwicklung beihelfen, die deine Loyalität und Freundschaft zu schätzen wissen.

So kluge Menschen im Leben zu haben, ist Gold wert.

Valerie inspirierte mich dazu, final mit diesem Kapitel in meinem Leben abzuschließen und so suchte ich mir am selben Abend eine DIY-Vorlage für das Hawaiianische Vergebungsritual im Internet. Wenn ich schon hier war, konnte ich es auch direkt richtig angehen!

Ho'oponopono – Friedensritual bei Konflikten mit anderen:

Schließe die Augen und verbinde dich mit der Urquelle aller Weisheit. Verwende hierbei den Begriff, der dir am nächsten steht. Mutter Erde, Geistwelt, Geistführer, Krafttier, Vater Kosmos …

Hm, also von den Urquell-Vorschlägen sprach mich jetzt keiner so wirklich an. Viel zu esoterisch. Schon witzig irgendwie. Ich glaube aus voller Überzeugung an mein Wunschuniversum, aber »Geistwelt« und »Krafttier« konnte ich nicht ernst nehmen. Musste ich ja auch nicht. Ich nahm einfach mein Universum als Quelle, mit der ich mich verbinden würde und fuhr mit dem Ritual fort:

Was ist das tatsächliche Problem?

Denk nicht weiter über das Für und Wider nach, benenne lediglich die IST-Situation klar.
*Nimm die momentanen Schwierigkeiten an – **so ist es gerade.***
Übernimm zu 100 Prozent die Verantwortung für das Vorhandensein des Problems.
Lege deine linke Hand auf dein Herz und sprich nun folgende Sätze:

Es tut mir leid.
Bitte verzeihe mir.
Ich liebe dich.
Danke.

Diese Worte, die ich an mein Universum und an mich selbst richtete, sprach ich für die verbleibende Zeit auf Hawaii täglich laut aus. Und es half und hilft mir auch heute noch. Gibt es Streit, ist er auch noch so klein, nehme ich mir, wann immer es möglich ist, die Zeit, dieses Ritual oder zumindest Teile davon durchzuführen. Mit jedem versöhnlichen Wort an mein Universum entkräfte ich Konfliktsituationen und freunde mich damit an, dass nicht immer alles perfekt sein muss, um echt und gut zu sein.

Zu verzeihen bedeutet nicht immer, eine neue Chance zu schenken. Es ist okay, Menschen zu vergeben und sie trotzdem nicht zurück in dein Leben zu lassen.

Den Schlussstrich ziehen: Manche Beziehungen müssen enden. Das tut unglaublich weh. Doch es tut noch viel mehr weh, sich krampfhaft an sie zu klammern. Das Leben ist schlichtweg zu kurz, um es mit Menschen zu verschwenden, die dir nicht guttun. Du kannst andere nicht ändern, aber du kannst bestimmen, mit wem du deine kostbare Zeit verbringst.

Falls du dich selbst noch nicht stark genug fühlst, Brücken abzubrechen, habe ich ein Geschenk für dich:

den Delete-Button mit unumkehrbarer Löschfunktion.

Durch das Drücken entscheidest du dich, die Person, die dein Leben vergiftet, hinter dir zu lassen – mit meiner vollsten Unterstützung! Brich den Kontakt ab und befreie dich von ihr. Schreibe die negativen Gefühle nieder und adressiere die Worte an den Menschen, der ab sofort kein Teil deiner Geschichte mehr ist. Sammle all die Nachrichten, die du nie abgeschickt hast und all die verletzenden Worte, die du niemals laut aussprechen könntest, ungefiltert in diesem Brief. Und nun zum finalen Akt: verschließen, vernichten und ein neues Kapitel aufschlagen.

Heute knüpfe ich neue Freundschaften für bestimmte Abschnitte in meinem Leben. Das geschieht nicht absichtlich, es passiert einfach so. Es ist fast wie eine Sommerromanze. Wir tun uns gut, aber irgendwann ist der Sommer vorbei, die Verbindung bricht ab und man denkt ab und an nostalgisch an die schöne gemeinsame Zeit zurück.

Es fällt mir sehr schwer, tiefe Verbindungen als Erwachsene einzugehen. Die Trennung zwischen meiner ehemals besten Freundin und mir hat eine bleibende Narbe bei mir hinterlassen. Ich möchte so etwas nie wieder erleben, und um das zu verhindern, schütze ich mich mit platonischen Affären. Das ist überhaupt nicht abwertend gemeint – im Gegenteil. Meine Freundschaftsaffären und ich tun uns gut, wir beflügeln uns in Zeiten, in denen wir Rückenwind brauchen und lassen einander wieder fliegen, wenn die Zeit reif ist.

Vielleicht kann ich irgendwann wieder komplett vertrauen und neuen Verbindungen viel offener eine Chance geben, eine echte.

An diesem Wunsch arbeite ich noch. Er schwirrt schon voller Erwartung in meinem Universum herum und wartet darauf, dass ich mit ihm auf einer Frequenz funke.

Doch bis dahin bin ich überglücklich mit den Menschen, die jetzt Teil meines Lebens sind. Mit ihnen wirkt Freundschaft selbstverständlich, obwohl ich sie zu keinem Zeitpunkt als selbstverständlich ansehe. Meine wahren Freundschaften fühlen sich nicht nach Arbeit an. Ich habe vor Besuchen nicht den Drang, aufzuräumen, Smalltalk fällt weg, unangekündigte Abstecher sind nicht nur erlaubt, sondern erwünscht. Kein Neid, kein Konkurrenzkampf. Egal, wie selten wir uns sehen oder wie verschieden wir sind, meine engsten Freundinnen gehören zu mir.

Und ich gehöre zu ihnen – bedingungslos.

LIEBES UNIVERSUM,
WAS WÜRDEST DU MIR RATEN, WENN ...

... ICH DAS GEFÜHL HABE, IMMER DIE AUSSENSEITERIN UND UNGEWOLLT ZU SEIN?

Das hört sich so an, als würdest du dir das »immer Außenseiter«-Gefühl als eine Art Filter überstreifen. Versuche herauszufinden, was die Quelle für diese Sicht auf dich selbst ist.

Ein möglicher Auslöser könnten falsche Freund*innen sein. Wenn sie dich ausschließen, sich oft ohne dich verabreden, dich anlügen, unzuverlässig sind und nicht auf dich eingehen, dann sind das keine echten Freundschaften. In dem Fall ist es besser, Menschen zu finden, die den Filter in deiner Wahrnehmung nicht hervorrufen.

Die zweite Möglichkeit für diese Selbstwahrnehmung wäre, dass sie überhaupt nichts mit anderen Menschen, sondern nur mit dir selbst zu tun hat. Das Gefühl, nicht gewollt zu sein, scheint dich durchgängig zu begleiten. Daher triff als erstes die Entscheidung, bei dir selbst niemals ungewollt zu sein. Finde zu dir Freundschaft und schließe dich nicht aus. Sprich außerdem mit Vertrauten über deine Wahrnehmung. Durch den Austausch mit wahren Freund*innen löst sich das Gefühl vielleicht auf oder du bekommst deine Bestätigung und weißt, dass es Zeit ist, dein soziales Umfeld zu ändern. Du bist nicht ungewollt. Vielleicht hast du nur noch nicht *deine* Menschen gefunden. Sei aufmerksam, sieh dich um und gib deinem Freundschaftsglück eine echte Chance – ganz ohne Filter.

... ICH ES IMMER ALLEN RECHT MACHEN WILL UND DABEI MEISTENS DEN KÜRZEREN ZIEHE?

Du weißt sicher: Es ist gar nicht möglich, es allen recht zu machen. Wir haben nur eine begrenzte Menge an Energie und Zeit für verschiedene Aufgaben und Beziehungen in unserem Leben. Unsere Verantwortung, diese Ressourcen bestmöglich zu verteilen, schließt die eigene Person mit ein – also müssen wir sichergehen, dass noch etwas Energie für uns übrigbleibt.

Wir haben alle seit Kindergartentagen gelernt, wie wichtig teilen ist. Und dass jeder mal verliert. In Freundschaften und anderen Beziehungen darf das Teilen, Geben und Zurückstecken aber niemals eine Einbahnstraße sein. Es wäre nur fair, wenn auch deine Bedürfnisse, Vorstellungen und Vorschläge berücksichtigt werden. Wenn du es den anderen so häufig recht machst, sollten sie offen reagieren, wenn auch du mal etwas brauchst. Stößt du auf Unverständnis, ist tatsächlich zu hinterfragen, ob diese Freundschaften dir das geben können, was du verdienst.

Sieh dich selbst in der Verantwortung, auf eine ausgleichende Gerechtigkeit zu bestehen, und ignoriere deine Wünsche nicht, nur um Konfrontationen aus dem Weg zu gehen. Die anderen haben weiterhin das Recht auf ihre Bedürfnisse, doch vielleicht ist es an der Zeit, dass sich sonst wer zurücknimmt und dir die Bühne für eine Weile überlässt.

... ICH MICH OFT ALLEINGELASSEN FÜHLE, OBWOHL ICH LIEBE MENSCHEN UM MICH HABE?

Ich frage mich, ob die lieben Menschen wissen, dass du so fühlst. Sie können nicht von sich aus ahnen, was du brauchst, wären aber vielleicht bereit, für dich da zu sein. Wie müsste also die zwischenmenschliche Verbindung aussehen, in der du dich aufgehoben fühlen kannst?

Das Gefühl, alleingelassen zu sein, wurzelt womöglich in deiner Kindheit. Vielleicht hast du dir mehr Nähe und Hilfe gewünscht, als du erhalten hast. Im Kindesalter ist dies ein sehr beklemmendes Gefühl, doch wächst es weiter und weiter, kann es sich im Erwachsenenalter zu etwas entwickeln, das prominent in deinen Gedanken wohnt: unüberwindbare Einsamkeit.

In Momenten, in denen du sie spürst, vergisst du vielleicht, dass du selbst ganz viel Einfluss auf deine Situation nehmen kannst. Du musst nicht darauf warten, gerettet zu werden. Sei selbst deine Retterin!

Wenn du dich wieder einmal abgeschottet fühlst, kannst du dich ganz bewusst mit dir verbinden, indem du dich von Kopf bis Fuß wahrnimmst und dem Empfinden von Alleinsein auch einen Platz in dir gibst. Es kommt vorbei, weil es gefühlt werden will. Du darfst es zulassen, es möchte kommunizieren. Spür einfach hin, welcher Impuls entsteht. Vielleicht willst du dir bewusstmachen, mit wem du verbunden bist. Es gibt so viele Menschen und Orte, mit denen wir auf unterschiedlichste Weise eine Art Beziehung führen. Auch Menschen, die uns unterstützt haben und die bereit sind, weiterhin zu unterstützen. In dieser größeren Verbundenheit hat auch dein Gefühl des Alleinseins seinen Platz. Vielleicht ist dein Impuls aber auch, einen der lieben Menschen anzurufen und zu erzählen, was gerade los ist oder dich zu verabreden.

... MICH MEINE BESTE FREUNDIN OFT ANLÜGT UND VERLETZT, ICH SIE ABER DENNOCH UNGLAUBLICH GERNHABE?

Du akzeptierst deine Freundin, so wie sie ist, denn trotz ihrer schlechten Eigenschaften hast du sie sehr gern. Das heißt wohl, dass sie auch positive Eigenschaften hat. Diese dürfen die Problematik des häufigen Lügens und der Kränkungen jedoch nicht abschwächen. Freundschaften sind für unser Wohlbefinden, unser inneres Gleichgewicht und unsere gesamte Gesundheit unheimlich wichtig. Denn wir können mit Freund*innen unsere Belastungen und Geheimnisse teilen. Sie nehmen uns Angst vor Situationen, die wir fürchten und vermitteln uns im Idealfall ein Gefühl von Sicherheit und Geborgenheit. Und gerade deswegen, weil wir Freund*innen so nah an uns heranlassen, muss die Beziehung auch vertrauensvoll und verlässlich sein.

Lass deine Freundin wissen, wie du dich fühlst, wenn sie an dir herummeckert oder dich anlügt. Ist sie willig, an eurer Beziehung zu arbeiten, hat eure Freundschaft eine echte Chance.

Bleibt jedoch alles beim Alten und sie zeigt kein Interesse an deinen Gefühlen, ist sie leider eine falsche Freundin und verdient deine Liebe nicht.

... ES MIR SCHWERFÄLLT, NEUE BEKANNTSCHAFTEN ZU SCHLIESSEN UND MICH ANDEREN ZU ÖFFNEN?

Beruht deine Bindungsangst auf der Angst vor Ablehnung? Fürchtest du dich, nicht akzeptiert zu werden, wenn du dich so zeigst, wie du bist?

Versuche eine neue Beziehung nicht als Situation zu sehen, in der du gefangen bist. Erlaube dir, dich selbst zu schützen und halte dir immer die Option offen, dich zurückzuziehen, wenn du dich unwohl fühlst. Du musst dich nicht verstellen und darfst

Schwäche zeigen, auch wenn du mit anderen zusammen bist. Sprich deine Angst offen an, damit sich neue Bekanntschaften nicht weggestoßen fühlen, solltest du mehr Zeit für dich brauchen. Wichtig ist, dass du dich selbst ermutigen kannst, immer wieder den Kontakt zu anderen Menschen zu suchen, um so die Kraft zu entwickeln, dein Unwohlsein auszuhalten, damit du es irgendwann überwinden kannst.

Mit jeder neuen Konfrontation mit deiner Bindungsangst erwirbst du Wissen über Beziehungen und soziale Kompetenzen, die du in der Zukunft anwenden kannst.

Lass deinen Wunsch, dich anderen zu öffnen, zu deiner Motivation werden, weiterhin an dir zu arbeiten, ohne dich zu verbiegen. Es ist okay, wenn du vom Typ her eher kontaktscheu bist, darunter darf aber die Sehnsucht nach zwischenmenschlichen Bindungen nicht leiden.

KAPITEL 5

LIEBES UNIVERSUM,
ICH HABE DIE KONTROLLE ÜBER MEIN LEBEN

Was wäre gewesen, wenn ich mich an diesem Morgen im Jahr 2010 krankgemeldet hätte? Wäre es dann überhaupt zum Überfall im Supermarkt gekommen? Hätte sich dieser Teil meiner Geschichte im Leben eines anderen Menschen verankert? Diese Fragen stelle ich mir oft und ich kann sie drehen und wenden, wie ich will, eine Antwort bekomme ich nie. Als ich nach dem Alptraumerlebnis wieder einen Laden betrat, hatte ich Todesangst. Und wenn ich Todesangst sage, meine ich das auch so. Ich hatte seit dem Tag schreckliche Angst zu sterben. Es ist mir rückblickend zwar klar, dass der Räuber mich »nur« ruhigstellen wollte, doch in dem Augenblick, als ich nicht einschätzen konnte, ob dieses Teil an meinem Hals eine Pistole, ein Messer oder eben ein Elektroschocker war, hing mein Leben in meiner Wahrnehmung an einem seidenen Faden. Dieses Gefühl hatte sich in mir festgesetzt und suchte mich immer wieder heim. Ich hatte Schlafstörungen, Angst verfolgt zu werden und blickte ständig zwanghaft über meine Schultern.

Mehr als drei Jahre lebte ich mit diesen körperlich und seelisch zehrenden Anfällen, die ich anfangs nicht begreifen, geschweige denn kontrollieren konnte, bevor ich herausfand, dass es sich um Panikattacken handelte. Schließlich entschied ich, etwas gegen das Gefühl von unendlichem Fallen und Hilflosigkeit zu tun.

* * *

Was jetzt folgt, ist eine Reihe betrüblicher Ereignisse. Oder einfach mein Leben von achtzehn bis Anfang zwanzig.

Der Überfall im Supermarkt setzte nämlich lediglich den Startschuss für prägende Erfahrungen, die unentwegt neues Material für meine Ängste lieferten.

Manche Szenarien überschnitten oder überschlugen sich und manche sind so verschwommen, dass ich sie zeitlich nicht mehr ganz fassen kann. Aber das ist auch nicht wichtig für diesen Teil meiner Geschichte.

DIE ANGST VOR DEM VERFOLGTWERDEN

Nur wenige Wochen nach Antritt meines neuen Jobs im Modehaus wurde die Verfolgungsangst, die seit dem Überfall bloß in meinem Kopf stattgefunden hatte, bittere Realität. Mein Schulterblick ging plötzlich nicht mehr ins Leere. Immer wieder sah ich denselben Mann, der zufällig, genau während meiner Schichten, in der mir zugeteilten Abteilung um die Kleiderstangen schlich. Er kaufte nie, sprach nie, schaute nur. Bis eines Samstags, kurz vor Ladenschluss, das Kundentelefon auf meiner Etage klingelte. Die Leiterin der Abteilung nahm ab. Wenige Momente später schaute sie verwirrt zu mir rüber, legte den Hörer zur Seite und kam direkt auf mich zu.

»Carmen, da ist ein Mann für dich am Telefon. Er wollte seinen Namen nicht nennen, aber er kannte deinen.«

»Was? Welcher Mann denn?«, fragte ich verwirrt. Mein Handy hatte ich zwar im Pausenraum gelassen, aber ich konnte mir nicht vorstellen, dass mein Vater, oder sonst wer, über das Kundentelefon anrufen würde.

»Carmen Kroll hier, hallo?«, sagte ich daher etwas verunsichert.

»Hi meine Schöne, ich sehe dich. Ich bin so geil auf dich.«

Blitzschnell legte ich auf, knallte das Telefon zurück in die Ladestation und sah mich panisch um. Meine Vorgesetzte stand neben mir. »Ist alles in Ordnung?«, wollte sie von mir wissen. Mit zittriger Stimme zitierte ich seine Worte und erzählte ihr von meiner Vermutung, um wen es sich bei dem Anrufer handeln würde.

»Okay, ganz ruhig. Wir geben der Security Bescheid und die bringen dich dann später nach Hause. Sicher ist sicher«, sagte meine Chefin.

Wie sich herausstellte, war der Anruf keine leere Drohung gewesen. Der Mann lungerte tatsächlich vor dem Laden herum, als meine Schicht vorüber war. Wir riefen sofort die Polizei, die auch gleich kam und seine Personalien aufnahm, während der Sicherheitsdienst mich in meiner Studentenwohnung absetzte.

Meine Schulterblicke wurden durch dieses Erlebnis noch verstärkt. Ich traute mich kaum mehr allein in die Stadt und hatte auch bei der Arbeit immer ein ungutes Gefühl.

Den Mann sah und hörte ich nach diesem Vorfall nie wieder, aber abschütteln konnte ich das »Was wäre, wenn« nicht mehr.

DIE ANGST VOR DEM ALLEINSEIN

Es ist schon beinahe ironisch. Ich habe schreckliche Angst davor, verfolgt zu werden und fürchte mich gleichzeitig vor dem Alleinsein. Es ergibt keinen Sinn, doch das ist meinen Gefühlen egal.

Als ich über das Thema Freundschaft geschrieben habe, ließ ich eine ganz wichtige Person aus. Diese Person war jedoch viel mehr als ein Freund. Dennis war mein Bruder, auch ganz ohne Verwandtschaftsgrad. Unsere Familien kannten sich schon ewig. Wir stammen beide aus Polen, lebten in Düsseldorf nur wenige Häuser voneinander entfernt und verbrachten sehr viel Zeit miteinander. Ich aß bei seiner Familie zu Abend, er forderte mich zu Mutproben heraus und ich schleppte ihn als moralische Unterstützung zu den ersten Treffen mit Lenni. Die Jungs gingen in dieselbe Klasse und waren bereits befreundet. Auch mochte ich seine Freundin auf Anhieb, sodass Pärchenabende in unserer Teenagerzeit zum festen Wochenendprogramm gehörten. Über die Jahre etablierten wir ein Ritual, auf das wir vier uns schon Wochen vorher freuten: *Eurovision Song Contest*, Popcorn und unqualifizierte Bewertungen unsererseits waren angesagt! Doch an diesem einen Abend, wir waren sechzehn oder siebzehn Jahre alt, teilte Dennis unsere Begeisterung für die Show nicht wie sonst. Stattdessen klagte er über starke Kopfschmerzen und Übelkeit, bis seine Freundin und er sich schließlich nach wenigen Auftritten verabschiedeten. Ich war enttäuscht. Zu zweit war ein *ESC*-Abend einfach nicht dasselbe.

Nur wenige Tage später erhielt ich einen Anruf von Dennis' Freundin. Etwas verwundert nahm ich ab. Wir mochten uns zwar, aber ohne unsere Jungs hatten wir keinen wirklichen Kontakt. Noch bevor ich mein »Hey, was gibt's?« fertig aussprechen konnte, platzte ihre zittrige Stimme mit dem Satz heraus, der unser aller Leben veränderte: »Dennis ist krank, er hat Leukämie.«

Ich weinte und weinte. Und weinte noch mehr. Doch einer, der weinte nicht: Dennis.

Mein liebenswerter bester Freund, mein Bruder, mein Strahlemann war einfach nur stark und endlos positiv. Zumindest nach außen hin. Wie es in ihm aussah, wage ich mir nicht vorzustellen.

Die monatelangen Behandlungen gingen nicht spurlos an ihm vorüber, aber brachen auch nie seinen unglaublichen Willen, am Guten festzuhalten. Er feierte kleine Erfolge, nahm schlechte Nachrichten als Herausforderung und hatte selbst an den wirklich, wirklich schlechten Tagen immer noch ein Lächeln auf den Lippen – wenn es auch seine Augen nicht immer erreichte. Mit seiner Positivität sollte er recht behalten. Er besiegte den Krebs eineinhalb Jahre nach der Diagnose.

»Krebsfrei – Leute, jetzt geht mein Leben los! Passt auf!«, versicherte er allen, die es noch nicht gehört hatten. Nun würde er all die Erlebnisse nachholen, die in den letzten Monaten warten mussten. Er würde ein unbeschwerter junger Mann sein, in Clubs bis zum Morgengrauen tanzen und mit dem Wissen, dass es einen Morgen gibt, in den Tag hineinleben. Aber zuallererst würde er endlich die Kartons packen und zu seiner großen Liebe nach Hannover ziehen. Die erste gemeinsame Wohnung wartete auf seine Zahnbürste und seine Lebensfreude, die jeden Raum durchflutete.

Doch das Leben ist manchmal ein Arschloch. Das kann man nicht anders sagen. Kurz vor dem geplanten Umzug und nur Wochen nach der krebsfrei-Diagnose kam die Krankheit zurück. Und das aggressiver als zuvor. Um zu überleben, brauchte er eine Knochenmarkspende.

»Das wird schon, ich schaff das auch nochmal«, sagte er zu mir, als ich mit Tränen in den Augen an seinem Bett im Krankenhaus saß. Er sah jetzt nicht mehr aus wie der Dennis, mit dem ich heimlich die Pierogi für den nächsten Tag aus dem Kühlschrank gegessen hatte. Dieser Dennis war nun sichtlich krank, aufgedunsen von all den Medikamenten und das Leuchten in seinen Augen wurde immer schwächer. Und er wusste es.

Er kämpfte nicht mehr nur um sein Leben, sondern auch um die Leichtigkeit, mit der er die Welt um sich herum wahrnahm.

In all die traurigen und verzweifelten Gesichter zu blicken, muss seinen Kampf nur noch schwerer gemacht haben. So sagte er mir am Ende einer meiner tränenreichen Abstecher ins Krankenhaus, ich solle ihn bitte nicht mehr besuchen kommen. Er wollte so nicht gesehen und auch nicht angesehen werden. Ich respektierte seinen Wunsch, auch wenn es mir das Herz brach.

Das zehrende Warten auf die Knochenmarkspende und die fortschreitenden Schmerzen verwandelten seine Positivität nicht wie man vielleicht erwarten würde in Verbitterung, sondern in etwas anderes: Akzeptanz.

»Ja, ich werde sterben.« Ein Satz, den kein Neunzehnjähriger jemals sagen sollte. Doch ihm ging er trocken über die Lippen. Er hatte es schon lange gespürt. Vielleicht auch schon geahnt.

Trotz scheinbar perfektem Spender-Match scheiterte die erste Operation. Und er fiel beim Warten auf die zweite Knochenmarkspende ins Koma und wachte nie wieder auf. Dennis wurde tagelang von Geräten am Leben gehalten, bis ich irgendwann einen Anruf von seiner Freundin erhielt, dass er gestorben war.

Nun musste er nicht mehr der starke Kämpfer sein.

Die Monate vor seinem Tod waren für mich in vielerlei Hinsicht unerträglich. Ich konnte ihm nicht helfen, er wollte keine Last darstellen und verbot es mir regelrecht, an seiner Seite zu sein. Zudem ging meine erste echte Beziehung in die Brüche und kostete mich den Großteil meiner sozialen Kontakte. Ich fühlte mich zurückgelassen. Mein Herz war zerbrochen und ich fand keinen Weg, es wieder zusammenzusetzen. Zu viele Teile fehlten, zu viel hatte sich verändert.

Bei dem Versuch, mir eine neue Realität aufzubauen – eine, in der ich nicht mehr allein dastand – tat ich alles dafür, dauerhaft von Menschen umgeben zu sein. Verdrängen war die Devise.

Nachts funktionierte das nur leider überhaupt nicht. Im Bett rollte ich mich hin und her, lief rastlos durch die Wohnung und scrollte immer wieder Dennis' Facebook-Feed durch. Dort lebte er noch weiter – zumindest für einen klitzekleinen Augenblick. Nach dem Ausflug in die virtuelle Vergangenheit musste ich mir etwas überlegen, um mit dem Schmerz umzugehen. Etwas, das mein Leid auffangen würde, mir Halt gab und immer an meiner Seite blieb.

So wünschte ich mir eine kleine, flauschige Babykatze in mein Leben und erfüllte mir den Herzenswunsch sogleich. Ich bin der festen Überzeugung, dass meine Katze Jola mir in dieser Zeit das Leben gerettet hat. Sie tat mehr für mich, als ich jemals in Worte fassen könnte. Jolas Fell fing meine Tränen auf. Sie ließ sich stundenlang von mir streicheln, kuscheln und abknutschen – ich wurde ihr nie zu viel und sie gab mir nie gutgemeinte Ratschläge, die mich sowieso nicht trösten konnten. Diese Katze war genau das, was ich brauchte. Auch wenn sie mir meine Angst nicht nehmen konnte.

DIE ANGST VOR DEM STERBEN

Nach Dennis' Tod wurde nicht nur die Angst vor dem Alleinsein lauter, sondern eine weitere Furcht nahm Gestalt an – und mit ihr entwickelte ich auch eine neue schreckliche Angewohnheit: Handy entsperren, Browser aufrufen, Suchmaschine öffnen, Symptome googeln, in Panik verfallen.

Plötzlich bedeutete jeder Kopfschmerz, jedes Ziehen im Bauch und jedes vorher unbeachtete Muttermal den sicheren Tod für mich. Das Internet machte es nicht besser. Neben fehlerhaften Selbstdiagnosen und der immer akuter werdenden Hypochondrie erlebte ich in den folgenden Jahren zusätzlich so viel Mist, dass es mir im Nachhinein fast unglaublich vorkommt. All diese negativen Ereignisse hätte ich nicht mal erfinden können – eindeutig zu übertrieben für ein einziges Leben!

Da hätten wir zum Beispiel den Tag, an dem ich mir sicher war, samt dem Flugzeug, in dem ich saß, und aller sich darin befindender Passagiere am Boden zu zerschellen.

Der dreistündige Rückflug aus dem Sommerurlaub verlief in der ersten Hälfte ohne besondere Zwischenfälle. Zwar war ich

noch nie ein großer Fan davon, in einem Metallvogel kilometer-
weit überm sicheren Boden zu schweben, aber wirklich Angst und
Bange war mir nie. Das änderte sich jedoch schlagartig in dem
Moment, als ein Flugbegleiter hektisch aus der hinteren Kabine
gelaufen kam, sämtliche Fächer schloss, die Vorhänge zuzog und
anschließend folgende Durchsage machte:

»Liebe Passagiere, das Anschnallsymbol ist aktiviert. Wir bitten
Sie, sich auf Ihre Plätze zu begeben und die Gurte anzulegen. Wir
werden nun schnell an Höhe verlieren, bitte bleiben Sie ruhig.«

Sofort fing die Frau neben mir panisch an zu schreien. Von Ruhig-
bleiben keine Spur! Eine italienische Großfamilie fasste sich an
den Händen, betete und sang Kirchenlieder. Was war hier los?
Niemand gab uns Informationen, wieso wir plötzlich so schnell
Richtung Erdboden rasten. Meine schreiende Sitznachbarin klammerte sich an meinem Arm fest. Das Flugzeug sackte schubweise
immer schneller ab, die Sauerstoffmasken fielen aus den Paneelen
über unseren Köpfen. Hektisch zogen wir sie über unsere Gesichter. Ich fühlte mich wie im Free Fall Tower, bloß ohne das Wissen
um die Sicherheit. Auf der Suche nach Schutz vergrub ich meinen
Kopf zwischen den Oberschenkeln meines damaligen Freundes.
Kleinmachen, kauern, nicht zu viel mitbekommen.

Mein Kopf hämmerte. Unkontrolliertes Rütteln der Maschine,
Panik und der immense Druck in meinem Schädel vernebelten
meine Gedanken. Das Einzige, was ich mir in diesem Moment
wünschte, war, den Aufprall nicht mehr mitzuerleben.

Ich hatte zuvor schon Angst vor dem Tod gehabt, doch nun war
sie nicht mehr nur in meinem Kopf. Sie war real geworden. Für
alle Anwesenden.

Doch tatsächlich gestorben war nur eine Person: der Co-Pilot.
Er hatte einen Herzinfarkt erlitten und die Notlandung war außer
Kontrolle geraten. Der Kapitän der Maschine und die gesamte
Kabinencrew waren so geschockt, dass kein einziger von ihnen

mehr richtig funktionierte. Die Folge dessen war ein nicht vorhandener Informationsfluss und die damit einhergehende Massenpanik unter den Fluggästen.

Eines der Geräusche, die mich beunruhigten, war dem abgesenkten Fahrwerk zu verschulden, wie die Crew schließlich durchgab. Die Geschwindigkeit wurde nun erheblich gedrosselt und nur wenige Minuten später setzten die Reifen auf sicherem, wenn auch unebenem, Boden auf. Wir waren endlich gelandet – auf einem abgelegenen Flugplatz irgendwo in der italienischen Pampa. Doch die Tortur war noch nicht vorbei. Es war niemandem gestattet, das Flugzeug zu verlassen, bis nicht die hiesigen Behörden und die rechtlichen Vertreter*innen der Fluggesellschaft anwesend waren. Ganze fünf Stunden saßen wir noch in der Maschine.

Ich lebte, doch die Angst blieb. Die Panik, die während des Horrorfluges mein Denken vergiftet hatte, begleitete mich von nun an auf allen Flügen.

Der Kontrollverlust, den ich durch den Zwischenfall beim Fliegen erlitten hatte, rüttelte eine weitere Angst wach – ein altes Trauma, das ich bestmöglich verdrängt hatte, beziehungsweise im Laufe der Jahre als Macke abgetan hatte: meine Angst vorm Aufzugfahren.

Mit sieben Jahren war ich im Türkeiurlaub in einem Aufzug stecken geblieben. Ich war allein, mir war übel vom Sonnenbaden gewesen und so übergab ich mich schließlich in der Kabine, bevor ich vom Hotelpersonal gerettet wurde. Dort in meinem Erbrochenen zu stehen, war mir so peinlich. Dieser Schock saß tief. Jahrelang stieg ich in keinen Aufzug mehr – egal, ob vierter oder vierzehnter Stock, ich steuerte immer in Richtung Treppenhaus. Meine Mitmenschen witzelten darüber und sahen amüsiert zu, wie ich mich keuchend Stockwerk für Stockwerk hoch- und runterschleppte. Als ich schließlich doch den Mut fand, mich erneut in einen Fahrstuhl zu wagen, zugegeben, es war etwas Tequila im

Spiel, passierte etwas, das nicht mal im schlechtesten Drehbuch hätte vorkommen können: Ich blieb erneut stecken. Diesmal gemeinsam mit Niclas und seinem Vater in einem Berliner Mehrfamilienhaus nach einer durchtanzten Partynacht. Zwar übergab ich mich nicht, aber peinlich wurde es trotzdem. Ich musste so dringend auf die Toilette, dass ich schließlich in eine Plastiktüte pinkelte, weil meine Blase zu platzen drohte. Da ich in den ersten Monaten unserer Beziehung vor Niclas und seinem Vater keine große Sache daraus machen wollte, lachte ich die Panik und das Schamgefühl weg.

Nach außen hin versuchte ich immer so gut wie möglich, all meine Traumata zu verstecken, davon hatte ich ja leider so einige.

Nach der Angst vorm Verfolgtwerden, dem Fliegen und Aufzugfahren geht's jetzt um die Furcht vor großen Hunden.

Ein einziger, aber einschneidender Vorfall reichte, um diese auszulösen: Mich biss ein in Deutschland illegal gehaltener und ungeschulter Listenhund, als ich zu Fuß unterwegs war. Ich fragte den Besitzer sogar noch, ob ich vorbeigehen dürfte, weil der Gehweg nicht sonderlich breit war und ich es eilig hatte. Er nickte ab und ich verließ mich auf sein Urteil. Schwerer Fehler! Der Hund biss mir in die Hand und ließ auch so schnell nicht mehr los. Ein höllischer Schmerz durchzog meinen Körper. Ich schrie nur und sah unter Tränen zu, wie der Mann seinen Hund grob von mir wegzerrte. Dem Tier gebe ich keinerlei Schuld, aber was meine Psyche betrifft, so war der Schaden angerichtet. Und mit jedem weiteren Ereignis wurde er größer. Tausend Dinge wie beispielsweise ein Schnellkochtopf, der vor meiner Nase explodierte und in allen Einzelteilen durch meine Wohnung schoss, machten mir bewusst, wie verletzlich und vergänglich dieses Leben ist.

Nicht alle meine Erlebnisse kann ich einer Kategorie zuordnen. Wie ordne ich beispielsweise die Angst ein, die man morgens empfindet, wenn sich herausstellt, dass einem auf der Party am

Vorabend KO-Tropfen ins Getränk gemischt wurden? Soll ich es Paranoia oder mystische Vorahnung nennen, wenn ich schreiend aus einem Traum im Elternhaus meines Ex-Freundes aufwache und nur Momente später ein Stockwerk tiefer dessen Opa stirbt?

Wie definiert man das panische Bereithalten des Hausschlüssels als Waffe oder die Fake-Telefonate auf dem nächtlichen Heimweg? In welche Kategorie gehört das dauerhafte Mitschleppen eines Pfeffersprays? Ist das die Angst vorm Verfolgtwerden, vorm Kontrollverlust, vorm Sterben, vorm Leben oder doch einfach nur die traurige Normalität einer Frau?

Liebes Universum, bitte hilf mir. Ich weiß nicht weiter

Dieser Wunsch ist nicht korrekt formuliert, das ist mir bewusst. Aber dieser Gedanke war der einzige, den ich während und nach jedem meiner prägenden Erlebnisse fassen konnte. Ich hatte komplett die Kontrolle über mein Leben verloren. War ratlos, schlief kaum und falls es doch klappte, wachte ich in den meisten Nächten schweißgebadet und nach Luft ringend auf. Meine Anfälle, in denen ich das Gefühl hatte, kiloweise Steine auf der Brust zu tragen, wurden immer häufiger. Das Atmen war eine echte Herausforderung, mir wurde unerträglich heiß und in meinen Gedanken überschlugen sich Szenarien, in denen ich erstickte, umkippte und starb. Irgendwann hatte ich es dann schließlich satt, Tag wie Nacht einen Alptraum zu durchleben. Ich konnte doch nicht darauf warten, was mir als Nächstes zustoßen würde!

Also half ich mir auf die einzige Weise, die mir in den Sinn kam: Ich ging zum Arzt. Mein Hausarzt notierte sich meine Beschwerden: Atemnot, Hitzewallungen und starkes Zittern. Schließlich überwies er mich an einen Spezialisten. Es beruhigte mich, dass ich scheinbar ernstgenommen wurde. Jemand würde mir endlich erklären können, was mit mir passierte!

Und tatsächlich hatte der Lungenfacharzt eine Diagnose für mich: Hyperventilation als Reaktion auf Stress.

Okay, und nun? Abschalten, Tee trinken und Däumchen drehen als Behandlungsmethode? Ja, so ähnlich.

Der Arzt verschrieb mir ein paar homöopathische Tropfen, empfahl Baldrian und gab mir Atemübungen als Aufgabe. Rückblickend ist es verrückt, wie richtig die Behandlung hätte sein können. All diese Mittel hätten mir wirklich helfen können. Hätte ich doch nur gewusst, was genau ich eigentlich behandelte. »Nur« Stress war es nämlich nicht. So half mir keine der Behandlungsmethoden und meine sogenannten Hyperventilationsanfälle wurden immer stärker.

Eines Nachts, ich wohnte bereits mit Niclas in unserer ersten Kölner Wohnung, war es so schlimm, dass er mich in die Notaufnahme brachte. Ich weinte nicht, ich heulte regelrecht, war knallrot im Gesicht, hielt mir die Hände an den Hals, um zu verdeutlichen, dass ich keine Luft bekam. Mir wurde unglaublich schwindelig und ich verlor noch im Aufnahmebereich des Krankenhauses das Bewusstsein.

Als ich im Krankenbett aufwachte, setzte draußen gerade die Morgendämmerung ein. Ich hing an einem Tropf und fühlte mich benebelt. Die Beruhigungsmittel hatten mich ein paar Stunden schlafen lassen. Zwar war ich noch nicht ganz bei mir, aber bekam doch mit, wie die Krankenschwestern sich vor meinem Zimmer unterhielten.

»Ja, Zimmer 223 habe ich überprüft. Hat hyperventiliert, nichts Wildes. Die beruhigt sich und kann dann später entlassen werden«, fasste die Frau mit dem Klemmbrett meine Horrornacht knapp zusammen. Stellte ich mich wirklich einfach nur übertrieben an? Bildete ich mir gar alles nur ein? Offenbar nahm mich ja nicht mal das Klinikpersonal ernst. Jetzt fühlte ich mich noch schlechter.

Die Tage nach meinem Krankenhausaufenthalt waren für mich sehr deprimierend. Ich kapselte mich ab und saß oft einfach nur da und starrte ins Nichts. Die ganze Sache war mir unglaublich peinlich, aber was sollte ich denn tun? Mir ging es schlecht – immer wieder und massiv. Das war auch keine Show! Wieso sollte ich mir das denn freiwillig antun? Für ein bisschen Aufmerksamkeit? Davon hatte ich echt schon genug – und das nicht im positiven Sinne.

Nach einem weiteren Tag im Selbstmitleid raffte ich mich auf. Allmählich stieg nämlich Wut in mir auf. Ja, irgendwann wurde auch ich stinksauer. Auf alle und alles, was mir Angst machte und auf mich, weil ich mir selbst nicht wirklich zu helfen wusste. Diesen erbärmlichen Zustand konnte ich nicht länger ertragen. Meine Zeit als Magnet für alles Negative musste enden – ich war es leid, mein Leben so zu führen. Schließlich hatte ich noch viel vor. Meine Karriere startete gerade erst und die Beziehung mit Niclas wollte ich mir auch auf keinen Fall versauen. Also Fenster auf, frische Luft hereinlassen, laut schreien und die Scham der letzten Tage, oder eher Monate, abschütteln und … Ja, was jetzt genau?

Ein Plan fehlte mir noch, doch der Wille, Lösungen zu finden, war zumindest da.

Mit der Diagnose der Ärzte im Hinterkopf fing ich nun an, selbst zu recherchieren. Ich googelte mich mal wieder quer durchs Internet. Das ist natürlich nie die beste Option, aber die einzige, die mir schnelle Antworten liefern konnte. Ich ignorierte die Treffer, die mir eine unheilbare Krankheit andichten wollten.

Keine Panik, klick einfach weiter.

Und weiter. Und weiter. Und Stopp!

Panikstörung:

Bei der Panikstörung leidet man unter wiederkehrenden schweren Angstanfällen mit heftigen körperlichen und psychischen Symptomen wie: Atemnot (Check), Gefühl der Unsicherheit (Check), Gefühl in Ohnmacht zu fallen und Schwindel (Check), Herzklopfen oder unregelmäßiger Herzschlag (Check), Erstickungsgefühle (Check!), Gefühle, nicht da zu sein (Check), Hitzewallungen (Check), Check, Check, Check!

Ich sprang von meiner Recherchestation im Bett auf, riss die Arme nach oben und schrie voller Euphorie: »Ich bilde es mir nicht ein, es ist echt! Ich habe eine Panikstörung!«

Verdammt. Ich habe eine Panikstörung.

Die Erkenntnis war wichtig, doch sie allein half mir noch nicht, die Attacken loszuwerden. Also recherchierte ich ganz gezielt nach Möglichkeiten, mit der Krankheit umzugehen. Diese sahen den Behandlungsmethoden meines Lungenfacharztes tatsächlich sehr ähnlich. Nur hatte ich diesmal eher eine Idee davon, was ich genau bekämpfte.

Meine Panikattacken waren nicht physischer Natur, wie zum Beispiel durch eine Fehlfunktion der Schilddrüse ausgelöst. Mein Auslöser saß im Kopf. Mein Hirn machte meinem Körper vor, krank zu sein, weil es sich nicht anders mitteilen konnte. Es sendete Warnsignale, die ein Mensch fühlen und sehen kann, um etwas gegen den unsichtbaren Schmerz zu tun. Wenn meine Gedanken meinem Körper also einreden konnten, dass er gerade im Sterben lag, würden sie ihn auch vom Gegenteil überzeugen können. Nun musste ich lernen, wie das ging. Meine Denkweise brauchte eine Generalüberholung, die nicht das nächste negative Ereignis fürchtete, sondern all die Positivität, die mir täglich begegnete, einfing.

Liebes Universum, ich überlebe

Diesen Wunsch sagte ich mir jeden Tag mehrmals vor: »Ich überlebe die Atemnot, ich überlebe das Ungewisse, ich überlebe.«

Die Anfälle blieben nicht auf Knopfdruck aus. Das wäre einfach zu schön gewesen. Doch ich nahm ihnen etwas sehr Mächtiges: das Unbekannte.

In Fachbüchern und wissenschaftlichen Beiträgen las ich alles, was ich zum Thema Panikattacken finden konnte. Dort ging es um die psychischen Aspekte, aber auch um die chemischen Reaktionen, die im Körper vorgehen, wenn er in den Überlebensmodus schaltet. Ich entkräftete die Attacken außerdem, indem ich ihnen einen lächerlichen Namen gab. *Kettlin*, so hieß meine Panik nun. Kreativ abgeleitet vom Wort *Klette*, weil sie so sehr an mir hing. Bemitleidenswertes Ding.

Kettlin war wie eine nervige Schwester, auf die ich sehr gut verzichten konnte, die aber nun mal mit mir verbunden war. Wir hassten uns zwar und sie brachte mich oft an den Rand der Verzweiflung, aber im Grunde wusste ich, sie würde mir niemals ernsthaft schaden. Sie tat mir weh, um mich zu beschützen, mich wachzurütteln und in großer Schwestermanier mit der Nase auf das zu stoßen, was in meinem Leben falsch lief. Kettlin nervte, doch war nicht die Quelle des Übels, lediglich die unvermeidbare Begleiterscheinung. Je weiter ich dieses Gedankenspiel spann, desto mehr schloss ich sie irgendwie in mein Herz und war ihr auf eine merkwürdige Art sogar dankbar. Aber nicht dankbar genug, um sie weiterhin Teil meines Lebens sein zu lassen. Danke für die Lektion Kettlin, aber jetzt wird es Zeit, dich loszuwerden!

Also nahm ich all meinen Mut zusammen und redete das erste Mal offen auf Instagram über meine Erfahrung mit Panikattacken. Es laut auszusprechen und im Anschluss hunderte von Zuschriften zu bekommen, die mir aus dem Herzen sprachen, war ein unbeschreibliches Gefühl. Zwar wusste ich, dass ich nicht die Einzige war, die unter dieser Störung litt, doch dass sie so viele betraf, machte mir auf traurige Weise Hoffnung. Ich fühlte mich nicht mehr allein.

Aus meiner Community kamen unzählige verzweifelte Bitten um Hilfe, die ich aber zu diesem Zeitpunkt noch nicht wirklich geben konnte. Mich erreichten auch die unterschiedlichsten Nachrichten, wie andere ihre Panikattacken in den Griff bekommen hatten: Therapie, Meditation, positive Affirmationen, Erdungsübungen, Medikamente, Geistervertreibung und die Pille absetzen, waren einige der vorgeschlagenen Behandlungsmöglichkeiten. Sicherlich kann einiges davon funktionieren. Nicht jede Methode ist jedoch für jeden Menschen geeignet.

Das Pillen-Thema interessierte mich zunächst am meisten. Sie auch ohne akuten Kinderwunsch nicht mehr zu nehmen, stand schon länger auf meiner To-do-Liste. Ich informierte mich und lernte, dass mein Hormonhaushalt tatsächlich etwas mit meinen Panikattacken zu tun haben könnte. Gut, also weg mit der Pillenpackung. Done. Was noch?

Die Idee von positiven Affirmationen kam der Art, wie ich meine Wünsche formulierte, ja sehr nahe. Durch die ständige Wiederholung knüpft das Hirn neue Verbindungen und lässt das Ausgesprochene und gezielt Gedachte zunehmend natürlicher erscheinen, bis die Grenze zwischen Wunschdenken und Realität nicht mehr sichtbar ist. Die Affirmationen »Ich bin gesund«, »Ich ziehe Gutes an«, »Ich bin dankbar für mein Leben« und »Ich bin nicht allein« gehörten nun zu meinem Morgenritual vor dem Spiegel und wurden fester Bestandteil meiner Gedanken vor dem Einschlafen.

Das mit den Atemübungen war aber so eine Sache. Im normalen Alltag sah ich den positiven Effekt einfach nicht und während der Panikattacken selbst war ich nicht in der Lage, irgendwas zu kontrollieren. Die Anfälle überfielen mich nun zwar nicht mehr alle paar Tage, aber sie waren noch immer Teil meines Lebens. Während ich sie erlitt, waren sie nach wie vor mit sämtlichen Symptomen vertreten, doch ich ließ mich nicht mehr tagelang von ihnen aus der Bahn werfen. Sobald ich sie überstanden hatte, schenkte ich ihnen keine Aufmerksamkeit mehr, sondern arbeitete weiterhin daran, ein Magnet für Positivität zu werden. Das war ich mir und meiner Karriere schuldig. Ich konnte nicht zulassen, dass mir meine Schwäche noch mehr Steine in den Weg legte. Kund*innen und Geschäftspartner*innen sollten in mir nicht das Opfer, sondern eine starke Unternehmerin sehen. Und da reichte es nicht, bloß zu überleben. Ich musste, ja, hier ist das verbotene Wort *müssen* absolut beabsichtigt, mein Leben mit all seinen Facetten selbst bestimmen und nicht mehr nur die Symptome, sondern die Ursachen meiner mentalen Krankheit behandeln.

Liebes Universum, ich habe die Kontrolle über mein Leben

Über geistige Krankheiten zu sprechen, ist heute zum Glück längst nicht mehr so tabu wie noch vor wenigen Jahren. Natürlich ist der Umgang mit ihnen dadurch nicht leichter, jedoch weniger stigmatisiert. Der Schmerz, den diese Krankheit auslöst, geht nicht allein durchs darüber reden weg. Doch die offene Kommunikation hat mir persönlich sehr dabei geholfen, einen Schritt heraus aus dem Gedankenkarussell zu machen und mein Leiden mit etwas Abstand zu betrachten. Geschichten und ähnliche Schicksale von anderen haben mich zusätzlich dazu inspiriert, meine schmerzhaften Gefühle einzuordnen und vielleicht auch ein Stück weit zu entschärfen. Ich war nicht die Einzige, die so fühlte. Also kämpfte ich auch nicht allein für mehr Kontrolle.

Es war das eine, über Panikattacken zu sprechen. Über die Auslöser dafür zu reden, war eine ganz andere Nummer.

Ich kann sehr starrköpfig und stolz sein, sodass es mir oft schwerfällt, Hilfe anzunehmen. Die Einstellung »Das schaffe ich allein!« ist schon irgendwie mein Lebensmotto und beflügelte mich auch in meinem persönlichen Kampf gegen die Panikmomente.

So suchte ich nun selbstständig nach konkreten Bewältigungsstrategien, die mir im Alltag und auch während der Attacken helfen konnten. Ich recherchierte weiter und stieß auf das Buch von *Klaus Bernhardt* mit dem Titel *Panikattacken und andere Angststörungen loswerden – Wie die Hirnforschung hilft, Angst und Panik für immer zu besiegen.* Darin wird ganz faktisch erklärt, wie das Chaos in Gedanken und Körper entsteht.

Ich habe verschiedene Übungen und Methoden aus Büchern, Ratgebern und Foren für mich personalisiert und damit zugänglich und umsetzbar gemacht. Zum Beispiel praktizierte ich Erdungsübungen im Alltag, damit ich sie während einer Attacke anwenden konnte. Dafür zog ich mir Schuhe und Socken aus, um den Boden unter mir ganz bewusst wahrzunehmen. Legte mich flach hin und schaute an die Decke oder in die Wolken und entwickelte meine Version der *5-4-3-2-1-Methode (nach Yvonne Dolan bzw. Betty Erickson)*, wobei es darum geht, die einzelnen Sinne ganz bewusst auf das Hier und Jetzt zu fokussieren, um sich nach einer Panikattacke schnellstmöglich zu reorientieren. Dazu aber genauer in meinen Tipps am Ende des Kapitels.

Mit den Übungen erlangte ich die Kontrolle über meine Symptome. Doch was war nun mit den Ursachen? Was war mit meiner Flugangst, der Angst vor Aufzügen, vor dem Alleinsein, dem Sterben und dem Kontrollverlust?

Beinahe meisterhaft schob ich es auf, mich mit ihnen zu konfrontieren. Auch Jahre nach den Vorfällen, die alles ausgelöst haben, mied ich Aufzüge, flog niemals allein oder ohne Beruhigungsmittel und wechselte noch immer die Straßenseite, wenn mir ein großer Hund entgegenkam.

Die Kontrolle über mein Leben gewann ich nicht zurück, solange ich mich irgendwie durchmogelte. Also raus aus der Komfortzone und rein in die Angstsituationen – und zwar in jede einzelne.

Mein erster Solo-Flug nach der eskalierten Notlandung war nicht ganz freiwillig. Normalerweise schleppte ich Niclas als meinen Manager und mein persönliches Sicherheitsnetz immer mit zu Terminen und Veranstaltungen, die eine Flugstrecke entfernt lagen. Leider, oder im Nachhinein zu meinem Glück, überschnitten sich unsere beruflichen Verpflichtungen eines Tages. Ich war für einen Job von *Dior* gebucht und den ließ ich mir von so einer dummen Angst definitiv nicht vermasseln. Wir reden hier schließlich von *Dior*! Entschlossen ging ich mit meinem Handgepäck durch die Sicherheitskontrollen, belohnte mich mit einem überteuerten Smoothie und brach erst am Gate in Tränen aus. Okay, okay, man durfte beim ersten Mal nicht zu viel erwarten.

Da saß ich nun auf einem dieser Hartschalensitze im Boardingbereich und versuchte, mit tiefen Atemzügen, meine Emotionen in eine positive Richtung zu lenken. Ich dachte an Niclas. Auch er war in diesem Moment auf dem Weg zu einem Job im Ausland. Sein Flieger war bereits in der Luft und ich verfolgte die Route per App. Puh, er war noch nicht abgestürzt. Das waren gute Neuigkeiten! Doch diese Meldung kam bei meinen Tränendrüsen irgendwie nicht an und so saß ich schluchzend vorm Gate und starrte auf mein Handy, bis mir fremde Menschen bemitleidenswerte Blicke zuwarfen und mir Taschentücher anboten.

Um mich von dem Drama in meinem Kopf abzulenken, schloss ich die Flugrouten-App auf dem Handy, öffnete Instagram und drückte den Story-Aufnahmebutton. »Hallo Welt, das bin ich. Verheult, verängstigt und verzweifelt auf der Suche nach Ablenkung!« Tausende Menschen, plus die Reisenden an Gate C70, sahen mich nun völlig aufgelöst. Und das half. Im Sekundentakt poppten neue Nachrichten in meinem Postfach auf, in denen mir meine Follower Mut zusprachen und mir gute Tipps gaben. Sie litten mit mir und lenkten mich ab, bis ich schließlich fest angeschnallt in meinem

Flugzeugsitz saß. Auf den Ohren hatte ich nun auf Empfehlung eines Bekannten den *Cockpitbuddy*-Podcast. Darin wird leicht verständlich erklärt, was die verschiedenen Abläufe, Geräusche und Signale vor, während und nach dem Flug bedeuten. Je mehr ich erfuhr, desto ruhiger wurde ich. Die wussten schon, was sie in diesem Blechvogel taten. Zwar würde ich jetzt nicht gerade behaupten, dass ich den Flug genossen hatte, aber das Gefühl der Erleichterung nach der Landung war jede einzelne Träne wert gewesen. Ich nenne diesen Augenblick gerne meinen Movie-Moment, als ich erhobenen Hauptes und mit stylischer Carry-On-Bag aus der Business Class schritt und mich auf den Weg zu meinem *Dior*-Job machte. Eine selbstbewusste und selbstständige Businessfrau. Geht doch!

Nächster Punkt auf der Liste: Fahrstuhlfahren.

Niclas hatte mich mit Tickets für eine Fahrt bis (fast) an die Spitze des Burj Khalifa überrascht – hunderte Stockwerke Treppensteigen? Nein danke! Selbst wenn es erlaubt gewesen wäre, hätte ich dafür nicht ansatzweise die Puste oder Motivation gehabt. Gleichermaßen wollte ich ihm die Überraschung nicht verderben. Also ging ich rückwärts in die Aufzugkabine. Dank dieser Methode sah ich nicht, wie eng und beklemmend, wenn auch sehr schick, das Teil aussah. So gut wie möglich blendete ich die aufgeregten Stimmen und die wild gemixten Parfüms der anderen Tourist*innen aus, die mit uns hier eingesperrt waren. Mit schweißnassen Fingern hielt ich Niclas' Hand bis zum erlösenden Bing und siehe da: Die Türen öffneten sich diesmal ganz selbstverständlich.

Auf den Teil der Aussichtsplattform, der einen gläsernen Boden hat, so dass man in die schwindelerregenden Tiefen blicken kann, brachte mich Niclas nicht mal mit viel Überredungskunst. Trotzdem genoss ich den Triumph über meine Angst auf dem höchsten Gebäude der Welt. Ich hatte mein Leben aber sowas von unter Kontrolle!

Am Ende jeder Überwindung steht das Positive. Ein Sieg über die Selbstzweifel und die Panik. Das motiviert mich auch heute noch, mich meinen Ängsten immer wieder zu stellen.

Die Konfrontationstherapie funktioniert mal besser und mal schlechter. Mit dem Alleinsein habe ich zum Beispiel auch heute noch so meine Schwierigkeiten. Das Thema versuche ich zu entkräften, indem ich ganz bewusst Zeit mit mir und meinen Gedanken verbringe – mit positiven wohlgemerkt. Ich praktiziere Achtsamkeit, indem ich baden gehe, Tagebuch schreibe oder einen Spaziergang im Freien mache. Schaue mich im Spiegel an und lächle mir selbst zu. Mache mir deutlich, dass ich genug bin und niemanden brauche, um die Frau zu sein, die ich sein möchte. Doch ehrlich gesagt bin ich nicht wirklich gut im Alleinsein. Ich kann es, wenn ich muss. Doch es gefällt mir nicht. Nicht, weil es mir Angst macht, sondern weil es mir keine Freude bereitet. Das gestehe ich mir ein und erkenne, dass ich dadurch keine Kontrolle abgebe. So, wie mein Leben momentan verläuft, muss ich nicht allein sein, wenn ich es nicht möchte.

Es gibt aber auch noch immer Ängste in mir, für die ich bisher keine Behandlungsstrategie habe. Wie genau ich die Angst, verfolgt zu werden, ein für alle Mal abschüttele, weiß ich noch nicht. Aber ich habe zumindest schon mal angefangen, daran zu arbeiten. Ich versuche, nicht mehr nur die Gefahr zu sehen, sondern auf das Gute im Menschen zu vertrauen. Meine Schulterblicke sind weniger geworden, wenn auch nicht verschwunden. Ich bin noch vorsichtig, doch trage kein Pfefferspray mehr mit mir herum. Was die nächtlichen Vorkehrungen beim Nachhausegehen jedoch betreffen: Die sind noch da. Der Schlüssel ist weiterhin meine heimliche Notwehr, der Standort wird durchgehend live mit Niclas geteilt und die Tastenkombination für den automatischen Notruf habe ich mir auch eingeprägt. Nichts davon sollte gängige Praxis sein. Ist es aber leider. Was wir, insbesondere Frauen, täglich durchstehen müssen, schreit nach Veränderung. Doch das schaffe ich nicht allein. Dieser Kampf ist Sache der Gesellschaft, der gesamten Menschheit.

Ich möchte meiner Tochter nicht erklären, dass sie über die Schulter blicken muss und sich ohne Begleitung nicht im Dunkeln draußen aufhalten kann. Ich möchte das nicht. Alles in mir sträubt sich dagegen. Doch habe ich eine Wahl? Irgendwann vielleicht.

Vieles macht mir noch immer schreckliche Angst. Berufliche Veränderungen, den Erwartungen anderer und mir selbst gerecht zu werden, Umzüge, Mama sein, dieses Buch zu schreiben – alles sehr beängstigend. Aber ich mache es. Nicht ohne Furcht, aber trotz ihr.

* * *

Ängste sind ein Teil von mir und allem, was ich bisher erlebt habe. Sie gehören dazu, auch wenn ich hart daran arbeite, sie zu verbannen. Ganz werden sie wohl nicht verschwinden, doch ich lerne jeden Tag, ein bisschen besser mit ihnen umzugehen. In dem einen oder anderen Moment lassen sie mich vielleicht noch kurz innehalten und nach Luft schnappen, allerdings halten sie mich nicht mehr auf, weder privat noch beruflich. Ich bin trotzdem die Frau, die ich sein will.

An meinen Ängsten bin ich gewachsen und ich habe meine Stimme gefunden, um lautstark über sie zu sprechen. Panikattacken und andere psychische Krankheiten sind nichts, worüber hinter vorgehaltener Hand getuschelt werden sollte. Also mache ich es mir zur Aufgabe, ein Teil der Aufklärung zu sein. Ich habe nicht alle Antworten, aber die, die ich habe, gebe ich weiter. Ich teile Erfahrungen, Rückschläge und Triumphe. Schaffe eine Plattform, die dazu ermutigt, sich untereinander auszutauschen und gemeinsam zu kämpfen. Ich schreibe darüber auf meinem Blog, in meinem Feed und genau hier – in und zwischen den Zeilen. Auf jeder neuen Seite meines Buches stelle ich mich der Angst, öffentlich kritisiert oder bloßgestellt zu werden, weil Aussagen aus dem Kontext gerissen und falsch dargestellt werden könnten. Doch Wort für Wort schreibe ich mir diese Angst von der Seele und vertraue auf das Gute.

Mein Leben und mich selbst liebe ich zu sehr, um mir bewusst Schaden zuzufügen. Also denke ich positiv. Jeder negative Gedanke ist etwas Schlechtes, das wir uns selbst antun. Dafür ist das Leben einfach viel zu wertvoll. Das Positive ist vielleicht nicht immer auf den ersten Blick sichtbar, aber es ist da, auch in den unbequemen Zeiten. So ungern ich auch heute noch fliege, freue ich mich doch auf jeden Moment über den Wolken. Denn nirgendwo fühle ich mich Dennis näher. Und das nicht nur, weil sein Nachname Wolke war, sondern weil die unendliche Weite und die puren Sonnenstrahlen genau das Gefühl beschreiben, das er mir immer vermittelt hat: Wärme, Leichtigkeit und absolute Freiheit.

* * *

So habe ich meinem Universum gezeigt, dass meine Ängste mich nicht bestimmen:

Die Fakten für sich sprechen lassen: Nicht immer ist der Auslöser von Angststörungen psychischer Natur. Ein Ungleichgewicht von Hormonen, eine Fehlfunktion der Schilddrüse oder andere körperliche Krankheiten können ein Grund sein. Ich bin also froh darüber, dass ich mich von meinem Hausarzt und einem Facharzt durchchecken ließ. So konnte ich einiges ausschließen, wenn auch die Diagnose mir nicht die erhoffte Erlösung brachte.

Fachliteratur und wissenschaftliche Bücher, die auch Laien verstehen, sind außerdem sehr hilfreich, um sich mit Themen zu beschäftigen und zu erfahren, was in unserem Körper und in der

Seele vor sich geht. Für mich wurde die Krankheit durch das Lesen auf ein weniger emotional aufgeladenes Level abgesenkt und somit greifbarer. Ratgeber für spezifische Angststörungen und Panikattacken hatten mir außerdem dabei geholfen, Methoden zu finden, um mit meiner Krankheit umzugehen.

Es ist wichtig, Verschiedenes auszuprobieren und nicht beim ersten gescheiterten Versuch der Selbstheilung aufzugeben. Heilung ist ein Prozess und du schaffst das. Egal, wie lange es dauern mag.

Auf Dr. Google verzichten: Ja, ich weiß, das sagt ausgerechnet die Frau, die sich die Finger wund gegoogelt hat. Aber lass mich den Gedanken schnell zu Ende aufschreiben: Nimm das, was du selbstständig im Internet recherchierst, niemals als feste Diagnose an. Es ist nicht falsch, sich zu informieren und einen Überblick über die Möglichkeiten zu erlangen. Doch das Internet ist kein Arzt, der aufgrund seiner Erfahrung Symptome oder Zusammenhänge erkennt, die du selbst nicht feststellen kannst. Weder du noch die Suchmaschine sind dazu ausgebildet, eine medizinische Einschätzung abzugeben. (Es sei denn, du bist tatsächlich dafür ausgebildet. In dem Fall würdest du aber wahrscheinlich nicht ausschließlich das Internet befragen.)

Wer zum Beispiel einen Beinbruch erleidet, würde nie auf die Idee kommen, sich selbst zu behandeln. Panikattacken und alle anderen psychischen Krankheiten sind nichts anderes als Krankheiten, die medizinisch beziehungsweise therapeutisch behandelt werden müssen. Welcher Weg der richtige ist, kann uns Google auch nicht sicher sagen. Also überlassen wir die Diagnose und die Behandlung doch den Menschen, die wissen, was sie tun.

Erdungsübungen und feste Rituale gegen Panikattacken: Es sind tatsächlich die simplen Dinge, die mir am meisten im Umgang mit der Panik geholfen haben. Die *5-4-3-2-1-Methode* zur Erdung habe ich ja bereits erwähnt. Ich habe sie ein bisschen abgewandelt und übe sie auch dann aus, wenn sich keine Panikattacke ankündigt. Sie hilft mir dabei, bewusster im Moment zu sein und das Chaos im Kopf zu resetten.

Ich zähle fünf Dinge auf, die ich genau zu diesem Zeitpunkt sehen kann: Laptop, Baugerüst, Kugelschreiber, eine von Niclas' Socken, Beißring.

Ich zähle vier Dinge auf, die ich fühlen kann: meinen Ehering, die kühle Luft in meinem Gesicht, die raue Holzoberfläche des Tisches, den weichen Stoff meines Pullovers.

Ich zähle drei Dinge auf, die ich hören kann: das fröhliche Glucksen meiner Tochter, die Rufe der Bauarbeiter vor dem Fenster, das Surren der Spülmaschine.

Ich zähle zwei Dinge auf, die ich riechen kann: die frischen Blumen in der Vase, den Tee in der Tasse an meinem Arbeitsplatz.

Ich zähle eine Sache auf, die ich schmecken kann: die Frühstücksbowl von vorhin.

Und schon ist die Welt entschleunigt.

Falls meine eigenen Bemühungen nicht ausreichen, mich neu zu fokussieren, lenke ich mich ab. In dem Fall mache ich mir ein Hörbuch an, versetze mich gedanklich in unbeschwerte Kindheitsmomente auf den Hof meiner Oma in Polen zurück oder erzähle mir selbst vor dem Einschlafen fiktive Geschichten. Für den Zeitraum, in dem ich mich Gedanken widme, die nichts mit meinen akuten Sorgen zu tun haben, ermögliche ich meinem Kopf, sich neu zu sortieren.

Zusätzlich helfen mir feste Routinen dabei, meine Gedanken und meinen Körper ganz bewusst wahrzunehmen. Das funktioniert, besonders, seit ich Mama bin, nicht immer perfekt. Doch ich klammere mich an kleine, neue Rituale wie das gemeinsame Gutenachtlied für Mathilda. Routinen dürfen sich ändern. Das ist sogar sinnvoll. Unser Leben tut es ja schließlich auch immer wieder.

Positive Gedanken wiederholen, wiederholen und wiederholen:
Ganz nach dem Motto *mind over matter* erdenke ich mir meine
Gesundheit an guten und an schlechten Tagen. Dabei erschaffe ich
Glücksgefühle, die negative Gedanken aus meinem Kopf verdrän-
gen, bis sie überhaupt keinen Platz mehr finden.

Die Affirmation »Ich bin gesund« ist fester Bestandteil meines
Alltags geworden und geht mir während des Schminkens, zwischen
Terminen oder beim Füttern meiner Tochter Mathilda ganz selbstverständlich über die Lippen. Oftmals bekomme ich das überhaupt nicht mehr mit. Der Ausspruch hat auch Varianten. Mal
sage ich »Ich bin dankbar, gesund zu sein«, »Wir sind kerngesund«
und immer häufiger wird ein »Mathilda fehlt es an nichts« daraus.

Oft sind es auch Filmzitate oder Kalendersprüche, die mir eine
große Portion Positivität schenken. Natürlich sind einige davon
abgedroschen, aber das ist ja völlig egal, solange sie für mich funktionieren. Eines meiner liebsten Zitate stammt von *Oscar Wilde:*

Am Ende wird alles gut.
Und wenn es nicht gut wird, ist es noch nicht das Ende.

Diese Worte zieren mit Sicherheit hunderte von Abizeitungen und
Selbstfindungsratgebern. Für mich sind sie jedoch eine Erinnerung an den wohl positivsten Menschen der Welt, der mich viel zu
früh verlassen hat. Das war unser Spruch.

Ich würde lügen, wenn ich nun behaupte, meinen eigenen Tipps
immer zu folgen. Selbst habe ich mich nämlich nie professionell in
einer Therapie behandeln lassen. Manchmal bereue ich es und
manchmal bin ich sehr stolz, es ganz allein durch positive Gedanken, Achtsamkeit und Weiterbildung geschafft zu haben, mit den
Symptomen meiner Krankheit umzugehen. Allerdings merke ich
auch, wie mir die Ursachen immer noch zu schaffen machen, egal,

wie sehr ich mich ihnen wieder und wieder entgegenstelle. Bisher war ich nie bereit, mich jemandem anzuvertrauen. Die Gedanken »Ach komm, so schwer hast du es ja echt nicht. Es geht dir sehr gut!« halten mich noch davon ab. Tief in mir weiß ich, dass ich alles Glück der Welt meins nennen und trotzdem leiden kann. Es kommt nicht darauf an, ob ich mehr oder weniger leide als andere. Ich könnte mich wesentlich besser fühlen und bin es mir wert, alles dafür zu tun, meinen höchsten Grad an Gesundheit zu erreichen.

Also liebes Universum, ich habe den Mut, Hilfe anzunehmen

LIEBES UNIVERSUM,

WAS WÜRDEST DU MIR RATEN, WENN ...

... ICH OFT ÜBER DEN TOD NACHDENKE UND MICH MACHTLOS FÜHLE?

Es stimmt, wir haben keine Macht, den Tod zu überlisten und das ist schwer zu begreifen und anzunehmen. Mir macht es Mut, wenn ich daran denke, dass Milliarden von Menschen meine Gedanken teilen. Alte und junge Menschen und sogar Kinder. Also werden du und ich zu gegebener Zeit auch lernen, mit dieser Machtlosigkeit zu leben, ohne daran zu zerbrechen. Wir haben Einfluss darauf, mit welcher Haltung wir dem Thema Tod begegnen. Ob wir ihn als Ende oder einfach als Bestandteil und gar Fortführung des Lebens annehmen. Das Universum, die Erde und alle Wesen sind so komplex – warum sollte es nicht auch eine gute Lösung für den Tod geben, die wir nicht kennen? Merkwürdigerweise scheinen Menschen, die gemacht haben, was sie wollten und wirklich am Leben teilgenommen haben, sich leichter mit dem Ende auseinandersetzen zu können. Würde das Leben ewig dauern, hätten wir viel weniger Motivation, Dinge überhaupt anzugehen. Aber im Bewusstsein, dass das Leben ein zeitlich begrenztes Geschenk ist, spüren wir, *heute* leben zu müssen. Was nicht heißt, dass wir den Tod verdrängen sollen. Wenn wir grundsätzlich eher ängstlich sind und zum Grübeln neigen, werden wir das wohl auch bei diesem Thema tun. Es ist menschlich, Angst zu haben, aber wir müssen uns nicht deswegen ängstigen. Sondern uns den Druck nehmen und Zeit geben, unseren Weg zu finden und den Tod als Teil des Lebens zu akzeptieren.

... ICH MICH OFT IN DINGE HINEINSTEIGERE, SODASS SIE MEIN KOMPLETTES DENKEN BLOCKIEREN?

Am Anfang steht ein negativer Gedanke oder ein negatives Gefühl. Du hast vielleicht angenommen, die Sache bewältigen und kontrollieren zu können, wenn du ihr nachgehst und weiter über sie nachdenkst. Du gerätst aber genau dadurch in einen Teufelskreis, in dem deine Gedanken diese Gefühle verstärken. Und zu viel Gefühl blockiert den Zugang zum besonnenen Denken. Plane daher im Vorfeld, wie du beim nächsten Mal reagieren willst, wenn dich ein Thema oder eine Situation einzunehmen droht. Unterbrich das Hineinsteigern, indem du laut »Stopp« sagst und dir ein rotes Stoppschild vorstellst. Dann frage dich: »Tut mir das Hineinsteigern gut? Ist es hilfreich?«

Atme bewusst lange ein und wieder aus, gehe eine Runde um den Block, trinke ein Glas Wasser oder wackle einige Minuten mit den Zehen. Dann könntest du dir vornehmen, dich später, zum Beispiel um 19 Uhr, darüber aufzuregen. Erinnere dich dann daran, dass du dich noch hineinsteigern wolltest. Meistens ist die Anspannung bereits verflogen und dein Denken wieder deblockiert.

Wir können nicht alles kontrollieren, doch vieles können wir beeinflussen und uns freier fühlen, wenn wir Situationen so akzeptieren, wie sie sind. Und einfach weitermachen.

... ICH UM EINE GELIEBTE PERSON TRAUERE UND DIE LEERE NICHT ERTRAGE?

Dass du die Trauer um den geliebten Menschen zulassen kannst, ist sehr wichtig. Ganz gleich, ob du dich kürzlich oder vor längerer Zeit verabschieden musstest. Der Prozess der Trauer und des Abschieds ist sehr persönlich und du durchlebst dabei unterschiedliche Phasen. Schock, aufbrechende Gefühle, das Suchen und Trennen und schließlich die Akzeptanz. So wie deine Trauer sich zeigt, ist es richtig. Ich habe keine Tipps, um die Leere zu füllen. Trauer braucht ihre Zeit. Nimm dir Auszeiten und Ruhe und tue dir Gutes. Finde vielleicht ein Ritual, wie einen täglichen Spaziergang in der Natur, der dir durch diese Zeit hilft. Habe Verständnis für dich und suche den Kontakt zu Menschen, die Verständnis für dich haben. Auch Abschiedsrituale können dir dabei helfen, loszulassen und gleichzeitig an schönen Erinnerungen festzuhalten. Fülle beispielsweise eine Schatzkiste mit Erinnerungsstücken oder schreibe einen Brief, in dem du deine Gefühle und Gedanken ausdrückst und dich für die Zeit bedankst, die ihr gemeinsam verbringen durftet.

Das Wichtigste bleibt jedoch: Sei geduldig mit dir und habe Verständnis für dich und die Art, wie du momentan fühlst.

... ICH OFT DARÜBER NACHDENKE, NICHT MEHR DA ZU SEIN?

Der Lebenswille hängt davon ab, welche Aussicht wir auf das Leben und die Lebensqualität haben. Für jemanden, der sehr alt oder schwer krank ist, ändert sich die Sicht auf den Tod. Er bleibt eine Herausforderung, aber die Menschen sind eher bereit, diese anzunehmen. In der Theorie ist das als Außenstehende*r aber unvorstellbar. Je nach Lebensphase und -aufgaben ist unsere Bindung an das Leben verschieden stark. Im jungen Erwachsenenalter bauen wir uns gerade etwas auf und machen Pläne, die wir verwirklichen wollen. Später tragen wir Verantwortung für eine Aufgabe oder auch für Kinder, andere Menschen oder Tiere. So wirklich ändert sich unsere Sicht gegenüber dem Tod erst, wenn wir persönlich mit dem Alter oder schwerer Krankheit konfrontiert werden. Aber solange er uns noch nicht betrifft und wir theoretisch über ihn nachdenken, löst der Tod eher Angst als Akzeptanz aus.

Es gibt noch einen anderen Grund, weshalb Menschen sich vorstellen, nicht mehr da zu sein. Nämlich, um Distanz zu bekommen, weil das Leben gerade zu viele Herausforderungen birgt. Es erscheint wie eine Strategie der Entlastung. Entweder, weil man depressiv ist oder sich vorstellt, wie andere auf das eigene Verschwinden reagieren und einem endlich die Aufmerksamkeit schenken, die man sich ein Leben lang erhofft hat. In diesen Fällen ist Hilfe nötig, um sich dem Leben wieder zuzuwenden und die inneren Probleme zu lösen. Eine Depression ist eine Krankheit, die behandelt werden muss. Sie geht mit derart negativen Gedanken einher, dass man allein damit nicht umgehen kann. Insbesondere, wenn weitere Symptome wie Antriebslosigkeit, Desinteresse und Isolierung dazu kommen, wird es Zeit, professionelle, ärztliche Hilfe aufzusuchen und sich bewusst zu machen: Das ist nicht die Endstation. Es geht noch viel weiter, viel schöner.

Das Glück Mama zu werden, ist nicht immer selbstverständlich. Diese schmerzliche Erfahrung habe ich für einen kurzen Moment selbst erlebt – wenn ich auch schnell von meinen Sorgen erlöst wurde.
Sollte das Thema Kinderwunsch in dir Gefühle auslösen, die du momentan schwer ertragen kannst, bitte ich dich darum, dieses Kapitel auszulassen.
Tue, was dir guttut. Ich verstehe dich.
Du bist nicht allein.

LIEBES UNIVERSUM,
ICH BIN MAMA

Dieser Wunsch ist das perfekte Beispiel dafür, dass mein Universum zu bestimmten Zeitpunkten besser weiß, was gut für mich ist. Den Wunsch Mama zu sein, hatte ich zwar schon seit meiner Jugend, in meinem Kopf war dieser aber noch ein Zukunftsgedanke. Ich glaubte ganz fest daran, mit meinem Ehemann schon in unserem Traumhaus zu wohnen, meine Karriere in trockenen Tüchern und mein Leben im Griff zu haben, wenn es irgendwann so weit sein würde.

Ach, und eine Pandemie kam in meiner Vision auch nirgends vor. Aber das interessierte mein Universum mal so gar nicht.

* * *

Kurz bevor die Welt 2020 in den Corona-Ausnahmemodus schaltete, flitterte ich mit Niclas auf den Malediven von der Hängematte zur Strandbar und wieder zurück. Ich hatte selten so sehr abgeschaltet und einfach nur im Moment gelebt wie in diesen Tagen im absoluten Paradies.

Als Niclas und ich wieder erholt im kalten Kölner Januar ankamen, knüpfte der Alltag direkt schonungslos an, aber dank meiner frisch aufgeladenen Energiereserven nahm ich es gelassen hin.

Termine, die ich im Weihnachtsgetümmel »auf nächstes Jahr« verschoben hatte, wollten wahrgenommen werden.

So saß ich nur ein paar Tage später bei meiner Frauenärztin auf dem Untersuchungsstuhl, weil ich schon länger vermutete, eventuell an Endometriose erkrankt zu sein. Da meine vertraute Ärztin leider in den Ruhestand gegangen war, hatte ich die Praxis gewechselt. So schilderte ich der neuen Gynäkologin meine Unterleibschmerzen, die in den letzten Monaten, besonders während der Periode, immer unerträglicher wurden und mich oft daran hinderten, meinem gewohnten Alltag nachzugehen. Die Ärztin tastete mir die Bauchregion gründlich ab und klärte mich recht schnell darüber auf, dort eine Zyste erfühlt zu haben. Diese könne in Anbetracht meiner Symptome eine Endometriosezyste sein. Sie wolle jedoch zur Absicherung noch eine transvaginale Ultraschalluntersuchung durchführen. Bei Frauen, die unter Endometriose leiden, können Gebärmutterschleimhaut-ähnliche Zellen außerhalb der Gebärmutter wie zum Beispiel an den Eierstöcken, den Eileitern, an der Blase, dem Darm sowie im gesamten Bauchraum auftreten. Diese Wucherungen, Endometrioseherde genannt, sind zwar gutartig, haben aber zur Folge, dass Betroffene auch außerhalb der Regelblutung an starken Unterleibsschmerzen leiden, Geschlechtsverkehr häufig als sehr schmerzhaft erleben und je nachdem, wo sich die Endometriose ansiedelt, sogar mit Unfruchtbarkeit zu kämpfen haben. Da die Endometrioseherde im Ultraschallbild in vielen Fällen nicht entdeckt werden, bleibt die Krankheit oft ohne Diagnose und wird nicht selten mit Worten wie »Das sind halt Regelschmerzen. Da darf man sich nicht so anstellen!« heruntergespielt. Natürlich leiden nicht alle, die Unterleibsbeschwerden haben, an Endometriose. Aber eine von zehn Frauen eben doch. Und ich war scheinbar auch eine von ihnen. Für meine Ärztin hatte sich der Verdacht bestätigt. Laut ihrer Aussage war sie sich zu 90 Prozent sicher, größere Endometrioseherde gesehen und erfühlt zu haben. Nach all den Jahren hatte ich nun die Gewissheit, dass ich mir die Beschwerden nicht bloß einbildete. Doch die Erleichterung darüber verflog noch im selben Moment, in dem mir die Gynäkologin die Behandlungsoptionen aufzählte:

1. Die Pille wieder nehmen – das würde bestenfalls die Schmerzen lindern.
2. Eine Bauchspiegelung zur eindeutigen Diagnose und OP zur Entfernung der eventuellen Endometrioseherde durchführen lassen.
3. Jetzt schwanger werden. Bei einigen Betroffenen wirkt sich eine Schwangerschaft positiv auf die Endometriose aus, teilweise verschwindet sie dauerhaft.

Die Pille hatte ich bewusst vor einigen Jahren abgesetzt, um meinem Körper nicht dauerhaft Hormone unterzujubeln, die meine Libido schwächen und meine Emotionen verändern. Zwar waren meine Periodenschmerzen, während ich sie einnahm, viel erträglicher und berechenbarer geworden, aber wenn ich mich daran zurückerinnere, dass laut der Aussage einiger Ärzt*innen meine Panikattacken womöglich durch die Pille begünstigt wären, dann wogen die Nachteile doch schwer. Dafür hatte meine Gynäkologin volles Verständnis.

Ihr zweiter Vorschlag, ein chirurgischer Eingriff, machte mir noch mehr Angst. In vielen Fällen wachsen die Endometrioseherde einfach wieder nach. Somit hätte ich auf Dauer nichts gewonnen und die Qualen einer Operation wären umsonst gewesen.

Bliebe noch das Thema Schwangerschaft. Für diese Option fühlte ich mich nicht bereit und ich würde doch jetzt nicht einfach ein Kind in die Welt setzen, nur um meine Beschwerden eventuell dadurch abzuschwächen. Wir waren gerade erst aus den Flitterwochen zurück, beruflich warteten in den kommenden Monaten einige große Projekte auf ihren Startschuss und generell stand Kinderkriegen noch nicht auf dem Plan.

All diese Gedanken musste ich meiner Ärztin gegenüber nicht mal laut äußern, da sie für mich eine Schwangerschaft aus einem anderen Grund sowieso ausschloss.

»Diese Option wäre in Ihrem Fall doch eher unwahrscheinlich. Sie haben eine Uterusanomalie, also eine nicht *normal* geformte Gebärmutter. Und nun kommt noch der starke Verdacht auf Endometriose dazu. Sind es tatsächlich Endometrioseherde an Ihrer Gebärmutterwand, sehe ich deutliche Einschränkungen Ihrer Fruchtbarkeit. Das Kinderkriegen wäre somit erst mal kein Lösungsansatz«, sagte sie emotionslos und packte dabei die Untersuchungswerkzeuge wieder aufs Tablett. Ihre Worte erschütterten mich und innerhalb weniger Sekunden breitete sich in mir ein grausames Gefühl von Verlust aus. Ich wollte zwar momentan keine Kinder, aber vielleicht niemals welche bekommen zu können, riss mir den Boden unter den Füßen weg. Also wortwörtlich. Ich hatte das Gefühl, einen Kreislaufkollaps zu bekommen und hätte ich nicht auf dem Behandlungsstuhl gelegen, wäre ich wohl zusammengebrochen.

Meine Knie waren so weich, dass ich kaum aufstehen konnte. Ich brauchte einen Moment, um mich aufzurappeln. Wortlos ging ich in die Kabine und zog meine Kleidung wieder an.

»Bevor Sie nun gehen, lassen Sie uns bitte noch eine Urinprobe da, damit wir eine Schwangerschaft sicher ausschließen können«, wies mich die Ärztin an.

Auf der kleinen Praxistoilette pinkelte ich also in den vorbereiteten Becher, stellte ihn in die Durchreiche und begab mich wie in Trance an die Rezeption. Dort bekam ich die Überweisung für die Bauchspiegelung und mir wurde gesagt, dass man sich bezüglich des Urintests telefonisch melden würde.

Ich musste nun mit Niclas sprechen, um überhaupt einen klaren Gedanken fassen zu können.

Zuhause angekommen, brachen bei mir alle Dämme und ich fiel meinem Mann schon auf der Treppe im Hausflur in die Arme. Irgendwie schaffte ich es, mich auf die Couch zu schleppen und noch immer unter Tränen von dem Befund und seinen Folgen für unsere Zukunftspläne zu erzählen.

»Willst du überhaupt mit mir zusammen sein, wenn ich keine Kinder bekommen kann? Du wünschst dir doch so sehr, irgendwann Papa zu werden. Und wenn ich dir das nicht schenken kann, dann ...«

»Was redest du denn da?«, unterbrach Niclas mich und umfasste mein Gesicht liebevoll mit beiden Händen. »Natürlich will ich mit dir zusammenbleiben! Erstens ist es doch gar nicht sicher, dass wir nie ein Baby bekommen können, und zweitens gibt es auch andere Wege wie Adoption zum Beispiel. Das wünschst du dir doch sowieso. Und, um drittens nicht zu vergessen, dass ich dich liebe und wir füreinander bestimmt sind, ist ganz unabhängig von unserem Kinderwunsch.«

Seine Worte beruhigten mich. Auch falls die Diagnose »unfruchtbar« lauten würde, hätten wir Möglichkeiten, ein gemeinsames Kind aufwachsen zu sehen, ob nun durch künstliche Befruchtung oder Adoption. Ich hatte mir schon immer ausgemalt, das erste Kroll-Baby zu adoptieren. Es gibt so viele Kinder, die sich nach einer liebevollen Familie sehnen. Diesen Wunsch würden Niclas und ich nur zu gerne erfüllen. An unserem Zukunftstraum vom leiblichen Kind wollte ich für uns jedoch weiterhin festhalten. Die Entscheidung, mich operieren zu lassen, war also die richtige. Noch am selben Tag kontaktierte ich das Krankenhaus und erhielt meinen Termin für das Narkosegespräch und die OP einen Tag danach. Knapp zwei Wochen musste ich mich nun noch gedulden.

Ich war nach dem Termin bei der Gynäkologin aufgrund all der neuen Informationen total durcheinander, fühlte mich unwohl und hatte ständig mit Übelkeit zu kämpfen. Niclas kümmerte sich rührend um mich, doch er steckte eben nicht in meiner Haut und konnte mir die Angst vor der Bauchspiegelung nicht nehmen. Ich hatte so ein unerklärliches Gefühl, als ob etwas nicht stimmte, und sah mich einfach nicht im Krankenhauskittel in den Operationssaal rollen. Auch wenn der OP-Termin bereits fett in meinem Kalender eingetragen war, schwirrte dieses Bild irgendwie nicht in meinem Universum umher. Sollte ich das wirklich durchziehen?

Zu alledem wurde ich seit Wochen vermehrt mit Kommentaren und Nachrichten auf Social Media bombardiert, die mir eine Schwangerschaft anhängen wollten.

Oh, sehen wir da etwa eine Wölbung unter dem Kleid?
Die ist bestimmt schwanger!
Nach der Hochzeit wird keine Zeit verschwendet.
Baby an Board, ich sag's euch!

Zunächst prallten die Worte an mir ab. Schließlich gab es immer jemanden, der dachte, besser über mein Leben Bescheid zu wissen als ich selbst. Doch mit jedem neuen Kommentar wurde ich genervter. Am liebsten hätte ich den Leuten eine Ansage in meiner Story gemacht: »Könnt ihr mich alle mal in Ruhe lassen? Das Thema ist momentan wirklich nicht leicht für mich!« Aber das hätte mich selbst zu sehr verletzt.

Am wütendsten machten mich die Unterstellungen, ich würde Informationen vorenthalten oder verheimlichen. Immerhin log ich niemanden an, aber ich wollte mich auch nicht für mein Privatleben rechtfertigen, was außer mich nur Niclas etwas anging. Der Kinderwunsch ist so unglaublich intim und nun drängte sich die Öffentlichkeit in diesen Bereich meines Lebens. Dahingehend bin ich ja mittlerweile vieles gewohnt, aber irgendwann platzte selbst mir der Kragen.

Also verfasste ich einen Feed-Post für Instagram:

Anscheinend sehen einige meiner Zuschauer ständig Anzeichen dafür, dass ich schwanger bin. Besonders jetzt nach den Flitterwochen werden die Spekulationen immer wilder. Ich weiß, dass das Thema Schwangerschaft auf Instagram sehr präsent und spannend ist, doch ich muss auch zugeben, dass mich die ständigen Nachfragen ermüden. Als gäbe es nur diesen einen Weg, sein Leben zu führen. Heiraten und dann Kinder kriegen! Dieses ewige Fragen und Vermuten kann sehr belastend sein, gerade für Paare, denen es, aus welchen Gründen auch immer, nicht gelingt, Kinder zu bekommen. Dieser Weg ist nicht für alle leicht, egal, wie sehr man es vielleicht will. Also bitte, schmeißt niemals so willkürlich mit der Frage »Bist du schwanger?« um euch. Mal ganz davon abgesehen, dass ich auf so eine Frage sowieso nicht antworten würde, solange ich solche lebensverändernden Nachrichten nicht einmal öffentlich kundgetan habe. Ich meine, erwartet man ernsthaft eine Antwort auf sowas? »Schwanger?« – »JA! Und DU bist die Erste, die jetzt gerade davon erfährt! Aber bitte verrate nichts. Mein Mann weiß noch nicht mal Bescheid.«

Und posten.

Nachdem ich meinem Unmut Luft gemacht hatte, fühlte ich mich ein bisschen besser. Das musste einfach mal raus. Es ging mir schon lange gegen den Strich, dass der Kinderwunsch immer so salopp als Smalltalk-Thema aufgegriffen wird.

Glücklicherweise empfand der Großteil meiner Follower genau wie ich. Unter dem Posting entstand ein wirklich toller Austausch zwischen den Frauen, die sich angesprochen und gesehen fühlten. Die Gerüchte um meine angebliche Schwangerschaft blieben von da an größtenteils aus – endlich.

Die Aufregung lenkte mich für eine Weile von meinen körperlichen Beschwerden, die ich der akuter werdenden Endometriose zuschob, ab. In meinem High sagte ich ein Shooting in Portugal für *Oh April* und einige andere wichtige Termine zu. Ich zog sie alle durch, wenn auch mit einem allgegenwärtig flauen Gefühl in der Magengegend.

Zurück in Deutschland stand ich nur einen Tag vor dem geplanten Narkosegespräch am Bahnsteig, um einen Termin für *Oh April* wahrzunehmen. Vier Stunden Zugfahrt zu einem weiteren Meeting lagen vor mir, als ich heftige Magenschmerzen bekam. Hitzewallungen und Übelkeit wechselten sich ab, sodass ich nicht in den Zug stieg, sondern mich sofort auf den Weg zu meinem Hausarzt machte. Im Taxi rief ich Niclas an, der für mich einspringen sollte. Ich versuchte, die gesamte Fahrt über den Brechreiz wegzuatmen, um nicht die komplette Innenausstattung des Autos zu versauen.

Denk an was Schönes, denk an was Schönes ...

So schaffte ich es schließlich ohne peinlichen Zwischenfall bis in die Praxis.

»Frau Kroll, Sie haben eine ziemlich fiese Magenschleimhautentzündung. Kein Wunder, dass Sie sich so schlecht fühlen!«

»Wo kommt die denn so plötzlich her?«, fragte ich überrascht.

»Das kann mehrere Auslöser haben. Hatten Sie in letzter Zeit zum Beispiel viel Stress?«

»Eigentlich komme ich grade aus den Flitterwochen und so stressig ist es momentan auch beruflich nicht. Woher könnte das denn sonst noch kommen? Durch die Ernährung vielleicht?«, fragte ich in der Hoffnung, eine andere Ursache aus ihm herauszukriegen. Die Vermutung, dass Stress der Grund des Übels sein könnte, erinnerte mich sehr an die gescheiterte Diagnose meiner Panikstörung vor wenigen Jahren. Ich dachte, damit wäre ich endlich durch.

Mein Arzt schaute mich nachdenklich an und setzte mit neu gewonnener Entschlossenheit den Ultraschallkopf auf meinen Bauch.

»Da gäbe es tatsächlich weitere mögliche Ursachen. Wie zum Beispiel eine Schwangerschaft.«

»Nein, das kann nicht sein ...«, schmetterte ich seine Worte sofort ab, »... ich war vor knapp zwei Wochen noch bei der Gynäkologin und da war eindeutig kein Kind im Gespräch. Eher im Gegenteil. Ich habe sogar eine Urinprobe abgegeben und nie eine Rückmeldung erhalten. Man hätte mich doch angerufen, wenn ich schwanger wäre.«

Er drückte den Enterknopf auf der Tastatur und ließ somit das Bild auf dem Ultraschallmonitor gefrieren. Mit breitem Grinsen im Gesicht sagte er: »Na, da halte ich aber dagegen! Ich sehe da eine Fruchtblase, Frau Kroll. Herzlichen Glückw...«

»Eine WAS??«

Liebes Universum, ich bin schwanger?

Wäre mir nicht sowieso schon speiübel gewesen, hätte sich spätestens in diesem Moment mein Magen umgedreht.

Mein Hausarzt grinste noch immer bis über beide Ohren und wollte seine Gratulation gerade zu Ende aussprechen, als ich unkontrolliert zu weinen begann und nur ganz knapp an einem Nervenzusammenbruch vorbeischlitterte. Okay, vielleicht schlitterte ich auch nicht vorbei, sondern mitten rein. Das war einfach zu viel. Zuerst wurde mir gesagt, dass ich eventuell keine Kinder bekommen könnte und nun war ich ungeplant schwanger? Was denn nun? Ich hatte keine Ahnung, wem ich noch was glauben konnte.

Nein, nein, nein – das KANN einfach nicht sein!

»Sie müssen sich täuschen, ich kann nicht schwanger sein!«, blaffte ich den Arzt an und schämte mich direkt ein bisschen für meinen Tonfall. Aber ich war sauer. Konnten sich die Ärzt*innen denn nicht einfach mal einig werden, was meine Fruchtbarkeit anging? Der Gesichtsausdruck meines Arztes änderte sich blitzschnell von freudig in sichtlich verwirrt. »Entspannen Sie sich erst mal. Atmen Sie tief durch. Ich bin zwar kein Gynäkologe, doch ich mache zur Sicherheit trotzdem einen Urinschnelltest und nehme Ihnen etwas Blut ab, um die Vermutung wirklich ganz sicher zu bestätigen. Trinken Sie einen Schluck Wasser und dann sehen wir mal weiter.«

Einatmen, ausatmen.

Fünf Dinge, die ich sehen kann: Toilettenpapier, Urinbecher, Durchreiche …

Aber die *5-4-3-2-1-Methode* brachte mir gerade überhaupt nichts. Ich zitterte am ganzen Körper und hatte alle Mühe, den Becher für die Schnelltestprobe zu treffen. Wenn der Test nicht negativ wäre, würde das auch kein meditatives Atmen mehr regeln können. Das Nächste, woran ich mich erinnerte, war, dass ich mich im Wartezimmer befand. Keine Ahnung, wie ich dort hingekommen war. Ich saß noch immer völlig aufgewühlt auf einem der Holzstühle und redete mir weiter ein, dass dies hier alles ein großes Missverständnis wäre. *Hatten nicht alle Frauen eine Fruchtblase? Ja, oder?*

Ich musste unbedingt mit jemandem sprechen, der kein Stethoskop um den Hals trug. Niclas wollte ich gerade nicht verrückt machen. Der war ja momentan an meiner Stelle für *Oh April* unterwegs. Was könnte er in genau dieser Sekunde schon tun?

Ich schrieb erst mal Alina:

Arbeitest du heute?

Nein.

Ich dreh gerade durch.
Ich muss mit jemandem reden.

Was ist passiert?

Bin beim Arzt. Magenschleimhautentzündung.
Und er hat auch einen Ultraschall gemacht.

Er vermutet, dass es eine Fruchtblase ist.
Die haben mir eben Blut abgenommen und
machen einen Frühtest.

O mein Gott!!!!

Eventuell musst du kommen.
Ich dreh gerade durch.

Das wäre so schön!!!!!!

Wirklich Alina, wäre es das? In den unendlichen Minuten, circa fünf an der Zahl, bis zum Testergebnis wurde ich ganz liebevoll vom sichtlich verwirrten Praxispersonal umsorgt. Das Glänzen in meinen Augen waren keine Freudentränen, sondern pure Panik. Weder beruhigende Worte noch ein Glas Wasser oder gar aufmunterndes Zunicken halfen mir dabei, auch nur ein Fünkchen Positivität in dieser Situation zu erkennen. Ich wollte doch jetzt kein Kind. Noch nicht!

Dass der Frühtest positiv war, muss ich wohl nicht aufklären.

Diesmal war es nicht mein Arzt, sondern seine einfühlsamen Arzthelferinnen, die mir mit einem herzensguten Strahlen die scheinbare Freudenbotschaft überbrachten. Und mich anschließend auf dem Boden des Behandlungszimmers betreuen mussten, auf den ich schluchzend gesackt war. Nach einer Weile in Fötusstellung – wie symbolisch – brachte man mich in einen Ruheraum. So richtig runterkommen konnte ich aber erst, als Alina circa eine halbe Stunde später besorgt, aber auch sichtlich amüsiert vor mir stand.

»Was machst du denn nur? Komm jetzt, wir schaffen das!« Sie griff meine Hand, zog mich in ihre Arme und watschelte mit mir im Schlepptau zu ihrem Auto.

Nachdem wir einige Minuten auf dem Parkplatz vor der Praxis gesessen hatten, waren meine Tränen verebbt und ich spürte plötzlich den Drang, selbst allwissende Ärztin zu spielen. »Also, jetzt mal ehrlich ... Das ist doch Schwachsinn! Ich war bei der Frauenärztin, hab in einen Becher gepinkelt und es wurde sogar eine Ultraschalluntersuchung gemacht. Da war nichts! Nada, negativ!«, redete ich mich nun so richtig in Rage. »Was weiß ich, was der Arzt da jetzt gesehen hat, aber eine Schwangerschaft ist es sicher nicht. Ich kann ja vielleicht nicht mal Kinder kriegen. Irrsinn. Wirklich Alina, der Test sagt doch rein gar nichts aus!«

Alina blieb erst mal stumm und grinste nur.

»Hör auf, so zu gucken und nimm mich mal ernst jetzt«, grummelte ich beleidigt.

»Ich nehme dich doch ernst. Also, ich glaube dir, dass du gerade durchdrehst. Das allemal. Aber bevor du dir jetzt noch mehr Verschwörungstheorien ausdenkst, fahren wir zur Apotheke und ich kaufe einen Schwangerschaftstest von jeder Marke, die sie führen. Die machst du dann und anschließend reden wir weiter über deine Nicht-Schwangerschaft.«

Bitteschön! Meinetwegen! Aber eine Forderung hatte ich noch: »Zuerst will ich was essen. Pommes. Jetzt!«

Kurze Zeit später saß ich zufrieden mampfend über meinen Pommes mit Mayo und Softeis mit Karamellsoße. Wieso hatte ich die Kombi bloß vorher nie ausprobiert?

Alina hatte noch immer dieses Grinsen im Gesicht und konnte sich ihren Kommentar nicht länger verkneifen: »Wenn ich mir das so angucke, können wir uns die Tests auch einfach sparen.« Mit dem Mund voller Pommes in Karamell-Mayo-Softeis-Soße fing ich wieder einmal an zu heulen. Irgendwie konnte ich nun nichts mehr zu meiner Verteidigung sagen. Und die vier positiven Tests, die ich im Anschluss zuhause machte, entkräfteten meine Kann-nicht-sein-Theorie mit jeweils einem zweiten Strich oder dem Wörtchen »schwanger« im Anzeigefenster.

Und jetzt?

Zunächst trafen Anna und Mirja ein, die umgehend zu mir nach Hause geordert wurden. Meine Mädels waren ganz aus dem Häuschen und nannten sich gegenseitig schon Tante. Derweil lungerte ich ratlos und freudlos auf dem Sofa herum. Was passierte da gerade in meinem Leben? Ich brauchte ganz dringend Niclas an meiner Seite, der mir sagte, was wir nun machen würden – ich war jetzt wirklich nicht mehr zurechnungsfähig.

Apropos Niclas: Der musste es ja erst mal erfahren.

Die Tanten in spe waren mit ihren Gedanken längst einen Schritt weiter und planten bereits die große Verkündung an ihn.

»Carmen, du sitzt auf der Couch!«, eiferte Anna.

»Aber, wenn's geht, weniger betrübt«, warf Mirja ein.

»Und dann, dann überraschst du ihn mit einem nachträglichen Geschenk zu eurem Jahrestag!«, jubelte Alina, die wusste, dass ich den (mal wieder) komplett vergessen hatte, und fügte noch hinzu: »In der Box liegt einer der positiven Tests, inklusive dem Ultraschallbild vom Hausarzt.« Die Drei platzierten ihre Handys überall in unserer Wohnung, damit dieser perfekt inszenierte Moment für die Ewigkeit festgehalten werden würde.

Blieb nur zu hoffen, dass Niclas im Anschluss all die Antworten auf die Fragen hätte, die ich gerade noch nicht greifen konnte.

Um ungefähr zu ermitteln, wann Niclas zuhause eintreffen würde, rief ich ihn unter einem Vorwand an. In circa fünf Minuten wäre er schon da. Die Mädels versteckten sich im Büro hinter angelehnter Tür. Dieses Spektakel wollten sie sich natürlich nicht entgehen lassen. Noch bevor sich der Schlüssel im Türschloss drehte, hörte ich Niclas im Treppenhaus singen:

»Ich bin ein kleiner Spion in geheimer Mission.
Tarnjacke, Fernglas, Schatz, ich weiß, wo du wohnst.«

Alligatoah, du triffst es auf den Punkt. Die Spione waren in diesem Fall jedoch weiblich und prusteten hinter vorgehaltener Hand los, bis Niclas gutgelaunt in die Wohnung trat: »Papa ist zuhause!« Na, das wurde ja immer besser! Ich konnte mir nur ausmalen, wie sich die Mädels in ihrem Versteck gegenseitig die Münder zuhielten, um nicht sofort entdeckt zu werden. So komisch das alles auch war, so wenig stand mir der Sinn gerade nach Lachen. Mit jeder verstrichenen Sekunde zitterte ich mehr. So gut es ging, riss ich mich zusammen und folgte dem Drehbuch: »Hallo Schatz, komm mal hoch ins Wohnzimmer. Ich hab eine Überraschung für dich!«

Ich hörte, wie Niclas seine Schuhe in die Garderobe kickte, die Jacke auf den Boden warf und die Tür zum Gästeklo öffnete. Dieses lag auf derselben Etage wie die Haustür und auch das Büro, das den Tanten als Versteck diente. »Moment, ich muss echt dringend aufs Klo. Aber ich lass die Tür auf. Also erzähl ruhig!«

»Äh nein, schon gut. Aber beeil dich und mach die Tür doch bitte zu«, antwortete ich, obwohl das so nicht im Drehbuch stand.

»Zu spät, sitze schon«, sagte Niclas und begann sein Geschäft mit begleitender Unterhaltung von YouTube. Das könnte länger dauern. Und die Mädels mussten dank angelehnter Bürotür und sperrangelweit aufstehender Klotür alles miterleben. Und mitriechen.

Fünfzehn Minuten später vernahm ich die erlösende Toilettenspülung. Dann endlich traf Niclas im Wohnzimmer ein, wo ich auf der Couch wieder kurz vorm Nervenzusammenbruch stand. Als er endlich neben mir saß, sagte ich meinen Text eher schlecht als recht auf:

»Ich hab noch ein Geschenk für dich. Also ein nachträgliches. Weil ich ja unseren Jahrestag vergessen habe. Also, ähm. Ja. Hier ist es«, stotterte ich mir einen ab und überreichte ihm die Box. Laut Plan würde er diese nun öffnen, den Test und das Ultraschallbild sehen und dann in Niclas-Manier Freudensprünge machen. Aber noch bevor er ansatzweise erahnen konnte, was er da öffnete, platzte es unkontrolliert aus mir heraus: »Du wirst Papa.«

Niclas schaute von der Box in seinen Händen direkt zu mir. Er krächzte ein überraschtes »Was?« und noch im selben Moment liefen ihm die Tränen über die Wangen. Diese Reaktion hatten wir also gemeinsam – bloß, dass Niclas aus Freude weinte. In seinen Augen war pure Liebe zu sehen. Das machte es mir leichter, den Satz noch mal zu wiederholen:

»Du wirst Papa, ich bin schwanger.«

Er legte das Geschenk zur Seite und nahm mich fest in seine Arme.

»Freust du dich wirklich? Ich hab so Angst«, schluchzte ich ihm ins Ohr und vergrub mein Gesicht tiefer in seine Schulter.

»Ja, und wie! Das haben wir uns immer gewünscht.«

»Aber nicht so früh«, japste ich verzweifelt.

»Doch, genau jetzt! Gerade haben wir erst erfahren, dass du vielleicht Endometriose haben könntest, und jetzt sind wir schwanger, Schatz!«

Es dauerte noch einige Tage, bis die Neuigkeit wirklich in meinem Kopf angekommen war und der Gedanke, ein Kind zu bekommen, mich nicht mehr heimlich überrumpelte. Niclas hatte ja recht. Wir wollten unbedingt Kinder. Nichts wünschten wir uns so sehr wie ein kleines Würmchen, das wir aus vollstem Herzen lieben dürften. Meine Angst verflog jedoch nicht einfach so. Sie veränderte sich nur.

Wenige Tage nach dem positiven Test, als ich noch immer von der Magenschleimhautentzündung und der zusätzlichen Morgenübelkeit gebeutelt auf der Couch lag und vor mich hindöste, schrak ich auf. Plötzlich kämpfte sich aus dem Chaos in meinem Kopf ein klarer Gedankenstrom hervor: *Ich hätte unser Würmchen fast unwissend verloren. Die scheinbare Zyste war nämlich nichts anderes als eine Anlagerung von Gelbkörpern gewesen, wie es in den ersten Wochen einer Schwangerschaft ganz normal ist. Hätte ich keine Magenschleimhautentzündung bekommen, wäre ich nicht zum Hausarzt gegangen. Dann hätte ich nie von der Schwangerschaft*

erfahren und die OP zur Entfernung der »Zyste« durchgezogen. Da-
mit hätte ich unser kleines Würmchen ...

Panisch sprang ich von der Couch auf und übergab mich in der
Toilette. Erschöpft stützte ich mich auf der Klobrille ab und redete
mir gut zu: »Es ist ja nicht so weit gekommen. Denk nicht an so
was. Alles ist gut, das Würmchen ist noch da.«

In diesem Augenblick empfand ich das erste Mal Muttergefühle
und wusste, dass ich wirklich alles dafür tun würde, um unser
Wunder zu beschützen.

Liebes Universum, ich bin wirklich schwanger

Wir würden also ganz bald Eltern sein. Doch worauf mussten wir
uns nun vorbereiten?

Es gibt unzählige Ratgeber für Schwangere. Und genau das war
mein Dilemma. So viele Meinungen, Methoden und gutgemeinte
Geheimtipps, wem konnte ich denn nun glauben? Auf mein
Bauchgefühl zu hören, fiel auch flach. Dem Bauch war übel und
meine Gefühle waren mit schlechtem Gewissen beschäftigt, weil ich
der Schwangerschaft zuerst so negativ begegnet war. Manch anderes
Paar würde alles tun, um ein Baby zu bekommen, und ich? Ich war
so undankbar gewesen und hatte nur aus dem Alptraum aufwachen
wollen. Eine Schwangerschaft hatte ich mir immer magisch vorge-
stellt. Leider fiel es mir schwer, die Magie in tagelangem Dauer-
weinen zu entdecken. Ständig verglich ich mich mit anderen Frauen
aus meinem Bekanntenkreis und auf Social Media, die nur wenige
Wochen weiter als ich waren und von innen und außen strahlten.
Sie blühten regelrecht auf, während ich das Gefühl hatte, immer
mehr in mich zusammenzufallen. Ich hatte mich in meinem Körper noch nie so unwohl gefühlt wie in den ersten Wochen meiner
Schwangerschaft. Er gehörte irgendwie nicht mehr mir. Das mag
auf den ersten Blick nicht sichtbar gewesen sein, doch ich hasste

es, schwanger zu sein. Oh, darf man das sagen? Wie auch immer, so war es nun mal. Ich empfand keinerlei Freude über diesen Zustand und verfluchte mich regelrecht für dieses Denken. Klar, meine Hormone spielten verrückt, aber mein Körper war doch, rein biologisch gesehen, dafür ausgelegt, Leben zu erschaffen. Am liebsten hätte ich die Zeit in Lichtgeschwindigkeit bis zum Ende des neunten Monats vorgespult. Das war doch nicht normal! Oder etwa doch? Eins stand jedenfalls fest: So wollte ich nicht sein.

Beim nächsten Frauenarzttermin, die Praxis hatte ich natürlich nach der beinahe fatalen Fehldiagnose sofort gewechselt, sprach ich das Thema offen an. Am Anfang kostete mich das ziemlich viel Überwindung, aber meine neue Ärztin hörte mir ganz ruhig und verständnisvoll zu.

»Mir geht es körperlich so unglaublich schlecht. Ich leide unter Übelkeit, mir ist ständig schwindelig, ich muss mich quasi zum Essen zwingen und bin immer erschöpft. Egal, wie viel ich schlafe.«

»Das klingt ganz so, als hätten Sie im Schwangerschaftsbeschwerden-Lotto gewonnen. Das tut mir sehr leid. Sie möchten das jetzt sicher nicht hören, aber das geht vorüber«, bemühte sie sich, die Situation aufzulockern und mich zu beruhigen.

»Mit den körperlichen Beschwerden käme ich noch klar, aber das ist nicht alles …« Ich nahm all meinen Mut zusammen, schluckte meinen Stolz herunter und legte die Karten auf den Tisch. »Ich empfinde keine Freude. Nichts. In meinem Bauch wächst gerade ein Leben heran und das Einzige, was ich dort fühle, ist ein klaffendes Loch. Irgendwas in mir zieht mich immer tiefer in die Traurigkeit. Keine Ahnung, wie ich das aufhalten oder wie ich überhaupt die Motivation finden soll, etwas dagegen zu tun. Ich weine. Dauernd. Habe irrationale Ängste, und davon unendlich viele. Die ganze Situation überfordert mich. So will ich mich nicht fühlen. Müsste ich nicht dankbar sein und jede Sekunde genießen? Aber so ist es einfach nicht.«

Jetzt war es raus. Zum ersten Mal hatte ich es laut vor jemand anderem außer Niclas und meinem Spiegelbild ausgesprochen. Die Ärztin ging mit einer Seelenruhe auf mich ein, stellte mir noch ein paar Fragen und hörte sich alles ganz geduldig an, ehe sie mit sanfter Stimme sagte: »So wie sich das für mich anhört, leiden Sie unter einer Schwangerschaftsdepression.«

Davon hatte ich schon gehört, aber mir nicht eingestehen wollen, vielleicht selbst betroffen zu sein.

»Und jetzt? Wie werde ich sie los?«, fragte ich zögerlich, weil ich die Antwort schon erahnte.

»Leider gibt es dagegen kein Wundermittel. Auch hierzu kann ich nur sagen: Es geht vorbei. Vielleicht schon nächste Woche oder mit dem Wechsel ins nächste Trimester. Vielleicht auch erst nach der Geburt. Aber seien Sie sich sicher: Sie sind nicht allein damit. Ich empfehle Ihnen noch ein paar Fachartikel zu dem Thema und wünsche mir für Sie, dass Sie dies nicht als Dauerzustand akzeptieren müssen. Ihr Körper macht das schon.«

Nicht wirklich das, was ich hören wollte. Aber besser als gar kein Lichtblick.

So schleppte ich mich von Tag zu Tag. Ich konnte es kaum abwarten, wieder die alte Carmen zu sein und die Kontrolle über meine Gefühle und meinen Körper zurückzuerlangen. Ein normales Leben zu führen, ohne all die verrückten Hormonschwankungen, ohne die Schmerzen und das schlechte Gewissen, eine undankbare Schwangere zu sein.

Niclas stand mir immer zur Seite und zeigte mir täglich seine unbändige Freude über unser kleines Wunder. Er meinte es nur gut, aber leider fühlte ich mich dadurch noch schlechter und schuldiger. Ich war doch die Mama, wieso konnte ich mich nicht einfach auch freuen?

Die Vorwürfe, die ich mir selbst machte und vielleicht zu offen mitteilte, wurden zusätzlich auch von außen an mich herangetragen.

Im direkten Umfeld und auf Social Media musste ich mir immer wieder anhören, dass ich doch schwanger und nicht krank sei. Ich solle mich nicht so anstellen. Millionen anderer Frauen machten doch genau dasselbe durch. Am liebsten wollte ich trotzig reagieren, stark sein und sagen: »Ich bin beides! Schwanger und krank! Ich stelle mich nicht an, sondern habe Schmerzen. Körperliche und seelische. Die gehen durch deinen Kommentar auch nicht weg!« Doch meistens blieb ich einfach stumm und wartete sehnsüchtig darauf, dass diese negativen Gefühle verschwinden würden.

Von meinem Universum wünschte ich mir täglich ein »Alles wird gut«-Zeichen. Und das sollte ich dann auch erhalten.

In der zehnten Schwangerschaftswoche hatte ich so schlimme Kreislaufbeschwerden, Magen- und Unterleibsschmerzen, dass Niclas mich stützen musste, damit ich den Weg zum Bad bewältigen konnte. Endlich auf der Toilette angekommen, sah ich mit Schrecken, dass mein Urin rot war. Frisches Blut. Ich schrie. Brach zusammen und sackte von der Toilette auf den harten Fliesenboden. Als ich meine Augen wieder öffnete, blickte ich in das kreidebleiche Gesicht meines Mannes. Sofort machten wir uns auf den Weg ins Krankenhaus. Ich weinte die komplette Fahrt über und Niclas, auch wenn er für mich stark sein wollte, kämpfte sehr mit den Tränen. Keiner von uns brachte auch nur ein Wort raus.

Im Krankenhaus angekommen hielt Niclas meine Hand während der vaginalen Untersuchung. So geordnet es ging, erzählte ich, was geschehen war und beruhigte mich immer wieder mit den Worten »Es ist alles gut. Alles ist gut.«.

Nach wenigen sich endlos ziehenden Momenten sagte uns die Ärztin, dass das kleine Herzchen in meinem Bauch tapfer schlug. Niclas und ich brachen sofort in Tränen aus. Mit dieser erleichternden Nachricht lieferte mir mein Universum – zugegeben auf äußerst schonungslose Weise – den ersten Moment purer, bedingungsloser

Freude in der Schwangerschaft. Doch diese bekam sofort wieder einen Dämpfer verpasst, denn laut ärztlicher Einschätzung könne die Zwischenblutung auch ein Vorbote für einen Abgang sein.

»Das müssten Sie Montag von Ihrer Gynäkologin untersuchen lassen«, sagte die Krankenhausärztin und entließ uns völlig aufgelöst ins Restwochenende.

Es war erst Samstag! Meine Gefühle spielten in den unendlichen Stunden bis zum Wochenstart verrückt. Ich traute mich kaum mich zu bewegen, geschweige denn auf die Toilette zu gehen. Die Angst, erneut zu bluten, war zu groß.

Am Montag rief ich mit Öffnung der Praxis sofort bei meiner Frauenärztin an und wurde gebeten, schnellstmöglich für eine Untersuchung vorbeizukommen. Nur zwei Minuten später war ich aus der Haustür raus und saß kurz darauf ungeschminkt, ungekämmt und sichtlich zittrig auf dem Untersuchungsstuhl.

Das Herzchen schlug. Tapfer weiter und immer weiter. Alles war in Ordnung mit dem kleinen Würmchen. Kein Grund zur Sorge.

Ab diesem Moment wusste ich, dass alles gut werden würde. Geduldig und voller Liebe unserem kleinen Wunder gegenüber würde ich lernen, mit der Schwangerschaftsdepression umzugehen, die im Übrigen bis kurz vor Entbindung anhielt.

Vielleicht war ich nicht die Beste im Schwangersein, aber dafür würde ich eine grandiose Mutter werden! Dieser Gedanke beflügelte mich, und statt auf die Leiden, konzentrierte ich mich nun auf das unbeschreibliche Glück, das ich ganz bald in unser Leben bringen würde.

Liebes Universum, ich bin eine starke Frau

Ich zwang mich dazu, den Blick auf das Großartige zu richten, das die Zukunft für uns bereithielt. Ganz egal, wie mies ich mich noch immer fühlte.

Also los Mommy-to-be, immer schön das Ziel im Auge behalten: die Geburt.

Neben Corona-bedingtem Dauerpuzzeln und Spaziergängen in Endlosschleife beschäftigte ich mich in den Monaten bis zur Entbindung also hauptsächlich mit der Frage: Wie um alles in der Welt bekomme ich dieses Kind am besten aus mir heraus?

Wenn ich sage, dass ich Angst hatte, dann klingt das in meinen Ohren noch wie die Untertreibung des Jahrtausends! Es gab so vieles, was ich noch nicht wusste. Und auch, wenn ich zuversichtlich sein wollte, dass die Natur alles schon für mich regeln würde, hatte ich auch nicht vor, komplett unvorbereitet in den Kreißsaal zu treten. Vielleicht war es mit der Geburt ja so wie mit den Finanzen und sie war nur so lange angsteinflößend, bis ich mich dem Thema stellen würde.

Meine Vorbereitung auf die Geburt kann ich ziemlich genau in drei Phasen gliedern:

DIE ÜBERMOTIVIERTE PHASE

Zu Beginn der Vorbereitung las ich alles, was mir empfohlen wurde oder überflog zumindest intensiv jedes Inhaltsverzeichnis. Ich wollte aber nicht nur in meinem Kopf vorbereitet sein, sondern auch meinem Körper vorher so viel Gutes wie möglich tun. Darum ölte ich, entsaftete, massierte und atmete, was das Zeug hielt. Außerdem knüpfte ich mir meinen riesengroßen Schweinehund vor und verfrachtete ihn auf die vernachlässigte Yogamatte. Knackige zwanzig Minuten Schwangerschaftsyoga später fühlte ich mich unglaublich stark. Das würde ich nun jeden Tag machen!

Ähm, ja. Oder auch nicht.

Schon nach der zweiten Yoga-Session rollte ich mich mit einem Blähbauch von der Matte und direkt in die zweite Phase.

DIE ALTERNATIVE PHASE

Gut, dieses Sport-Ding hatte ich nun mehr oder weniger versucht. Vielleicht reichte es auch, wenn ich einfach nur weiterhin meinen wachsenden Bauch einölte und nicht jeden Tag Pommes aß. Die Kopfarbeit war wohl eher meins. Damit gelangen wir bei der kurzweiligen Obsession dieser Vorbereitungsphase an: *Hypnobirthing*. Mit Selbsthypnose die Angst vor der Geburt und den Schmerz während der Entbindung kontrollieren und ausblenden. Eine angst- und schmerzfreie Geburt? Nehme ich!

Die Techniken dafür werden durch *Hypnobirthing*-Trainer*innen in Seminaren, angeleiteten Onlinekursen oder durch Bücher vermittelt. In der Regel dauert die Erlernung der Selbsthypnose zwölf Wochen, was mir machbar erschien. So viele andere Verpflichtungen hatte ich in der Pandemiezeit sowieso nicht. Zuerst buchte ich ein Schnupperseminar. Es wird oft damit geworben, dass die *Hypnobirthing-Methode* fast zu schön sei, um wahr zu sein. Und genau diesen Eindruck bekam ich beim Schnuppern auch. Bevor ich richtig ins Thema eingestiegen war, spürte ich, dass Hypnose für mich nicht funktionierte. Generell bin ich schon offen für alternative Methoden, aber so kurz vor dem wohl wichtigsten Tag meines Lebens – der Geburt meines Kindes – würde ich keine Experimente wagen. Wenn mein Kopf und Körper im Kreißsaal in den Überlebensmodus schalteten, wollte ich nicht darauf bauen, mich höchstpersönlich hypnotisieren zu können.

Ein paar Dinge nahm ich trotzdem aus dem Schnupperkurs mit. Beispielsweise integrierte ich spezielle Atemübungen in meine Geburtsvorbereitung und fokussierte mein Denken noch intensiver auf das Positive und natürlich Starke in mir.

Auch wenn diese Methode nichts für mich war, kann ich mir vorstellen, dass sie ganz vielen Frauen eine große Hilfe und vielleicht sogar die Eröffnung einer ganz neuen Welt ist.

DIE REALISTISCHE PHASE

Eine schmerzfreie Geburt würde es vielleicht nicht werden, aber damit kam ich schon klar. Was mir tatsächlich Sorgen bereitete, war die Angst vor oder während der Entbindung einen Panikattacke-Rückfall zu erleiden und damit unser Baby und mich zu gefährden.

Bei meiner Recherche stieß ich ziemlich schnell auf das Seminar samt begleitendem Podcast *Die friedliche Geburt* von Mentaltrainerin *Kristin Graf*. Von der Idee her war diese Vorbereitung dem *Hypnobirthing* schon recht ähnlich, doch für mich ein wenig realistischer umsetzbar. Neben tatsächlichen Fakten über die Vorbereitung, die natürliche Geburt, den Kaiserschnitt und die Zeit danach lernte ich außerdem, wie ich mit positiven Affirmationen und Hypnose selbstbestimmt die Entbindung unserer Tochter gestalten konnte. Die Hypnose änderte ich für mich ein wenig um. Mit beruhigenden Tönen auf den Ohren legte ich mich schon Wochen vor der Entbindung auf die Couch und erträumte mir eine friedliche Geburt. Ich malte mir aus, wie die Fruchtblase beim morgendlichen Strecken nach dem Aufstehen platzen würde, wie Niclas mich voller Vorfreude in den Arm nehmen und die letzten Söckchen und Windeln in die Kliniktasche packen würde, während ich entspannt duschte und mich ganz gemütlich in das vorbereitete Joggingoutfit kuschelte. In meiner Geschichte bereitete Niclas noch meine geliebte Acai-Bowl zu und anschließend fuhren wir ins Krankenhaus. Dort würde ich stark sein. Atmen, wenn ich atmen sollte. Pressen, wenn ich pressen sollte. Niclas wäre immer an meiner Seite, würde meine Hand halten und die vorbereitete Playlist würde angenehm im Hintergrund laufen, bis ein Geräusch jedes andere auf der Welt ausblenden würde: der erste Schrei unserer Tochter.

Diese Geschichte malte ich mir wochenlang immer wieder mit all ihren Details aus. Hier und da änderte ich Kleinigkeiten ab.

Manchmal sagte mir Niclas, wie sehr er mich doch liebte und bewunderte und manchmal gestand er mir unter Tränen, dass er sein Glück, so eine starke Frau geheiratet zu haben, noch immer nicht fassen konnte. Ich war allemal die Heldin der Geschichte.

Im wahren Leben beschlich Niclas eher das Gefühl, ich wäre wahnsinnig geworden. Denn ich freute mich schließlich tatsächlich auf die Geburt, überredete den baldigen Papa dazu, nochmal die Strecke zum Krankenhaus mit mir abzufahren und konnte es kaum abwarten, endlich loszulegen. Am liebsten hätte ich meine plötzliche Positivität lauthals in die Welt hinausgeschrien! *Carmushka* sei Dank, konnte ich das sogar tun. Überglücklich plapperte ich in meiner Insta-Story drauflos, erzählte von der neuen Energie in mir und endete die Sequenz mit: »Mal sehen, wann es so weit ist.«

Ich wollte meine Geburtsgeschichte jetzt sofort leben, nicht nur denken!

Man muss wirklich aufpassen, was man sich wünscht. Nur vierundzwanzig Minuten, nachdem ich meine Story gepostet hatte, platzte meine Fruchtblase, drei Wochen vor dem errechneten Geburtstermin, während ich auf der Toilette saß, und ich schlitterte von der Vorbereitungsphase direkt in die Geburt. Okay, zuerst duschte ich noch. Ach, und essen musste auch noch drin sein. Auf dem Plan war jetzt zwar keine Acai-Bowl, aber dafür meine geliebten Kluski (polnische Kartoffelklöße) von Papa und anschließend die entspannte Fahrt ins Krankenhaus. Die Strecke und Parkplatzsituation hatten wir ja bereits ausgekundschaftet. Als werdende Mama wurde ich umgehend eingecheckt und nach ein paar Stunden der Unsicherheit, ob wir bleiben durften oder nochmal nach Hause mussten, kümmerte sich eine Hebamme liebevoll um mich. Sie berücksichtigte meinen vorher eingereichten Geburtsplan – keine Schmerzmittel! – und vermittelte mir ruhig, dass alles gut werden würde. So weit, so traumhaft. Alles sah sehr nach der friedlichen Geburt aus, auf die ich mich in den letzten Wochen vorbereitet hatte. Bis die ersten wirklich schmerzhaften Wehen einsetzten. Heilige Scheiße!

Kreißsaal-Playlist, Geburtskleid, Streicheleinheiten und bekräftigende Worte von Niclas konnten mir jetzt gestohlen bleiben. War mir doch egal, was sich die Carmen aus der Vorbereitungszeit in den Kopf gesetzt hatte. Die Carmen aus dem Hier und Jetzt wollte schreien, fluchen und jedes Schmerzmittel auf dem Markt. Und bloß nicht angefasst werden! Ziemlich schnell gelangte ich an mein absolutes emotionales und körperliches Limit – für eine Spontan-PDA war es nämlich längst zu spät. Nach circa drei Stunden mit innerlich zerreißenden Wehen spürte ich schließlich, wie sich ein altbekanntes Gefühl in mir ausbreitete: Ich stand kurz vor einer Panikattacke. Das konnte ich nicht zulassen. Jetzt war die Zeit gekommen, in der ich mir selbst beweisen musste, dass ich stark war, trotz allem, was sich gerade in mir abspielte.

Als die nächste Wehe überstanden war, schloss ich die Augen und war in Polen. In meiner Hand die kleinen Patschefinger meiner dreijährigen Tochter, die mit ihren großen grünen Augen und dem verstrubbelten blonden Zopf zu mir aufschaute. Es war ein sommerlicher Tag auf dem Hof meiner Oma. Sie fütterte gerade die Hühner und ich zeigte meiner Kleinen, wo Mama ihre Kindheit verbracht hatte. Wir liefen von der Scheune ausgehend am Pferdestall vorbei zur Straße, die ins kleine verschlafene Dorf führte. Nach dem Tag an der frischen Luft hatten wir uns nun ein leckeres Blaubeerbrötchen aus der Bäckerei im Ort verdient. Die Frau hinter der Theke mit der himmlisch duftenden Gebäckauslage kannte mich noch aus den vielen Sommern, die ich bei meiner Oma verbracht hatte, und schenkte uns beiden ein herzliches Lächeln. Hier war ich zuhause, hier gab es keinen Schmerz. Nur meine Kleine und mich – und Niclas, der meiner Oma auf dem Bauernhof bei der Arbeit im Weg stand.

Noch immer in meiner Geschichte versunken, drang Niclas' Stimme zu mir durch: »Schatz, du musst jetzt pressen. Bald ist es soweit.«

In Gedanken warf ich einen letzten Blick auf unser kleines Mädchen, das gerade genüsslich Jagodzianki (polnische Blaubeerbrötchen) verputzte und mich mit verschmiertem Mund und dem süßesten Beerenlächeln anstrahlte.

»Gleich ist sie da«, flüsterte Niclas mir ins Ohr und ließ mich kommentarlos seinen Arm zerquetschen, als mich die nächste Presswehe zurück in den Kreißsaal katapultierte.

Liebes Universum, ich bin Mama

Die Illusion, nach der Geburt wieder die alte Carmen zu sein, schminkte ich mir in dem Moment ab, als ich meine kleine, perfekte Tochter Mathilda das erste Mal schreien hörte und sie anschließend zitternd an mich drückte. »Wie davor« gab es nun nicht mehr. Ab jetzt gab es nur ein »danach«. Etwas Schöneres hätte ich mir nicht erträumen können.

Auch wenn ich meine ausgedachte Geschichte nach der Entbindung nicht mehr brauchte, hatte ich während des kompletten Krankenhausaufenthaltes das Gefühl, in einer parallelen Realität zu leben. War das wirklich ich? War das noch mein Niclas? Jein, wir waren jetzt mehr. Wir waren Eltern.

Die Realität holte uns erst so richtig im Wochenbett ein. Nun waren wir auf uns gestellt und hatten tatsächlich die Verantwortung für einen kleinen Menschen, der auf uns angewiesen war. Mathilda kam ohne Anleitung. Es gab keinen Tagesablauf, der vorschrieb, wann sie was wollte oder welches Geräusch wir wie übersetzen sollten. Willkommen zu *Learning by doing*, die Extrem-Version.

Ich kann dir sagen: Manche Level sind ganz schön knifflig und endeten bei uns nicht selten in mittelgroßen, wenn auch harmlosen Katastrophen. Nehmen wir das Level »Mathilda geht wandern«:

Wenige Wochen nach der Geburt verabredeten wir uns mit ein paar Freunden zum Wandern. Unser Ziel: Die Spitze eines Hügels, der circa zwei Stunden Fußmarsch entfernt lag. Bis unter die Augenringe motiviert spannte ich mir Mathilda in der Trage vor die Brust und gemeinsam schritten wir in unser erstes kleines Familienabenteuer. Als wir gutgelaunt, wenn auch aus dem letzten Loch pfeifend, am Gipfel ankamen, war Stillzeit angesagt. Ich verzog mich in ein privates Eckchen und fütterte die kleine Raupe Nimmersatt, bis ein verdächtiger Geruch ausgehend von Mathildas Windel meinen idyllischen Mutter-Kind-Moment störte. »Niclas, komm mal her! Und bring den Rucksack mit.«

»Jetzt darf der Papa mal zeigen, wie toll er deine Windel wechseln kann, kleine Maus«, flüsterte ich ihr schadenfroh zu. Ich hatte sie getragen, jetzt war er dran!

»Was brauchst du? Die Limo?« Niclas wühlte bereits im schwarzen kleinen Rucksack. Moment mal. Das war nicht der Rucksack, den ich meinte. »Niclas, wo ist die Wickeltasche? Mit den Windeln?«

Nicht da, wo wir sie eigentlich gebraucht hätten, sondern einen übelriechenden langen Fußmarsch entfernt im Auto.

Provisorisch wischten wir Mathilda, die bis unter die Nackenfalte in ihrem Schlamassel lag, mit den sauberen Stellen ihrer Kleidung ab und hüllten sie anschließend fest umwickelt in Niclas' Hoodie. Mit Mathilda im Arm lief Niclas nun vorweg bis zum Parkplatz, wo Windeln, Feuchttücher und eine saubere Garnitur Kleidung auf unsere bereits eingeschlafene Tochter warteten.

Wir haben noch lange nicht alle Level des Elternseins durchgespielt. Es gibt noch so viel, das wir lernen und entdecken werden. Nicht nur, was die Verantwortung für Mathilda betrifft, sondern auch, welche Rolle Niclas und ich in dieser Familie einnehmen wollen.

Seit Beginn unserer Beziehung sind wir als Paar gleichberechtigt. Wir arbeiten beide, zahlen den gleichen Anteil für alle Kosten und schmeißen den Haushalt zusammen. Genau diese Aufteilung wollten wir als Eltern unbedingt beibehalten und mit alten, verstaubten Gesellschaftsmustern brechen. Ich bin nicht die Mama, die zwei Jahre zuhause bleibt, während Papa sofort wieder ins Büro geht und lediglich zum Gutenachtkuss vorbeikommt. Kommentare wie »Du hast so ein Glück, dass dein Mann dir hilft« schmetterten wir direkt ab und erklärten, dass wir gemeinsam ein Kind in die Welt gesetzt hatten, um das wir uns eben auch zusammen kümmern.

Doch egal, wie gleichberechtigt wir auch sind und sein wollen, so sehr merken wir im Alltag, dass nicht nur die Köpfe der anderen noch in alten Rollenbildern hängen geblieben sind. Auch unsere Denkmuster kommen der Fortschrittlichkeit des modernen Familienbildes, das wir so unbedingt leben wollen, nicht immer hinterher.

Meine Mama-Hirn-Gedanken sind in vielerlei Hinsicht eine Fremdsprache für Niclas' Papa-Hirn. Wenn ich in seiner Anwesenheit ausspreche, dass die Windeln fast alle sind, erwarte ich, dass er den Vorrat auf dem nächsten Weg durch die Innenstadt aufstockt. Er steht allerdings Stunden später vorm Wickeltisch und fragt sich, wo denn die letzte Windel hin ist.

Das macht er nicht absichtlich. Was hätte er denn auch davon? Außer vielleicht einem weiteren versauten Hoodie ... Andersrum bin ich für seinen Geschmack vielleicht zu anhänglich oder zu ängstlich im Umgang mit Mathilda. Diese unterschiedlichen Ansichten liefern zwar oft Futter für beidseitig genervte Satzwechsel, doch sie sind nicht weiter tragisch. Solange wir darüber sprechen können und voneinander lernen.

Beim Elternsein geht's nicht darum, alles auf Anhieb richtig zu machen. Wobei dieses »richtig« sowieso nicht definiert werden kann. Es geht hauptsächlich darum, alles mit Liebe zu tun. Und darin sind wir spitzenklasse.

Während ich nun beim Schreiben dieser Zeilen meiner Tochter zusehe, wie sie ein bisschen unbeholfen vom Esstisch ins Wohnzimmer robbt, komme ich nicht umhin, mich eines zu fragen: Wie konnte ich auch nur einen Moment glauben, dass mein Universum mir eine Aufgabe schickte, für die ich nicht bereit war?

Etwas zum ersten Mal zu tun, geht auch immer mit einem Lernprozess einher. Mein Universum hat mir zahlreiche kleine und teilweise sehr herausfordernde Zeichen geschickt, die mir signalisierten, dass jetzt der richtige Zeitpunkt war, Mama zu werden.

Durch die Magenschleimhautentzündung bemerkten wir meine Schwangerschaft. Die unglaublich beängstigende Schmierblutung im ersten Trimester schenkte mir den Willen, meine Schwangerschaftsdepression überstehen zu wollen – für das riesige Glück, welches unter meinem Herzen heranwuchs.

Und dann hätten wir ja auch noch Corona auf der Zeichenliste. Nein, ich behaupte nicht, dass mein Universum eine Pandemie heraufbeschworen hat, nur damit ich beruflich freier war, um Mama zu werden. Aber es hat den Zeitpunkt ganz einfach ausgenutzt und mich vor vollendete Tatsachen gestellt: *Du wirst jetzt Mama, es gibt sowieso nicht viel anderes zu tun. Ich schenke dir die Zeit, um in deine neue Rolle zu finden, ohne das Gefühl zu haben, irgendwas zu verpassen.*

Durch die gezwungen ruhigen Monate in den eigenen vier Wänden hatte ich nicht nur die Chance, in Ruhe mit meiner Schwangerschaft und all ihren Nebenwirkungen umzugehen, sondern Niclas und ich bekamen als Eltern auch das Geschenk, unsere Tochter ganz intensiv an uns zu binden.

Unsere Kleine ist ein typisches Corona-Kind. Sie ist es gewöhnt, Mama und Papa fast durchgehend um sich zu haben. Mathilda kennt kaum andere Gesichter und hat auch noch nicht so viel von der Welt gesehen. Doch das bereitet mir keine Sorge. Denn ganz bald holen wir alles nach und lernen gemeinsam wieder, in dieser wunderschönen Welt zu leben. Auch Niclas und ich werden uns umstellen müssen, denn wir sind Corona-Eltern. Sind daran gewöhnt, keine Verpflichtungen zu haben, die uns für längere Zeit von unserer Tochter trennen. Wir sind zwei von ganz wenigen Menschen, zu denen Mathilda eine Verbindung aufbauen konnte. Sobald die Welt sich wieder erholt hat und ich aufgrund der Arbeit nicht mehr dauerhaft an ihrer Seite sein werde, habe ich mindestens genauso viel neu zu lernen wie die Kleine. Das schaffen wir. Nicht ohne Fehler und Tränen, aber immer mit Geduld und einer großen Portion Mutterliebe.

Diese Liebe ist schon merkwürdig. Sie hat nicht wirklich einen Anfang. Lediglich einen ersten Zeitpunkt, an dem man sich ihr bewusst wird. Aber sie hat kein Maximum. Keinen Endpunkt. Immer, wenn ich denke, ich könnte nicht noch mehr lieben, wache ich am nächsten Morgen auf und liebe doch mehr. Was ich in den ersten Monaten für Mathilda empfunden habe, kommt mir heute viel zu wenig vor. *Jetzt* liebe ich sie richtig – die Gefühle davor waren nur zum Warmwerden! Ich bin mir aber auch sicher, dass ich mit Erscheinen dieser Zeilen und mit jedem Lesen, ob in sechs Monaten, in sechs oder sechzig Jahren, immer wieder aufs Neue denken werde: Ach, du hattest keine Ahnung. *Jetzt* liebst du sie richtig. Und ich kann es kaum erwarten!

∗ ∗ ∗

Zu behaupten, man kann sich ein Kind erwünschen, wäre respektlos allen gegenüber, die nicht so viel Glück haben. Manche Hürden überwindet selbst das großartigste Universum nicht. Bei meinen Manifestationen und Visualisierungen geht es nicht darum, wie mir das Universum ein Kind schickte, sondern wie ich mich selbst bereit dafür gemacht habe, Mutter zu sein.

Vorfreude leben: Ich habe mich nicht von Anfang an über meine Schwangerschaft gefreut, was aber nicht bedeutet, dass ich keine Vorfreude auf mein Baby hatte. Ich wurde einfach nur früher schwanger als gedacht und diese Überraschung musste ich erst einmal sacken lassen.

Bereits 2015, was für mich eindeutig zu früh für ein Baby gewesen wäre, postete ich ein Mama-Kind-Foto von Menschen, die ich nicht kannte, mit der Bildunterschrift »#goalsetting«. Zum Zeitpunkt des Postings war ich nicht mit Niclas zusammen. Was bedingungslose Liebe war, davon hatte ich noch keine Vorstellung. Doch auch ohne zu wissen, wer eines Tages zu meiner eigenen kleinen Familie dazugehören würde, war ich mir sicher: Ich werde Mama sein.

Wann, wo, mit und von wem, darum kümmerte sich seit meines Wunsch-Funkens auf Instagram mein Universum.

Das Kind beim Namen nennen: Sobald wir wussten, dass wir ein Mädchen erwarteten, sprachen wir Mathilda mit ihrem Namen an. Dieser schwirrte schon lange vor der Schwangerschaft in unser beider Köpfe herum. Noch im Bauch haben wir mit ihr gesprochen, als wäre sie schon da, haben ihr von unserem Tag erzählt und ihr ganz bewusst Aufmerksamkeit und Zeit geschenkt. Sie saß mit uns am Tisch, lag mit im Bett und schlenderte mit uns durch die Kölner Straßen. Mit jeder neuen Woche wurde das kleine Wesen in mir mehr und mehr Teil unserer alltäglichen Routinen, und als sie schließlich geboren war, fühlte es sich natürlich an, nun ein Baby im Haus zu haben. Sie war vorher schließlich auch schon da gewesen – lediglich gut versteckt in Mamas Bauch.

Mit der Wahl ihres Namens haben wir als Eltern sofort einen neuen Wunsch ins Universum geschickt. Wir wünschen uns, dass unsere Kleine ihrer Namenspatin aus einem meiner liebsten Filme *Mathilda* im Wesen ähnlich ist. Mit einer Ausnahme: Unsere

Mathilda wird tolle Eltern haben! Wir nehmen uns vor, ein willensstarkes Mädchen mit großem Herzen zu erziehen. Sie soll an dem Guten in der Welt festhalten – egal, wie viele Fräulein Knüppelkuhs ihr auch begegnen mögen. Unsere Kleine darf frech sein und soll für alles kämpfen, was ihr wichtig ist. Mathilda darf Angst haben und soll trotzdem den Mut finden, ihr Leben so zu gestalten, wie sie es für richtig hält.

Die Zukunft ausmalen: Meine erfundenen Geschichten brachten mich gut durch schwere Zeiten während der Schwangerschaft und der Geburt. Manche von ihnen haben ihren Zweck nun erfüllt und schwirren nicht mehr in meinem Kopf und meinem Universum herum. Die Geschichte vom Besuch auf dem Hof meiner Oma ist zum Beispiel kein Teil meiner Wunschträume mehr. Ich weiß, dass dieses Szenario so niemals passieren kann. Meine geliebte Oma ist nicht mehr da und Mathildas Augenfarbe passt auch nicht in das Bild der kleinen Blonden an meinem Rockzipfel. Was ich damit sagen will, ist, dass diese Geschichte mir trotzdem half, meinen Wunsch vom Mama sein zu erfüllen. Dafür bin ich dankbar.

Nun ist es jedoch Zeit, mit meinen Geschichten die Wünsche einer anderen Person zu beflügeln. Heute erfinde ich Geschichten für meine Tochter. Ich male sie mir vor dem Schlafengehen als tapferes Mädchen aus, das sich für ihre schwächeren Freund*innen in der Schule einsetzt. Mathilda, die mit ihrem Papa Quatsch-Wettbewerbe veranstaltet, mit den Katzen Sonnenstrahlen jagt und ihre Leidenschaft entdeckt. Mathilda, die meine Heldin ist, indem sie einfach nur sie selbst ist.

Mein Universum dehnt sich aus. Es umschließt nicht mehr nur mich – mein Wunschvolumen hat sich um eine Person erweitert. Seitdem ich Mama bin, funkelt ein weiterer Stern in meinem Universum. Und das sogar auch symbolisch.

Zur Geburt schenkten meine besten Freundinnen Mathilda einen Stern, der über sie wacht. Dieser Stern soll ihr zeigen, dass es noch viel mehr gibt, als man mit dem bloßen Auge sehen kann.

Bis sie selbst den verworrenen und lehrreichen Pfaden des Lebens folgen kann, nehme ich ihren Stern bei mir auf. Ich teile mein Universum mit ihr, so wie mein Leben, meine Träume und mein Herz bis ans Ende unserer gemeinsamen Zeit.

Bis dahin und darüber hinaus.

LIEBES UNIVERSUM,

WAS WÜRDEST DU MIR RATEN, WENN ...

... ICH IN DEN LETZTEN MONATEN ZWEI FEHLGEBURTEN HATTE UND NUN ANGST VOR EINER NEUEN SCHWANGER-SCHAFT HABE?

Eine Fehlgeburt ist immer noch ein Thema, über das wenig gesprochen wird, obwohl nicht wenige Frauen betroffen sind. Finde jemand Vertrautes, mit dem du über deine Gefühle sprechen kannst, und erlaube dir, deinen Verlust zu betrauern.

Was deine Angst vor einer neuen Schwangerschaft betrifft, wird das Gespräch mit deiner Ärztin, deinem Arzt oder einer Hebamme der erste Schritt in die richtige Richtung sein. Aus medizinischer Sicht muss nicht unbedingt die Möglichkeit eines erhöhten Risikos für eine weitere Fehlgeburt bestehen.

Versuche, die Angst nicht zu vergrößern, aber unterdrücke sie auch nicht. Sie ist verständlich, darf deine Gefühle aber nicht ausschließlich leiten. Nimm dir Zeit, Emotionen zuzulassen. Gib deinem Körper die Chance, sich zu erholen, und neues Vertrauen in seine Fähigkeiten aufzubauen. Auch wenn wir auf uns und einen gesunden Lebensstil achten, liegt eine Schwangerschaft nicht unbedingt in unserer Macht. Versuche dich also von diesem Druck zu entlasten. Anstatt die Angst vor einem erneuten Verlust kontrollieren zu wollen, lenke deinen Fokus auf die gemeinsame Zeit und die Liebe, die du dem Baby in deinem Bauch in jeder Phase schenken kannst.

... ICH KEINE KINDER MÖCHTE, MICH MEINEM PARTNER UND MEINER FAMILIE GEGENÜBER ABER DAZU VERPFLICHTET FÜHLE?

Du klingst klar darin, ein Leben ohne Kinder führen zu wollen. Dein Gefühl der Verpflichtung resultiert aus dem, was du als Frau von Familie und Gesellschaft übernommen hast. Diese Erwartungen dürfen darauf geprüft werden, ob sie zur eigenen Lebensvorstellung passen. Ist es die Pflicht einer Frau, Mutter zu sein? Es ist eine, wenn auch meist unausgesprochene Annahme, dass Frauen auch Mütter werden wollen oder wollen sollten. Diesen Wunsch hat nicht jede Frau, wohl aber die Macht, sich gegen diesen Lebensweg zu entscheiden.

Wenn deine Eltern sagen würden: »Du kannst dein Leben gestalten, wie du möchtest, wir unterstützen dich darin«, wie würdest du dann entscheiden? Wenn du keine Kinder möchtest, steht es dir frei, deinen Eltern den Wunsch nach einem Enkelkind zu verwehren. Er ist nicht Teil deines Wunschuniversums – sondern ihres.

Wenn dein Partner einen Kinderwunsch hat, du aber nicht, ja, dann besteht die Gefahr einer Trennung. Das ist nicht leicht. Doch wie viel schwerer wäre es, ein Kind in die Welt zu setzen, das du nicht aus ganzem Herzen möchtest?

Vielleicht hilft es dir, dich mehr mit deinen eigenen Wünschen, Vorstellungen und deinem Recht auf Autonomie auseinanderzusetzen, um klarer zu spüren, was du willst. Finde den Weg, den du gehen willst, und beziehe erst dann Menschen ein, die an deiner Seite sein sollen.

... ICH ANGST HABE, DER MUTTERROLLE NICHT GEWACHSEN ZU SEIN?

Dein Kind braucht keine perfekte, sondern in erster Linie eine liebevolle Mutter. Eine, die Schutz und Geborgenheit bietet und das Bedürfnis nach Liebe und Versorgung stillt. Die Liebe, die das Kind von dir als Mutter und anderen Bezugspersonen erfährt, prägt sein Vertrauen für das weitere Leben. Sich als Mutter wohlzufühlen und ein stabiles stützendes Umfeld zu haben, ist dafür eine gute Basis. Wenn du unsicher bist, ob du eine positive Beziehung aufbauen kannst, weil du selbst vielleicht keine liebevolle Mutter hattest, macht es Sinn, deine eigenen Bindungserfahrungen zu reflektieren. Wenn du dich schnell überfordert fühlst, kannst du bereits im Vorfeld überlegen, wie du ein soziales Unterstützungsnetzwerk aufbauen kannst. Das ist natürlich oft leichter gesagt als getan und im Alltag ist es normal, an die eigenen Grenzen zu geraten. So muss man auch bereit sein, einen eng getakteten Wochenablauf den Erfordernissen des Kindes anzupassen. Die Ängste, die dann noch bleiben, sind total normal. Muttersein ist eine ganz neue Erfahrung und in diese darfst du nach und nach hineinwachsen. Als Mutter entwickelst du dich gemeinsam mit deinem Kind. Vielleicht wirst du auch überrascht sein, was sich von selbst in dir verändert, wenn du erst Mutter bist. Verurteile deine Fähigkeiten nicht voreilig!

... ICH EINEN STARKEN KINDERWUNSCH HEGE, MEIN PARTNER ABER NOCH NICHT BEREIT DAZU IST?

Ist der Kinderwunsch einseitig, muss man ehrlich sein. Egal, wie weh es auch tun mag. Wenn du für dich selbst entschieden hast, dass Kinder unbedingt in dein Leben gehören und dein Partner auch nicht grundsätzlich abgeneigt ist, gib ihm Bedenkzeit.

Vielleicht kann er sich momentan nicht vorstellen, Vater zu sein, aber ändert seine Meinung noch. Das Alter spielt hier auch eine Rolle. Es ist etwas anderes, ob du Anfang 20 oder Ende 30 bist. Wenn dein Partner gerade die Ausbildung noch abschließen will, ist das auch eine andere Situation, als wenn er dir keinen anderen Grund nennt. Vielleicht ist er mit dem Gedanken, Vater zu werden, überfordert. Lasse den »ersten Schrecken« sacken und sprecht in einigen Monaten oder Jahren erneut über das Thema Kinderkriegen. Bitte versuche nicht, ohne seine Bereitschaft schwanger zu werden, denn das könnte erst recht zu einer Beziehungskrise und Trennung führen und wäre keiner Partei fair gegenüber.

... ICH UNGLÜCKLICH IN DER ROLLE ALS NEUE MUTTER BIN?

Nicht immer trauen sich Mütter, offen über die negativen Gefühle in der Rolle als Mama zu sprechen. Den ständigen Zeit- und Schlafmangel, die Überforderung, die Veränderungen des Körpers oder die fehlende Freiheit. Auch die Trauer, dass das alte Leben beendet ist, wird oft ignoriert. Allgemein wird doch von frisch-gebackenen Müttern erwartet, dass sich totales Mutterglück einstellt. Negative Gefühle zu äußern, wird oft kritisch beäugt. Aber gerade in den ersten schwierigen Wochen und Monaten nach der Geburt kann es zu Anpassungskrisen kommen. In einigen Fällen entwickelt sich eine postnatale Depression. Mütter wollen perfekt sein, aber wenn es dir psychisch schlecht geht, vertraue dich jemandem an!

Das Muttersein erfordert es, sich auf sehr vielen Ebenen anzupassen. Das ganze Leben läuft in neuen Bahnen und kostet mehr Kraft. Wie schnell kann man sich zum Beispiel überfordert fühlen, wenn man versucht, alle gewohnten Aufgaben zu erfüllen, während das Baby die Struktur und die alte Taktung eigentlich sprengt? Es ist also okay, wenn du dich und deinen Alltag erst noch finden musst. Mama und Kind müssen sich kennenlernen und passende Rhythmen entwickeln. Du schreibst, dass du mit der Rolle unglücklich bist. Vergiss nicht, dass du diese Rolle selbst definieren kannst, sodass sie deine eigenen Bedürfnisse zusätzlich zu denen deines Kindes auch berücksichtigt.

Manches kannst du vielleicht ändern, anderes wirst du akzeptieren. Das Hin und Her der Gefühle ist normal. Man darf auch gegensätzlichen Gefühle annehmen und ihnen im Alltag Raum geben.

KAPITEL 7

LIEBES UNIVERSUM,
ICH BIN ZUHAUSE ANGEKOMMEN

»Carmen, kluski już są gotowe!«, höre ich die Stimme meiner Großmutter. *Kluski sind fertig*!

Irgendwo auf dem Hof kräht ein Hahn, dabei ist es schon später Nachmittag. Die Ziegen meckern mit meiner Oma um die Wette, während sie versucht, den ausgebüxten Hahn samt seiner Hühnerschar zurück in den Stall zu scheuchen, bevor das Abendessen auf dem Herd anbrennt. Heute gibt es mal wieder Kluski na parze – Hefeklöße mit Johannisbeersoße –, natürlich nur mir zuliebe.

Wie in jeden Sommerferien, die ich auf dem Bauernhof in Katowice verbringe, sitze ich in meinem Clubhaus, das mein Vater aus alten Spanholzplatten für mich gebaut hat, und spiele »Kochen« mit Mehl, Wasser und meiner Vorstellungskraft. Ich kriege nur am Rande mit, wie meine Oma über den Hof jagt. Schnell streiche ich mir die Mehlpampe von den kalten Fingern und wische die Überreste an meiner ausgewaschenen Jeans-Latzhose ab. Auf der Brusttasche ist eine kleine *Minnie Mouse* aufgestickt. Sie hat schon einige verunglückte Kochversuche miterlebt und abbekommen – so sieht sie auch aus. Ich werfe einen letzten Blick auf das Chaos, das morgen auf magische Weise verschwunden sein wird, und schließe die Testküche für heute, denn Oma ruft nun ungeduldiger als zuvor: »Koniec zabawy, chodź na obiad!«

Genug gespielt, komm essen!

Schnell husche ich aus der improvisierten Tür der kleinen Bude und falle fast über meinen geliebten Wozék (mein klappriger Kinderwagen mit *Mickey Mouse*-Aufdruck, passend zum Outfit natürlich). Hofkatze Frieda bewacht das kleine blaue Rädchen, auf dem ich Fahrradfahren gelernt habe, und Oma steht mit hellblauer Kittelschürze und völlig außer Atem von der Hühnerjagd in der Tür. Sie wartet schon auf mich und tippt sich immer wieder gespielt genervt mit ihrem rechten Zeigefinger auf das linke Handgelenk. Eine Uhr trägt sie nicht. Die würde bei der harten Arbeit auf dem Hof nur kaputt gehen. Beeilen soll ich mich! Nichts lieber als das.

In der Küche werfe ich mich mit Anlauf in ihre Arme und sauge ihren unverkennbaren Duft ein: eine Mischung aus Landluft, Kernseife, Kluski und Behaglichkeit. Ich höre das Feuer im Ofen hinter Oma knistern, schmecke schon fast mein Lieblingsessen, welches auf dem Herd bereitsteht, und fühle, dass ich zuhause bin.

Diese Szene wohnt ganz tief in meinem Herzen und ist immer abrufbar, wenn ich mich nach ein paar Minuten purer Unbeschwertheit sehne. Als Kind verbrachte ich die Sommer immer auf dem Hof meiner Oma und freute mich schon ab den ersten Sonnenstrahlen im Frühling darauf, in das verschlafene polnische Örtchen zurückzukehren.

Was als Kind das Highlight meines Jahres war, ist mittlerweile eine bitter-süße Reise in die Vergangenheit, die ich viel zu selten antrete. Das Haus empfängt mich auch heute noch jedes Mal mit seinem von der Zeit eingefrorenen Charme und zaubert mir ein Dauerlächeln ins Gesicht. Doch das Leben ist gnadenlos. Es nahm mir meine Oma, meine geliebte Babunia, und ich wurde älter – zu alt für Mehlmatsche, zu groß für meine liebste Latzhose und zu erwachsen, um mich dauerhaft zurückzuträumen. Der Bauernhof wurde von meinem liebsten Ort zu meiner liebsten Kindheitserinnerung. Er ist ein Puzzleteil meines Lebens. Ein Stück Zuhause, das in mir verankert ist.

Zuhause. So ein einfaches Wort mit solch einer großen Bedeutung. Es ist mehr als nur ein Ort, mehr als ein altes Bauernhaus mitten in der polnischen Pampa, daran musste ich fest glauben. Mein Zuhause-Gefühl spürte ich damals in jedem Sommer, umgeben von Liebe, Familie, Freund*innen und all den Gerüchen und Geräuschen meiner Kindheit. Der Tod meiner Oma hinterließ ein klaffendes Loch in meinem Herzen und mein Bild von Heimat bekam Risse. Welchen Ort konnte ich nun Heimat nennen? Was genau war dieses *mehr*, nach dem ich mich plötzlich sehnte?

Liebes Universum, ich finde mein *mehr*

Ich fühle mich durch und durch als Polin. Doch geboren bin ich in der Stadt, die meine Mutter für uns beide als Heimat ausgesucht hat: Düsseldorf. Ich wuchs umgeben von meinen polnischen Tanten, Onkeln, Cousins und Cousinen auf, die ebenfalls ihr Heimatland vor einigen Jahren verlassen hatten. Um mich herum wurde nur Polnisch gesprochen. Ich hörte polnische Geschichten, spielte mit den polnischen Kindern der Freund*innen meiner Mutter und war ein polnisches Mädchen, Düsseldorf hin oder her!

Spätestens in der Grundschule ging diese Rechnung jedoch nicht mehr auf. Hier konnte ich mich mit meinem Sprachen-Mischmasch nicht mehr durchmogeln oder die Fragezeichen in meinem mehr oder weniger bilingualen Kopf weglächeln. Ich musste mich anpassen, um nicht zur Einzelgängerin zu werden oder zu dem Mädchen, das komische Dinge sagte und verrückte Gerichte in der Brotdose hatte. Also verbesserte ich mein Deutsch und die Sprache wurde mehr und mehr zu meiner. Ich knüpfte erste Freundschaften und lernte Düsseldorf außerhalb meiner polnischen Blase kennen und lieben.

In der Schule war ich somit einfach Carmen und bei meiner Familie noch immer die süße córeczka (das Töchterchen), die nun in fließendem Deutsch Termine für einen Teil der Verwandtschaft vereinbaren konnte.

Mit jedem weiteren Jahr in dieser Stadt schlug ich mehr Wurzeln. In der Schule gehörte ich dazu, wenn ich auch nicht Unmengen an Freundschaften geschlossen hatte. Meine Mutter hatte hier einen Job gefunden und war nahe bei ihren Liebsten. Mein Vater heiratete meine Bonus-Mama und schenkte mir sieben – ja, wirklich – Geschwister, die ich unbeschreiblich liebe. Diese Menschen sind mein Zuhause. Zumindest ein Puzzleteil davon.

Das war schon mehr als nur eine Erinnerung an den Hof meiner Oma, doch noch immer nicht genug.

Die vielen verschiedenen Wohnungen, in denen ich mit meiner Mutter und teils sogar mit meiner geliebten Uroma lebte, waren das Beste, was man in unserer Preisklasse in der Großstadt finden konnte. Ich hatte immer ein eigenes Zimmer, auch wenn dafür an anderer Stelle gespart werden musste.

Als es Zeit wurde, aus meinem letzten Kinderzimmer auszuziehen, fiel es mir jedoch nicht allzu schwer. Im Umziehen war ich schließlich geübt – zumindest innerhalb Düsseldorfs.

Ich liebte meine erste Wohnung zu Beginn des Studiums. Jedoch eher für das, was sie symbolisierte. Sie war ein Neubeginn nach einer gescheiterten Beziehung und mit neunzehn der Startschuss in ein selbstständiges Leben nach meinen eigenen Hausregeln. In diesen vier Wänden gefiel es mir auf Anhieb. Auch meine zweite eigene und anschließend die erste gemeinsame Wohnung mit meinem damaligen Freund fühlte sich gut an. Doch sie waren alle lediglich Stationen auf dem Weg in mein perfektes Zuhause.

Meinen Weg zum Ziel noch ein Weilchen länger zu gehen, störte mich nicht. Aber ich konnte nicht akzeptieren, dass ich nicht genau wusste, auf welches Ziel ich überhaupt hinarbeitete. Es fiel mir schwer, mir eine Vorstellung von einem Zuhause zu machen, das mehr sein konnte als eine Ansammlung von Möbelstücken. Damit mein Universum mir schicken konnte, was ich mir ersehnte, wollte ich es visualisieren. Also kramte ich meine Zeitschriftensammlung hervor, schob die Seminarunterlagen auf die äußerste Kante meines Schreibtisches und machte mich auf die Suche nach meinem Traumhaus. Dafür durchforstete ich ein gesamtes Wochenende lang Interior-Magazine, scrollte Pinterest durch, folgte #housegoals und allen erdenklichen Hashtags auf Instagram, bis ich komplett verwirrt war. All diese Einrichtungsstile und Häuser waren traumhaft schön, aber eben nicht mein traumhaft schön. Es frustete mich so sehr, nicht zu wissen, wonach ich genau suchte, weil ich den Wunsch schnellstmöglich in mein Universum schicken wollte. Die Erfüllung würde viel Arbeit und Geduld verlangen, also kam es für mich nicht infrage, noch mehr Zeit verstreichen zu lassen.

Umzingelt von Zeitschriftenschnipseln, einer genervten Katze, die sich unterstreichelt fühlte, und dem ein oder anderen Frustsnack fiel ich am Ende des Wochenendes auf mein Bett und starrte erschöpft zur Decke hoch. Raufaser, schrecklich. Was ich nicht wollte, wusste ich also. Aber was, wenn die Decke einen Giebel hätte? Mit alten Holzbalken, die nicht nur Dekoration, sondern ein Stück Baugeschichte waren. Hohe Decken, knarrende Böden und Türen, die schon hunderte Male vorsichtig geöffnet, schwungvoll aufgerissen und wütend zugeschlagen worden waren ... Mein Herz fing an zu rasen. Das war's! Ich wusste ganz genau, welches Haus ich dort beschrieb, denn ich war schon dort gewesen.

Seit meiner frühen Jugend hatte ich mehrmals im Monat auf die kleinen Kinder von Freund*innen meiner Mutter aufgepasst. Öfter auch mal auf Kinder von Freundes-Freunden und deren

Bekannten. Eine dieser Familien wohnte etwas außerhalb der Stadt in einem wunderschönen Bauernhaus. Es wirkte so unglaublich einladend und zog mich schon als Schulkind magisch in seinen leicht angestaubten Bann.

Ich malte mir aus, wie ich in einem großen Sitzsack in meiner eigenen Bibliothek unterm Dach säße. Dort würde ich ein Buch lesen und ab und an den Blick aus dem Giebelfenster in den Garten schweifen lassen. Mein Kind läge friedlich schlafend neben mir in der Wiege, während mein Mann uns ein Stockwerk tiefer bekochte. So erträumte ich mir mein Leben in diesem Haus, während ich die Kinder, die ich hütete, unter Gejammer und Diskussion in ihre Betten brachte. *Warum hatte ich mich nicht früher an dieses Haus erinnert?*

Mit neuem Tatendrang suchte ich nun zielgerichtet nach alten Bauernhäusern, hohen Decken, Holzbalken, Dielenböden, Giebelfenstern und allem, was für mich den Charme dieses Hauses ausmachte. Ich erstellte mir ein Vision Board, damit ich mir jeden Tag vor Augen führen konnte, was mein Ziel war. Wenige Stunden später hing mein Traumhaus schließlich über meinem *Ikea*-Bett in der Düsseldorfer Studentenwohnung. Zumindest für ein paar Stunden. Denn wie ich begleitet von einem halben Herzinfarkt in der folgenden Nacht feststellen sollte, war Tape auf Raufaser nicht die optimale Befestigung für ein Vision Board. Es war aber völlig egal, wo ich meine Collage platzieren würde. Mittlerweile hatten sich die Bilder schon in meinem Gedächtnis festgesetzt und mein Herz machte jedes Mal einen kleinen Hüpfer, wenn ich auch nur daran dachte, irgendwann die Schlüssel zu meinem Traumhaus in den Händen zu halten. Doch bis es so weit war, lebte ich weiterhin in meiner Realität, inklusive rauschender Heizung und schlecht geklebtem Linoleum.

Egal, wie viele 08/15 Wohnungen noch zwischen uns liegen, liebes Traumhaus, eines Tages werde ich dich mein Zuhause nennen!

Liebes Universum, ich wohne in meinem Traumhaus

2016 tauschte ich Düsseldorf gegen Köln und eine Wohnung voller unschöner Erinnerungen gegen eine, die alles Gute der Welt zum Greifen nahe erscheinen ließ. Dieses Gefühl hatte weniger mit den neuen vier Wänden, als mit dem Mann auf der anderen Betthälfte zu tun. Ich war Niclas nach Köln gefolgt und schlug damit ein neues Kapitel in meinem Leben auf. In unserem Leben.

Mein erstes Kölner Zuhause war gleichzeitig der Ort, an dem ich endlich meinen Bachelor in Germanistik abschloss, anfing, mit Instagram Geld zu verdienen, mir erlaubte, Wurzeln zu schlagen und mich voller Vertrauen jeden Abend in Niclas' Arme fallen ließ. Wir wuchsen professionell wie privat enger zusammen, über uns hinaus und schließlich aus unserem ersten gemeinsamen Zuhause heraus. Doch die nächste Wohnung und ein neues Kapitel sollten nicht lange auf sich warten lassen.

Was es bedeutet, sich so richtig geborgen zu fühlen, erlebte ich erst in unserer dreistöckigen Mietwohnung mitten in der Kölner Fußgängerzone. Ich liebte alles an ihr: die steile Treppe zwischen Wohnungstür und Wohnzimmer, die ich einen Tag vor unserer Hochzeit herunterfiel, die Terrassen, die wir viel zu selten nutzten, den kleinen Küchentisch, an dem wir stundenlang puzzelten und Hörbücher hörten. Ich liebte das Gästezimmer in der untersten Etage, das ich erst als Büro nutzte, dann als Rumpelkammer und schließlich als eigenes Zimmer für unsere Tochter Mathilda.

Wir wären gerne noch ein bisschen länger geblieben. Der ursprüngliche Plan sah vor, auch nach der Geburt von Mathilda weitere drei, vier Jahre in unserer Stadtoase zu verbringen. Sie war zwar nicht sonderlich kinderfreundlich, aber die Nähe zur Innenstadt und die Erinnerungen, die diese Räume innehielten, sollten noch ein Weilchen zu unserem Alltag gehören. Doch mein Universum hatte nun andere Pläne für uns.

Liebes Universum, musst du mir wirklich eine Großbaustelle vor die Haustüre setzen? Findest du es witzig, dass mir die Bauarbeiter morgens perfekt ausgeleuchtet beim Stillen zusehen und freundlich grüßen können? Die Wände wackeln, beben und reißen? Ehrlich mal, so laut musst du mich nicht anschreien, die Message ist angekommen.

Es war Zeit für ein Haus. *Das* Haus.

Auch wenn mein Vision Board im Laufe der Jahre in irgendwelchen Umzugskartons verloren gegangen war, hatte ich das Bild meines Traumhauses noch immer klar im Kopf. Mein Universum musste nun volle Leistung erbringen. Einen Altbau mit Geschichte, Giebelfenster und Garten mitten in der Großstadt wünscht man sich schließlich nicht alle Tage! Und so dauerte es auch nicht Wochen, sondern Monate und unzählige unbefriedigende Hausbesichtigungen, bis wir im Erdgeschoss dieses Sanierungsfalles standen, der sich mit jeder quietschenden Treppenstufe und kaputten Leitung direkt in unser Herz schlich.

Niclas und ich besichtigten das Haus noch viele Male vor dem Kauf. Das war das vernünftige Vorgehen. Schließlich war es immer ein finanzielles Risiko, in eine solche Immobilie zu investieren. Aber um ehrlich zu sein, nutzte ich die Besichtigungen nicht dazu, um versteckte Kosten, Schäden an der Bausubstanz oder klaffende Löcher im Dach zu finden. Mit jedem Schritt, den ich in diesem Haus tat, malte ich mir unser Leben aus. Überlegte mir, was diese Balken schon alles erlebt hatten. Wer diese Treppen vergnügt auf und ab gehüpft war. Wie im großen Zimmer gefeiert wurde, während das Feuer im Kamin knisterte. Wie die Oma ihre Enkelin nach einem Tag im Garten zum Essen rief, ihr mit einer festen Umarmung all ihre Liebe schenkte und ihr behutsam ins Ohr flüsterte: »Witamy w domu Carmen.« *Willkommen zuhause, Carmen.*

* * *

Mit dem Schlüssel zu unserer alten Dame – 1910er Baujahr, da sind ein paar Falten und Risse erlaubt – reichte mir mein Universum ein weiteres Puzzleteil. Mein neues räumliches Zuhause passte perfekt zu den anderen Teilen, die Heimat für mich bedeuten.

Ich habe meine große polnische Familie nur wenige Autominuten entfernt immer in Reichweite. Habe meine eigene kleine Familie mit dem Mann, der mir jeden Tag aufs Neue zeigt, wieso mein Universum keine andere Wahl hatte, als ihn in mein Leben zu bringen. Eine Tochter, die das Licht unseres Lebens ist und uns mit jedem Gluckser, Blick und Lächeln fühlen lässt, dass wir ihr Zuhause sind. Mein Heimatgefühl hat mich viele Jahre Arbeit an mir selbst gekostet. Denn es wurde mir von meinem Universum erst dann geschickt, als ich voll und ganz bereit dazu war.

Die Trauer um meine geliebte Oma sollte mir nicht die Erinnerung trüben. Der alte Bauernhof durfte nicht zu etwas werden, das ich so schmerzlich vermisste. Stattdessen verwandelte ich ihn in den Ort, an dem ich mit meinen Geschwistern und meiner eigenen kleinen Familie lachend über den Hof jagen kann – auch ohne ausgebüxte Hühnerschar.

Ich erlaubte mir nicht, mich als polnische Frau in Deutschland fremd zu fühlen. Ich bin Polin, teilweise deutscher als die deutscheste Kartoffel. Das ist in Ordnung. Eine passende Schublade fand ich für mich nie und lernte, dass ich mich nicht einordnen muss. Ich fühle mich heimisch mit mir und meiner Identität.

Mein Zuhause sind Menschen, Gerüche, Orte, Gefühle, Erfahrungen und so vieles mehr. Ein *Mehr*, das ich nicht ganz definieren kann. Ein *Mehr*, das von Tag zu Tag wächst.

* * *

So habe ich meinem Universum gezeigt, dass ich bereit bin, anzukommen:

Ein Vision Board erstellen: Was mein Universum nicht klar in
meinem Kopf sieht, kann es nicht erfüllen. Also, Internet an,
Magazine aufschlagen, Farben, Formen und inspirierende Sprüche aufsaugen, ausschneiden und aufkleben. Egal, ob Haus, Familie
oder Job: Es gibt immer mehr, als auf den ersten Blick ersichtlich
ist. Mache dir die Essenz deines Wunsches bewusst. Bringe neben
materiellen Bildern auch Emotionen ins Spiel. Welche Gefühle
sollen im Vordergrund stehen, welche Ereignisse verbindest du
mit deinem Wunsch, wer wird ein Teil deines Wunsches sein?

Es ist ganz dir überlassen, ob du dein Vision Board nun in
deiner Wohnung aufhängst, es lieber gut geschützt im Schrank
verwahrst oder wie ich im Umzugskarton vergisst. Sobald du
deine Visualisierung verinnerlicht hast, ist das Bild für dein
Universum sichtbar.

Das Traumhaus einrichten: Lange bevor Niclas und ich wussten,
dass unser geliebtes Haus nur wenige Kilometer entfernt auf
uns wartet, richteten wir die Räume ein. Wir sahen uns Möbel
an, schauten voller Tatendrang Renovierungsserien und erlaub-
ten uns, zu träumen. Kein Detail war zu verrückt, keine Idee zu
teuer – alles war möglich. Die gesamte Einrichtung fand schließlich nur in unseren Köpfen statt! Wir redeten oft darüber, wie
wir jedes einzelne Zimmer gestalten würden. Lieber Putz oder
Tapete? Welcher Boden sollte ins Schlafzimmer? Wie wäre es,
wenn das Gästebad komplett schwarz wäre? Wir spannen unsere
Ideen immer selbstbewusster und mit jedem Gespräch wurden
unsere Träume weniger absurd. Sie wurden ein Teil unserer alltäglichen Gedanken. Jetzt funkten wir auf einer Wellenlänge mit
meinem Universum.

Immer weiter puzzeln: Du merkst es schon, das Puzzlefieber ist nicht spurlos an mir vorübergegangen. Wie ich bereits sagte: Für mich bedeutet Heimat ganz viel. Es sind die Herzensmenschen in meinem Leben, meine Erinnerungen mit all ihren Sinneseindrücken und es ist mein physisches Traumhaus, in dem ich lebe. Fehlt auch nur ein Teil, ist mein Heimat-Puzzle unvollständig. Das heißt aber nicht, dass es starr ist. Denn anders als handelsübliche Puzzles ist meines flexibel. Einzelne Teile können ausgetauscht werden, ich kann anbauen und das Gesamtbild neu gestalten. Musst du zum Beispiel aus irgendeinem Grund dein Heimatland verlassen, verändert sich dieser Bruchteil von einem Ort in eine Erinnerung. Geht eine Beziehung oder Freundschaft zu Ende, macht sie Raum für eine neue. Treten Menschen wie zum Beispiel eine glücklich glucksende Tochter in dein Leben, werden sie ein Teil von dir und deinem Heimat-Puzzle.

Im Laufe meines Lebens habe ich einzelnen Puzzleteilen einen unterschiedlich hohen Wert für mein Heimatgefühl zugeschrieben. Mal war es mir am wichtigsten, an welchem Ort ich mich befand, dann wieder wie integriert oder mit wem ich zusammen war. Mit Ende zwanzig verheiratet und als Mama ist mein wichtigstes Puzzleteil, meine eigene kleine Familie.

Ich bin zuhause angekommen. Dabei spielt das Haus gar keine so große Rolle, wie ich es immer dachte. In Wirklichkeit sind es die Geschichten, die wir darin erleben. Sie sind das Futter für mein Heimatgefühl.

In unseren vier Wänden werden wir all diese Emotionen selbst ausleben. Durch Türen, die eilig, übermütig oder wütend zugeknallt oder leise verschlossen werden, um niemanden zu wecken. Durch jeden einzelnen Kratzer, jede Spur von wilden Tänzen und mit jedem Johannisbeersoße-Klecks und Fingerabdruck wird unser Traumhaus zu dem, was es sein soll: ein Zuhause.

LIEBES UNIVERSUM,

WAS WÜRDEST DU MIR RATEN, WENN ...

... ICH ADOPTIERT WORDEN BIN UND NOCH IMMER DAMIT ZU KÄMPFEN HABE, WEGGEGEBEN WORDEN ZU SEIN?

Der Wunsch liebevoll von den Eltern angenommen zu sein, ist ganz tief in uns drin und biologisch – als unser Bindungssystem – in uns verankert. Ich frage mich, ob du den Kampf beenden und ein wenig Frieden finden kannst, wenn du dir bewusst machst, dass die Adoption mit deinen leiblichen Eltern zu tun hatte und nicht mit dir. Als Baby warst du unschuldig, einfach süß und so liebenswert! Es muss schwierige Umstände im Leben deiner leiblichen Mutter und in ihr selbst gegeben haben, dass die Adoption notwendig wurde. Du wurdest zur Adoption freigegeben, und zwar nicht, weil du nicht liebenswert bist, sondern, weil es zu deinem Besten war. Vielleicht fällt es dir schwer, die genauen Umstände und Gründe nicht zu kennen. Nutze diese Wissenslücke dazu, dir eigene Vorstellungen zu machen, wie es damals wohl abgelaufen ist – sei dabei liebevoll zu dir und deiner biologischen Mutter. Zu verstehen, wie die Mutter und wie ihre Umstände waren, wird dir eventuell helfen, deine Qualen zu beenden.

Der Trennungsschmerz ist eine Wunde, die deiner Pflege bedarf. Du kannst Heilung in der Verbindung zu dem, was du am Leben liebst und wodurch du Liebe erfährst, finden. Entwickle in dir mithilfe deiner Vorstellungskraft heilsame Bilder, die dein inneres Kind beruhigen. Gib ihm eine sichere Heimat, indem du einen sicheren Ort in deiner Vorstellung erschaffst, an dem es alles gibt, was es vermisste und wo es mit allem, was es braucht, versorgt wird. Daneben hilft es dir vielleicht, dich mit anderen auszutauschen, die wie du Heimat bei Pflege- oder Adoptiveltern gefunden haben. Unsere Identität besteht aus viel mehr als unseren Wurzeln. Wer bist du? Was macht dich aus? Für all die Fragen nach der eigenen Identität darfst du dir so viel Zeit nehmen, wie du brauchst.

... ICH VOR KURZEM IN EINE NEUE STADT GEZOGEN BIN UND MICH FREMD FÜHLE?

»Heimat« ist gleichbedeutend mit Sicherheit. An einem neuen Ort ohne vertraute Alltagsroutinen und Menschen sind wir daher zunächst verunsichert. Lass dich durch dieses Gefühl nicht abschrecken, sondern gehe offen auf die Stadt und ihre Menschen zu. Du erlebst etwas ganz Neues, kannst feststellen, was du magst und was nicht. Folge deiner Neugier! Um dich im neuen Heim wohlzufühlen, packe alle Kisten aus, hänge Bilder deiner Liebsten und stelle andere wichtige, vertraute Gegenstände auf. Kreiere eine heimelige Atmosphäre. Sorge beispielsweise mit Kerzen oder Lieblingsdüften für eine vertraute Stimmung.

Verlasse deine neuen vier Wände und stelle dich bei Nachbar*innen vor. Schmeiße eine Einweihungsparty und fülle dein neues Zuhause mit positiven Erinnerungen und Gefühlen.

Verhalte dich so, als wolltest du Liebe zu deinem neuen Wohnort entwickeln. Was würdest du in einer Stadt tun, die du liebst? Indem du offen auf die Stadt und ihre Bewohner*innen zugehst, beschleunigst du den Prozess, sie zu deiner Heimat zu machen.

... ICH SCHON LANGE NACH DEM PERFEKTEN HAUS SUCHE UND DOCH IMMER ETWAS SCHIEFGEHT?

Das perfekte Haus ist das, in dem du dich wohl fühlst. Es muss nicht auf Anhieb perfekt sein und allen Vorstellungen sofort entsprechen. Denn du wirst es noch zu deinem Heim machen. Es lässt sich (fast) alles an und in deinem Zuhause ändern – solange ein gutes Gefühl da ist. Wenn das bisher nicht so war, oder es aus anderen Gründen nicht geklappt hat, wartet dein perfektes Heim irgendwo anders auf dich. Vielleicht ist es noch bewohnt, noch nicht gebaut, in einem anderen Stadtteil als du bisher gesucht hast oder kein Haus, sondern eigentlich eine tolle Wohnung? Sich nicht zu fest auf den Immobilientyp festlegen, kann den Blick wieder für neue Möglichkeiten öffnen. Man kann auch ruhig auf Makler zugehen, um bei neuen Angeboten kontaktiert zu werden. Ganz klar: Du brauchst Geduld und musst gleichzeitig schnell in deinen Entscheidungen sein, wenn deine Traumimmobilie vor dir steht.

... ICH MICH DURCH MEINE VIELEN UMZÜGE UND DER ÜBERALL VERTEILTEN FAMILIE KEINEN RICHTIGEN HEIMAT-ORT HABE UND MICH OFT VERLOREN FÜHLE?

Heimat ist die Erinnerung an Verlässlichkeit und Geborgenheit inmitten immer wieder neuer und emotionaler Erfahrungen. Sie ist nicht nur an Orte und Menschen gebunden, sondern vielmehr ein Gefühl, das wir in uns tragen und aufsuchen beziehungsweise aktivieren und auch pflegen können. Häufige Umzüge bedeuten auch immer etwas loszulassen und Umzüge der Familie fordern dazu auf, sich bewusst zu machen, wie man miteinander verbunden ist. Frage dich also: Was ist das Gefühl von Heimat für mich? Worin steckt für mich das wohlige Gefühl von Vertrautheit und Geborgenheit? Dann kommst du auch darauf, was du brauchst, um mit diesem Heimatgefühl in Kontakt zu treten. Sind es bestimmte Fotos, Gegenstände, ein Lieblingsgericht aus Kindheitstagen, ein bestimmtes Ritual oder die Erinnerung an eine Umarmung?

Konzentriere dich auf die Dinge, die du aus deinem Heimatgefühl mitnehmen wirst und mache sie in dem neuen Ort sichtbar. In der Heimat fühlen wir uns wohl und handeln anders als in der Fremde. Was würdest du tun, wenn du dich zuhause und zugehörig fühlen würdest? Wahrscheinlich würdest du dich auf eine gewisse Weise mehr öffnen und eine Bindung zu Neuem eingehen. Beginne damit, einen Platz in deiner Wohnung einzurichten, an dem du dich wohlfühlst, und nimm bewusst die Atmosphäre wahr.

Das Wichtigste zum Schluss: Bei allen Umzügen nimmst du dich mit, nimmst immer ein Stück Heimat in dich auf und bist dir selbst in gewisser Weise ein Zuhause, wenn du weißt, dass du ganz allein für Sicherheit, Geborgenheit und Vertrautheit sorgen kannst.

LIEBES UNIVERSUM,
ICH BIN GENUG

Die Geschichte, die ich dir jetzt anvertraue, habe ich noch nie jemandem erzählt. Lange Zeit habe ich die Erinnerung an sie verdrängt. Doch diese Erfahrung ist so unglaublich wichtig für meinen nächsten Wunsch, denn ohne sie, wäre ich heute nicht ICH.

* * *

Als Jugendliche besuchte ich regelmäßig Tanzkurse und fuhr anschließend immer mit der Straßenbahn zurück nach Hause. So auch an dem Tag, an dem diese Erinnerung entstand.

Es waren nur wenige Menschen mit den Öffentlichen unterwegs und mein Einsitzer, einer von der Sorte, der in den Gang zeigt, war noch frei. Ich machte es mir auf meinem Stammplatz gemütlich – so gemütlich, wie es in einer in die Jahre gekommenen Düsseldorfer Straßenbahn eben ging. Sobald ich saß, kramte ich mein *Molly Moon*-Buch aus dem Turnbeutel hervor und klemmte mir diesen für maximalen Komfort zwischen Kopf und Glasscheibe. Er hatte nicht gerade das Design, das sich eine coole fast Vierzehnjährige ausgesucht hätte. Zu viele Schmetterlinge, zu viele Herzchen. Aber ich mochte ihn. Er passte perfekt zu meinen quietsch-bunten Scrunchies und meiner

Lieblingsleggings, auf der sich kleine Schäfchen mit flauschigem Fell tummelten.

Nach ein paar Minuten und wenigen Zeilen Lesen in meinem Buch schweifte mein Blick immer wieder in die Mitte der Bahn. Eine Gruppe älterer Jugendlicher hatte sich dort breit gemacht, wo eigentlich der Platz für Kinderwägen oder Rollstuhlfahrer ist. Immer wieder rempelten sie sich gegenseitig an, lachten und nickten auffällig oft zu mir herüber. Ich zwang meine Konzentration zurück auf die Geschichte in meinen Händen bis …

»Na Leseratte, was machst du denn hier?«, fragte mich einer der Jungs. Eine rhetorische Frage, die keine Antwort benötigte. Vor lauter Schreck hätte ich eh kein Wort herausbekommen. Die Clique, bestehend aus sechs Jugendlichen, hatte sich aus dem Stehbereich zu mir nach hinten durchgeschlagen und baute sich breitschultrig vor mir auf. Einer von ihnen war besonders groß für sein Alter. Ich schätzte ihn auf sechzehn. Er war eindeutig das Zugpferd der Gruppe. Ich machte mich so klein wie möglich und vermied jeglichen Augenkontakt, in der Hoffnung, dass sie den Spaß an mir verlieren würden. Doch statt gnädig mit einem offensichtlich eingeschüchterten Mädchen zu sein, das einfach nur sein Buch lesen wollte, blafften sie mir Beleidigungen wie »hässliches kleines Mädchen« und »Leseratte« entgegen. Noch immer wagte ich nicht, aufzuschauen. Selbst dann nicht, als mir jemand gewaltsam das Buch aus den Händen riss und meinen Turnbeutel auf den Boden warf. Die Gruppe lachte, ich hörte wie einer von ihnen Buchseiten herausriss, zerknüllte und sah, wie er die Blätter durch die Bahn warf. Unkontrolliert liefen mir nun Tränen übers Gesicht. *Was wollten die von mir?*

Schnell hatten sie ihren Spaß an der Zerstörung meines Buches verloren und meine leuchtenden Zopfgummis rückten in ihr Visier. Einen nach dem anderen rissen sie mir aus den Haaren, inklusive mehrerer blonder Strähnen. Meine Kopfhaut brannte.

Aber dann kam noch ein viel intensiverer Schmerz dazu. Zusammen mit einem erstickten Schrei entwich schlagartig alle Puste aus meiner Lunge. In einem letzten Versuch, mich selbst zu schützen, wollte ich meine Beine vor die Brust ziehen, doch da traf mich schon der zweite, der dritte – oder war es mittlerweile der vierte – Tritt in den Bauch.

Die Bahn fuhr einfach weiter, und die wenigen anderen Passagiere konzentrierten sich darauf, ihre Kopfhörer tiefer in die Ohren zu schieben und demonstrativ aus dem Fenster zu gucken. Schnell griff ich mir den Turnbeutel vom Boden, presste ihn mir schützend vor meinem Körper und stürmte los. Mein Adrenalin schob mich durch die lauthals lachenden Jugendlichen und immer weiter in Richtung Fahrerkabine. Während ich rannte, rempelte ich links und rechts an Sitzreihen und traf dabei die ein oder andere Person, die sich, statt mir zu helfen, auch noch über meine Ungeschicktheit beschwerte.

Das Gelächter der Gruppe verfolgte mich, doch plötzlich stoppte die Clique im Ausstiegsbereich in der Mitte der Bahn. Wahrscheinlich wollten sie bei nächster Gelegenheit verschwinden, falls sich doch noch einer der ignoranten Fahrgäste für mich einsetzen würde. Da brauchten sie sich aber keine Sorgen machen. Niemand schenkte ihnen oder mir auch nur einen Hauch Aufmerksamkeit.

So stand ich nun da. Auch wenn ich selbst noch ein paar Stationen weiterfahren würde, wartete ich auf das erlösende Öffnen der Tür. Als die Bahn endlich mit einem kräftigen Ruck zum Stehen kam, erkannte ich mit noch immer gesenktem Blick, wie fünf Beinpaare schnell durch die Schiebetür nach draußen sprangen. Nur das letzte Beinpaar folgte der Gruppe nicht, sondern bewegte sich auf mich zu. Der Anführer nahm einen kleinen Umweg in Kauf, um mir einen letzten Boxschlag in die Magengrube zu verpassen, bevor er, ohne Konsequenz davon zu tragen, vorne ausstieg.

Das ist sie: Die Erinnerung, in der ich mich selbst das erste Mal minderwertig fühlte. Die Quelle meiner Selbstzweifel.

Könnte ich doch nur zurückgehen und den Wandel von kindlicher Unbeschwertheit zu jugendlicher Selbstzerstörung verhindern ... Naja, dann würde ich es wahrscheinlich doch nicht tun. Denn genau wie meine gescheiterten Beziehungsversuche mich dorthin gebracht haben, wo ich nun gemeinsam mit der Liebe meines Lebens stehe, sollte dies nur der Beginn einer mindestens genauso herausfordernden Reise zu mir selbst sein.

Doch »das große Ganze« hatte ich an diesem verregneten Tag im Februar 2006 noch nicht gesehen. Ich empfand einfach nur Schmerz – körperlich und geistig.

Als ich nach diesem Erlebnis endlich zuhause ankam, rief ich ein gezwungen fröhliches »Hallo Mama, bin wieder da.« In Rekordzeit zog ich Schuhe und Jacke aus, verschwand im Badezimmer und wusch mir die Tränen mit kaltem Wasser aus dem Gesicht. Die verschwitzten Sportklamotten aus dem Turnbeutel steckte ich in den Wäschekorb, wischte den gröbsten Schmutz vom Beutel und nickte mir anschließend aufmunternd im Spiegel zu.

Kurz zusammenreißen, Abendessen herunterschlingen und dann kannst du dich in deinem Bett zusammenrollen. Und bitterlich weinen.

Meinen Plan verfolgte ich diszipliniert und Mama merkte tatsächlich nichts. Zwar war ich wortkarg beim Abendbrot, aber sich komisch zu verhalten, war für Jugendliche zum Glück nicht ungewöhnlich. Die ganze Sache war mir unglaublich peinlich. Ich kam mir wie ein Opfer vor. Meine Gedanken kreisten in dieser Nacht darum, was für ein Feigling ich doch war.

Ich konnte mich nicht mal selbst beschützen! Vielleicht hatte ich es ja verdient?

War ich eine leichtgefundene Beute für alle, die auf Ärger aus waren? So hilflos wollte ich mich nie wieder fühlen, doch was könnte ich schon an mir ändern, damit ich in Zukunft in Ruhe gelassen werden würde?

Die einzige Lösung, die ich sah, um mich aus der Opferrolle zu befreien, war, keine Angriffsfläche mehr zu bieten. Das bedeutete: einfach cool sein. Leider war ich das nicht mal ansatzweise. Ich besaß kein Klapphandy mit Strass, keine Internet-Flatrate, keine trendigen Klamotten und keine ausgefallenen Hobbys.

In der Schule hatte ich meinen kleinen Freundeskreis – sogar einen festen Freund. An mich gerichtete Sprüche wie »Die fehlende Kreide hat bestimmt die Polin geklaut!« gehörten zwar zur Tagesordnung, aber so schlimm empfand ich diese nicht. Solche Kommentare hatten mich vor dem Zwischenfall nie gestört. Doch das war nun anders.

Liebes Universum, ich bin cool

Als erste Amtshandlung in Richtung Cool-Carmen verbannte ich meine geliebte Schäfchen-Leggings ganz nach hinten in den Kleiderschrank. Auf Nimmerwiedersehen, treue Freundin. Ab sofort würde ich mich altersgerechter kleiden. Was auch immer das bedeutete ...

Grelle Farben, großflächige Prints, auffällige Haargummis und witzige Sprüche auf Shirts waren in meiner Welt vielleicht trendy, aber passten nicht ins Düsseldorfer Stadtbild. In der Schule liefen meine Mitschülerinnen hauptsächlich mit Hüfthosen, Boleros und breiten Taillengürtel herum. So gut es ging, stellte ich mir aus Secondhandklamotten und großzügigen Geschenken meiner Tanten und Onkel Outfits zusammen, die als fashionable durchgingen. In der Schule wurde ich mit meinem neuen Style tatsächlich nicht mehr von den Älteren belächelt, sondern einfach nicht mehr wahrgenommen. Ich sah dem Rest meiner Mitschülerinnen zum Verwechseln ähnlich. Perfekt! Doch das reichte mir nicht. Ich wollte cooler sein und herausfinden, wie gut sich das wohl anfühlen würde.

Dafür brauchte ich etwas, das mich auf den ersten Blick auch so erscheinen ließ! Das würde meiner Meinung nach nur ein Fashion-Statement schaffen: Buffalos! Ja, diese dicken Plateauschuhe aus den 90ern, die immer mal wieder ihr Fashion-Comeback feierten. Schon seit Ewigkeiten lag ich meinen Eltern mit diesen Schuhen in den Ohren und wünschte sie mir zu jedem Geburtstag, Namenstag, Ostern und Weihnachten. Mama argumentierte, dass solche Klötze nicht gut für die Füße seien. Papa fand die Dinger hässlich und wollte seine Tochter so nicht herumlaufen lassen.

Die Argumente waren vielleicht nicht ganz an den Haaren herbeigezogen, aber der eigentliche Grund, wieso ich die Schuhe nie bekam, war viel simpler: Sie waren zu teuer.

Ich hatte längst mit meinem Plateautraum in Schwarz abgeschlossen und war deshalb umso überraschter, zu meinem vierzehnten Geburtstag einen ungeschickt verpackten Schuhkarton in den Händen zu halten. Papa hatte sich endlich einen Ruck gegeben und mir die »hässlichen Teile« gekauft. »Nicht Mama erzählen, sonst kriegen wir beide Ärger«, flüsterte er mir ins Ohr, während ich ihn ganz fest umarmte. Am liebsten hätte ich die Schuhe sofort in der Schule vorgeführt, doch mein Geburtstag fiel auf einen Freitag. Also versteckte ich mein neues Heiligtum zuhause unterm Bett, damit meine Mutter sie nicht finden konnte.

Am Montag packte ich dann die Schuhe in den Rucksack, der somit kaum mehr Platz für Bücher bot, und zog meine Stoffschuhe als Tarnung an. Die Straßenbahn, der Ort, an dem ich noch vor Kurzem gedemütigt wurde, verwandelte ich in meine persönliche Zauberkugel und schlüpfte auf dem Weg zur Schule in meinen ganzen Stolz: meine eigenen Buffalos! Endlich, nach einer Ewigkeit!

Und da lag auch mein Denkfehler. Ich hatte so lange auf mein heiß ersehntes Trendaccessoire warten müssen, dass ich nicht kommen sah, was dann passierte: Mit Betreten des Schulhofes versammelten sich meine Mitschüler*innen um mich. Doch statt mir zu sagen, wie cool ich aussah, zeigten sie mit dem Finger auf meine Füße und hielten sich die Bäuche vor Lachen.

»Was hast du denn da an? Das sieht ja mega bescheuert aus!«

»Hast du die deiner Oma aus Polen gestohlen?«

»Haha, Leute guckt mal, was Carmen für Schuhe anhat! Die sind ja sowas von out!«

Und so ging das Spiel weiter, bis ich schließlich weinend vom Schulhof rannte – so schnell es auf Plateausohlen eben ging – und mich hinter einem Auto versteckte, um wieder in meine Stofflatschen zu schlüpfen.

Ich war am Boden zerstört und gedemütigt. Auch der Rest des Tages war für mich eine einzige Tortur. Denn wie Teenager so sind, ließen sie mich bis zur erlösenden Schulglocke nach der letzten Stunde nicht vergessen, dass ich trendtechnisch eine komplette Versagerin war.

Ab diesem Tag vermied ich es, auffällige Fashion-Statements zu setzen und hoffte, dass rasch Gras über die ganze Sache wachsen würde. Und das tat es natürlich. Einen Tag später war der neue Haarschnitt von Luis Thema oder die Tatsache, dass Maria Sven hinter der Sporthalle geküsst hatte. Ich war wieder in der Masse verschwunden, und damit das auch so blieb, nahm ich vom Coolsein erst mal Abstand.

Stattdessen konzentrierte ich mich jetzt darauf, der Rolle als tolle Freundin für meine große Liebe Lenni gerecht zu werden. Für ihn musste ich nicht das trendigste Mädchen der Schule sein, sondern einfach nur die Freundin, mit der er gerne Zeit verbrachte. Gut, das würde ich hinkriegen.

Liebes Universum, ich erfülle die Ansprüche meiner Liebsten

Neben der selbsterteilten Aufgabe, eine perfekte Beziehung zu führen, wollte ich auch schulisch wieder etwas besser werden.

Meine Mutter hatte sich damals so sehr dafür eingesetzt, dass ich trotz Realschulempfehlung auf ein Gymnasium gehen konnte, da wollte ich sie nicht enttäuschen. Also klemmte ich mich nun so richtig hinter meine Bücher. Diese Bücher waren nicht spannend oder steckten voller Magie. Nein, es war die Art von Lektüre, die mir langsam, aber sicher jede Magie raubte. Stochastik, Trochäus, Osmose und Jetstream waren nun meine neuen Freunde. Freunde, die oft eine andere Sprache sprachen, doch ich lernte weiter. Anderen zuliebe. Und das funktionierte eigentlich ganz gut.

Meine Verwandtschaft war stolz, dass ich meine Noten verbesserte und mich ein paar Jahre später für die Oberstufe qualifizierte. Klar, mich freute das auch, aber andere Dinge waren mir wichtiger. In den letzten Jahren auf dem Gymnasium legte ich wieder mehr Wert auf mein Aussehen und die Meinung der anderen diesbezüglich – ich wollte gefallen und begehrt werden. Um dieses Gefühl so oft wie möglich zu spüren, verglich ich mich mit den beliebten Mädchen aus der Schule, blätterte unzählige Magazine durch und schminkte mich an Tagen, an denen ich mich selbst nicht ganz so gerne mochte, besonders stark. Lipgloss, glitzernder Lidschatten und Rouge verdeckten meine Unsicherheiten. Endlich wurde auch ich wahrgenommen wie die Mädels, die ich bewunderte. Dieses Bild von mir musste ich unbedingt festhalten!

Doch leider hatte ich auch Tage, an denen ich mich am liebsten im Zimmer einsperrte und keine Kraft hatte, die unbeschwert glückliche Freundin zu sein oder sie zu mimen. Und das zog, wie du weißt, Konsequenzen nach sich. Lenni hatte irgendwo zwischen Abistreich und Abschlussball seinen Spaß an mir verloren, tauschte mich gegen eine andere aus und ließ mich fassungslos zurück.

In den Wochen nach der Trennung fühlte ich mich weder selbstbewusst noch schön und musste schmerzlich einsehen, dass mein Plan, die Ansprüche anderer zu erfüllen, nicht aufgegangen war. Die ach so perfekte Beziehung war trotz größter Bemühung meinerseits gescheitert, und auch wenn ich mittlerweile das Abitur ganz gut abgeschlossen hatte, machte ich meiner Familie spätestens mit der Wahl meines Studienfaches einen Strich durch ihre, sagen wir mal, »Pläne« für mich. Das Interesse oder den Ehrgeiz, Medizin zu studieren, hatte ich nicht. Stattdessen entschied ich mich für Germanistik. Nicht, weil Trochäus und ich uns doch noch unsterblich ineinander verliebt hatten, sondern weil es eine Fachrichtung war, die keinen festen Zukunftsplan von mir verlangte.

Ich schaffte es ja nicht mal, den nächsten Tag zu planen.

Die Zeit zwischen Abitur und Studium steckte voller Selbstzweifel. Mein Herz war gebrochen und ich verstand einfach nicht, weshalb ich es nicht kommen gesehen hatte.

Es war wie in der Bahn – ein unerwarteter Tritt in die Magengrube. Wieder einmal war ich in die Opferrolle gerutscht.

Verdammt nochmal Carmen, die Opferrolle nimmst du nicht mit ins Studium!

Mit Start des ersten Semesters lag mein Herz zwar noch in Trümmern, doch ich tauschte *Adele* immer öfter durch Gute-Laune-Musik aus, die mir mit voller Lautstärke auf der Tanzfläche entgegendröhnte. Das Feiern wurde die beste Ablenkung von den trüben Gedanken.

Die Anmachsprüche an der Theke waren zwar oft plump und ergebnislos, doch sie schmeichelten mir und meinem angeknacksten Ego sehr. Ich fühlte mich begehrt und lernte neue Leute kennen, die keine Ahnung von der Vor-Studium-Carmen hatten. Nun besaß ich einen Freifahrtschein, mich neu zu erfinden und nutzte ihn auch.

Liebes Universum, ich bin selbstbewusst und schön

Das gespielte Selbstbewusstsein, das ich während der Schulzeit mit Schminke und Schwerelos-Fassade für mich entdeckt hatte, wollte ich nun auf ein neues Level heben. Noch selbstbewusster, noch schöner, noch mehr wie die Frauen, denen scheinbar die Welt zu Füßen lag.

Was in Magazinen und im Fernsehen als schön galt, nahm ich mir im echten Leben zum Vorbild: Meine Haare wurden blonder, länger und voluminöser. Meine Wimpern voller, meine Wangenknochen betonter und meine Selfies immer glatter. Ich kopierte ganz einfach, was für andere scheinbar funktionierte und passte mich, so gut es ging, optisch dem »Ideal« an. Doch all diese Schritte führten noch immer nicht dazu, dass ich mit meinem Äußeren wirklich glücklich war.

Mich ließ der Gedanke nicht los, noch eine Sache an mir ändern zu müssen, um endlich die selbstbewusste Frau zu werden, die ich sein wollte: meine Nase.

Die ärztliche Diagnose einer schiefen Nasenscheidewand half mir dabei, meine Eltern, Onkel und Tanten von der Notwendigkeit einer Operation zu überzeugen. Ich konnte auf ihre finanzielle Unterstützung zählen. Denn auch wenn die Krankenkasse den Mammutanteil übernahm, würde sie nicht für die plastischen Optimierungen aufkommen, die ich zusätzlich mit meinem Chirurgen plante.

Die OP verlief reibungslos. Doch der gewünschte Effekt von endgültiger Zufriedenheit mit meinem Aussehen blieb trotz der neuen Nase aus. Sie bewahrte mich nicht davor, tief unter der Oberfläche noch immer das unsichere Mädchen zu sein, das sich in der Bahn nicht gewehrt hatte.

Der Wunsch nach wahrem Selbstbewusstsein war eine echte Herausforderung. Es reichte nicht, mich äußerlich irgendeinem Ideal anzupassen. Ich musste von innen nach außen strahlen und nicht umgekehrt!

Und wie konnte man selbstbewusstes Auftreten besser üben als bei einer Misswahl?

Okay, Scherz beiseite. In dieses ganze Missen-Ding bin ich irgendwie so reingerutscht und fand es zu spannend, um es nicht auszuprobieren. Misswahlen haben auch heute nicht unbedingt den besten Ruf, obwohl sich in der Branche schon viel zum Guten hin entwickelt hat. Der Schwerpunkt lag während meiner Wettbewerbszeit jedoch noch eindeutig auf den Äußerlichkeiten, statt auf den charakterlichen Eigenschaften der Kandidatinnen. Um in die engere Auswahl zu kommen, musste man ein gewisser Typ Frau sein, Bühnenpräsenz zeigen und das nötige Etwas mitbringen, um schließlich die Schärpe samt Titel zu gewinnen. Die Zeit im Missenwahnsinn nutzte ich dazu, selbstbewusstes Auftreten zu üben, meine Stimme zu finden, mich klar und deutlich mitzuteilen und so lange die selbstsichere Frau zu geben, bis es sich nicht mehr nach einem Schauspiel anfühlte. Jede einzelne meiner Bewegungen verglich ich mit denen meiner Konkurrentinnen. Für viele war es nicht der erste Wettbewerb und ich wollte ihnen in keinster Weise nachstehen.

Mein Plan ging auf. Ich adaptierte, was das Zeug hielt, und erfüllte die oberflächlichen Kriterien der Juroren, konnte das Publikum mit meiner Performance begeistern und nahm den Titel *Miss Düsseldorf* und anschließend sogar die *Miss NRW*-Schärpe mit nach Hause. Mit dem positiven Rückenwind ging es für mich sofort weiter ins *Miss Germany*-Camp nach Ägypten. Wieso aufhören, wenn's doch läuft?

Dort genoss ich die warmen Tage am Strand, nutzte die Fotoshootings, um Material für mein neues Hobby namens Social Media zu sammeln, und betrachtete die Zickenkämpfe und Intrigen der anderen Kandidatinnen von der Seitenlinie. Auf der Bühne die *Miss* zu sein, gefiel mir, doch ich hatte noch mehr Interesse daran, hinter der Bühne meinen Spaß zu haben, statt mich um das letzte Paar passende Schuhe zu streiten. Auch im Kniggekurs glänzte ich nicht sonderlich.

»Frau Kroll, das Messer gehört in die rechte Hand und wie greifen Sie denn überhaupt die Gabel? So geht das nun wirklich nicht!«, tadelte die Knigge-Beauftragte, die mich als Negativbeispiel für den Workshop »stilvoll Essen« auserkoren hatte.

»Ach, ich finde das geht eigentlich ganz gut so. Nur den Burger würde ich tatsächlich gerne mit den Händen essen, wenn's recht ist«, entgegnete ich ihr noch leicht schmatzend.

Mit *dem* Bonuspunkt konnte ich schon mal nicht rechnen. Aber das war mir mittlerweile egal geworden. Nach einigen Tagen im Camp nahm ich die ganze Sache mit dem »tadellos vorzeigbar sein« nicht mehr so ernst und war auch kaum enttäuscht, als ich schließlich keine Finalistin für das Gewinnerinnen-Diadem wurde. Anders als beim ersten Wettbewerb maß ich meine Schönheit und Ausstrahlung nicht mehr an der meiner Konkurrentinnen. Durch den intensiven Blick hinter die Kulissen war mir – zum Glück endlich – klar geworden, dass all der oberflächliche Kram super subjektiv und unwichtig war. Trotz der Niederlage war ich stolz und ein gutes Stück selbstsicherer geworden, jedoch hatte ich mich gleichzeitig angreifbar gemacht. All die kritischen, größtenteils berechtigten Stimmen zum Thema Misswahlen, Frauenbild und Diversity wurden laut und trafen mich ohne jede Vorbereitung auch nach der Ausscheidung aus dem *Miss Germany*-Wettbewerb – ich war schließlich noch die amtierende *Miss NRW*. Vielleicht hätte ich meine Teilnahme vorher genauer durchdenken sollen, statt kopfüber in dieses Abenteuer zu springen, weil ich Lust auf die Herausforderung und Erfahrung hatte. Wie ich in den kommenden Jahren noch sehr oft zu spüren bekam, hatten alle Entscheidungen, die ich in der Öffentlichkeit traf, auch öffentliche Konsequenzen. So musste ich mir während und nach der Amtszeit als *Miss NRW* den Weg raus aus der Schublade »Blondchen mit schönem Gesicht« erkämpfen. Und ich kann dir sagen, diesen Kampf verlor ich einige Male. Das hatte allerdings rein gar nichts mit mir, meinem Aussehen oder meiner Intelligenz zu tun. Es lag allein daran, dass man mich nicht anders sehen wollte. Für mich war der Titel schon lange keine Auszeichnung mehr für Schönheit. Er machte mich weder hübscher, noch ließ er mich besser als meine Konkurrentinnen erscheinen. Keine Jury der Welt konnte bestimmen, wie viel ich wert war, schließlich bestand sie lediglich aus ein paar Menschen, die subjektive Meinungen hatten und nach den Wahlen keine weitere Rolle in meinem Leben spielten.

In meiner Zeit als Miss-Zielscheibe durfte ich unglaublich viel über das Leben in der Öffentlichkeit lernen, jede Menge inspirierende Menschen treffen und wagte mich, meine Stimme zu finden. Ich legte mir ein dickeres Fell und Standardantworten für Menschen zu, die nicht bereit waren, etwas anderes zu hören. Die schöne Fassade bei den Misswahlen versprach noch lange keine heile Welt hinter der Schminke und unter dem paillettenbesetzten Kleid. Endlich verstand ich, dass es eigentlich komplett egal war, was andere von mir dachten. Ich war nicht als Gewinnerin aus der Sache herausgegangen und mochte mich trotzdem! Dieses Wissen ist bis heute einer meiner größten Siege.

Während ich mich immer mehr zu finden schien, ging meine Beziehung in die Brüche. Der Freund, der mich nach Lenni das erste Mal wieder Liebe spüren ließ, mochte meinen selbstbestimmten Wandel nicht. Es missfiel ihm, dass ich mich zurecht machte, um mir selbst ein gutes Gefühl zu geben und nicht ihm. Er misstraute mir, wenn ich tanzen ging, um mich frei zu fühlen und unterstellte mir, fremdflirten zu wollen. Er akzeptierte nicht, dass Social Media mir Spaß und neue Chancen bot. Seiner Meinung nach veränderte es mich gegen meinen Willen. Auch hier muss ich wohl nicht wiederholen, weshalb sich unsere Wege auf einen Schlag trennten.

Was war noch gleich mein Wunsch gewesen? Ach ja: Selbstsicherheit und Schönheit. Irgendwie war ich nun aus meinem

Wunsch herausgewachsen. Er erfüllte mich nicht auf die Weise, wie ich noch vor einigen Jahren dachte. Ich war bereit für eine andere Sichtweise auf mein Leben und meine Rolle, denn die Sache ist die: Selbstsicherheit, und den daran geknüpften Drang, mich schön zu fühlen, brauchte ich zu einem bestimmten Zeitpunkt in meinem Leben unbedingt. Ich musste selbstbewusst sein, damit ich mich aus einer Beziehung befreien konnte, die mich ohne Stärke zerstört hätte. Ich musste mich selbst lieben, weil ich sonst in alte Verhaltensmuster voller Selbsthass gefallen wäre. Das hätte wahrscheinlich erneut dazu geführt, dass ich mich nur des Anscheins von Liebe wegen an jemanden geklammert hätte, der mir nicht guttat. Ich brauchte das Vertrauen in mich selbst, um weiterzumachen. Wenn ich mich endlich selbst so akzeptierte und liebte, wie ich war, könnte ich auch für andere wieder so empfinden. Bedingungslos.

Liebes Universum, ich bin ich. Das ist genug

Das zu erkennen, hat mehr für mein Selbstbewusstsein getan als jedes coole Fashion-Statement, jeder gewonnene Wettbewerb und jedes geheuchelte »Ich liebe dich«.

Mein neues Ich-Gefühl wollte ich auch auf meinem nicht mehr nur hobbymäßig betriebenen Instagramkanal zeigen. Die Carmen, die ich bisher auf den Fotos präsentierte, war eine Version von mir, mit der ich mich nicht mehr so richtig wohlfühlte. Zu viele Filter, zu viel Retusche, zu viel Schönmalerei an Tagen, die eher grau als rosarot waren. Meine Fotos waren genau wie die geworden, an denen ich mich mein Leben lang orientiert hatte. Aber nun wollte ich endlich den Schein durchbrechen – *one post at a time.*

Foto für Foto legte ich meine Maske ab und traute mich, öffentlich Schwäche zu zeigen. Ich sprach jetzt das erste Mal über meine Ängste und Unsicherheiten, die einfach zu mir gehörten. Egal, welches Thema ich ansprach, Panikattacken, toxische Beziehungen oder Hautunreinheiten, mein Postfach explodierte mit Geschichten, die genauso auch in meinem eigenen Leben hätten stattfinden können. Meine Community liebte den ehrlichen Austausch, und viele fanden es erfrischend, einen echten Menschen im perfekten Quadrat zu sehen. Hunderte meiner Follower vernetzten sich untereinander, sie waren verbunden durch ihre unterschiedlichen Schicksale und ähnlichen Gefühle und schafften so, dass sich zahlreiche von uns nicht mehr allein fühlten.

Auch wenn ich es war, die diese Themen angesprochen hatte, waren es die individuellen Geschichten dieser fremden Menschen, die mich darin bestärkten, genau so weiterzumachen.

Ich zeigte mich weinend, wenn es mir wirklich schlecht ging. Versteckte meine Verzweiflung nicht mehr, wenn mir alles zu viel wurde. Ich verlangte Rücksicht, wenn ich Abstand brauchte, bat um Verzeihung, wenn ich etwas bereute, und stieß auf überwältigendes Verständnis und Liebe. Ich wurde nicht mehr als Konsumgut behandelt. Man sah mich als Mensch, der Fehler hat, und genau deshalb werde ich auch heute noch besonders herzlich aufgenommen.

Allerdings weiß ich auch, dass ich nicht überall gut ankomme. So ist es im echten Leben und so ist das auch im Internet. In meinem Postfach und unter meinen Fotos gibt es auch negative Nachrichten wie: »Wieso lispelst du denn plötzlich?« oder »Du darfst doch nichts zu Body Positivity sagen mit deiner dürren Figur!«.

Es waren nie viele, doch die, die ich las, nahm ich mir teilweise sehr zu Herzen. Ich bildete mir ein, wirklich zu lispeln und wurde für eine Weile immer stummer in den Storys. Meine Unsicherheit, ob ich mich wirklich gegen Nachrichten wie »Du bist abgemagert« wehren durfte, wurde präsenter. Wäre es wirklich unangebracht, zu sagen, dass dies kein Kompliment war und mir schrecklich wehtat, oder sollte ich vielleicht einfach mal die Klappe halten?

Nein, das würde ich nicht! Vielleicht war ich nicht immer stark, aber in die Entscheidung, mich ungefiltert zu zeigen und zu äußern, wollte ich mir nicht reinreden lassen. Es ist gut, zu hinterfragen, was man von sich gibt. Kritikunfähig bin ich nicht. Schon öfter habe ich reflektierend festgestellt, dass ich möglicherweise nicht ganz richtig lag. Doch auch ich darf mich mal irren, das erlaube ich mir. Aber ich werde mich nicht mehr überstimmen, grundlos herunterziehen oder bevormunden lassen. Es muss sich schließlich niemand anhören, was ich täglich vor mich hinplappere. Ich zwinge keinen, die von mir beworbenen Produkte zu kaufen oder mich zu mögen. Dafür gibt es den Entfolgen-Button. So einfach ist das.

Heute lösche ich Hasskommentare, Bullys werden blockiert und Drohungen ignoriere ich bis zu einem gewissen Punkt oder melde sie, sobald sie meine Toleranzgrenze überschreiten. Auch außerhalb von Instagram halte ich mich von allem fern, was mir grundlos schaden könnte. Klatschmagazine und Lästerforen verdrehen Fakten, ändern den Kontext und bauen eigene Storys, die schockieren sollen. Zum Großteil werden Lügen verbreitet. Meine Zeit verschwende ich nicht mehr damit, Menschen von mir zu überzeugen.

Du merkst, ich bin in vielerlei Hinsicht taff geworden. Das dicke Fell aus Misswahl-Zeiten habe ich noch heute, aber ich nenne es *Carmushka*. Die Person, die ich auf Instagram bin, schützt die Person, die ich bin, sobald die Kamera aus ist. Das klingt jetzt, als würde ich online etwas vorspielen. Aber so ist es nicht.

Ich versuche es mal mit einer Metapher zu erklären:

Was macht die Planung einer Party so kompliziert? Einiges, aber vor allem die Anzahl der Gäste und deren individuelle Erwartungen. Lade ich zehn Menschen auf meine Feier ein, ist die Auswahl der Musik, des Essens und des Abendprogramms recht einfach. Erhöhen wir die Anzahl nun auf hundert, ist es schon sehr viel schwerer, alle glücklich zu machen.

Inzwischen tanzen auf meiner Social-Media-Party täglich eine Million Gäste, die ich zufriedenstellen möchte. Auch wenn ich niemals alle glücklich machen oder von allen gemocht werden kann, nicht, dass das mein Ziel wäre, möchte ich doch wenigstens niemanden vor den Kopf stoßen.

Ja, ich bin dagegen, Frauen immer wieder danach zu fragen, wann sie denn endlich ein Kind bekommen.

Ja, ich bin natürlich darüber erschüttert und unglaublich sauer, dass in Polen Abtreibungen gesetzlich verboten sind!

Manche Themen will ich unbedingt ansprechen, egal, wie sehr ich mit ihnen bei manchen Partygästen vielleicht anecke. Doch einige Themen behalte ich für mich. Teils, um mich zu schützen, teils, um nicht unüberlegt Menschen zu beeinflussen. Wenn ich mit meinen Freundinnen quatsche, kann ich spontan und ohne stundenlange Recherche sagen: »Das ist eine Katastrophe, da muss man doch was machen!«

Sollte ich mit meiner Aussage falsch liegen, kann mein Gegenüber mir sofort widersprechen oder mir eine andere Sichtweise zeigen. Eine womöglich vorschnelle Äußerung in diesem privaten Rahmen hat keine großartigen Konsequenzen. Mache ich das Gleiche nun als *Carmushka* und irre mich, ist das mit dem Zurücknehmen nicht mehr so einfach. Ich kann den Fehler eingestehen, ja, aber vielleicht habe ich zu dem Zeitpunkt bereits Menschen mit meiner voreiligen Meinung beeinflusst.

Alles, was *Carmushka* ist, ist Carmen auch. Der Unterschied ist: Ich habe als Privatperson eine Meinung zu bestimmten Themen, die ich online nicht anspreche. Aus gutem Grund.

Viele Follower zu haben, bedeutet eine sehr große Verantwortung zu tragen. Eine Verantwortung, deren Ausmaß mir oft einfach zu unberechenbar erscheint.

Manchmal würde ich schon gerne auf das Schutzschild *Carmushka* verzichten und alles direkt sagen, was ich denke.

Aber *Carmushka* ist für viele wie eine Freundin oder eine Daily Soap geworden und genau so soll es bleiben. Als *Carmushka* möchte ich Leichtigkeit ausstrahlen, motivieren, unterhalten und Wichtiges ansprechen, wenn es an der Zeit ist. Mit meiner Online-Persönlichkeit biete ich eine Plattform, auf der sich alle willkommen fühlen sollen. Ich bin zu 100 Prozent *Carmushka*, doch zu Carmen gehört noch mehr, aber das ist Privatsache.

Nur gut, dass wir hier ganz privat sind.

* * *

Kommen wir zurück zum Punkt. Zu mir. Zu dir. Zu jeder einzelnen Person, die jemals an sich selbst gezweifelt hat.

Ich habe zu Beginn des Kapitels gesagt, dass die Erinnerung an den Vorfall aus der Straßenbahn der Grund dafür ist, weshalb ich meinen Wunsch überhaupt ins Universum geschickt habe. Diese Erfahrung erschütterte mein Weltbild und verursachte viele Wunden, die ich über die Jahre zu schließen versuchte. Doch wären es nicht diese Jugendlichen gewesen, die meine Selbstzweifel zum ersten Mal sichtbar gemacht hätten, wären es eben andere gewesen – oder eine andere Situation, zu einer anderen Zeit mit einer anderen Geschichte.

Die Täter*innen und Tatorte sind austauschbar, haben aber immer denselben Gedanken als Ergebnis: Ich bin nicht gut genug. Dieser stellt alles Vorausgegangene und Folgende infrage:

Wenn ich doch gar nicht gut genug bin, wie habe ich dann dies oder jenes geschafft? Wie werde ich jemals meine Ziele erreichen? Wie kann er oder sie mich überhaupt mögen, wenn ich doch nicht gut genug bin?

Erst, wenn wir all die Unsicherheiten und das ungute Gefühl in der Magengrube als Mangel an Selbstliebe erkennen, können wir eingreifen. Dann betreiben wir Schadensbegrenzung, um uns so zu fühlen, als hätte es die negativen Gedanken gar nicht erst gegeben.

Doch ich muss dich enttäuschen. Diese Gedanken kannst du nicht rückwirkend löschen. Ob deine Gegenwart und Zukunft jedoch schlechter oder besser sein wird, liegt – und hier kommen wir zum guten Teil – allein an dir!

Um zu der Frau zu werden, die ich nun voller Stolz und mit einem gesunden Maß an Schwäche bin, habe ich viele Entscheidungen getroffen und Ansichten vertreten, die heute nicht mehr zu mir passen. Das heißt aber nicht, dass ich sie bereue. Meine Nasen-OP war nicht nötig, um mich schöner zu fühlen. Sie war das Ergebnis einer Überkompensation, mit der ich mich von der »hässlichen Leseratte« abgrenzen wollte, die ich zu sein glaubte. Ich *bereue* die Schönheits-OP jedoch nicht. Auf lange Sicht wäre ich wahrscheinlich genauso glücklich ohne gewesen, aber ich brauchte sie in dieser Phase meines Lebens für mein persönliches Wachstum.

Wenn ich heute zum Friseur gehe, mich schminke oder etwas an meinem Look verändere, mache ich das mir zuliebe. Die Blicke anderer beeinflussen meine Entscheidungen nicht mehr.

Ich ließ mich von fremden Männern und Frauen – okay, hauptsächlich Männern – auf einer Bühne bewerten und im Privatleben nach ihren Vorstellungen zurechtbiegen. Mein Glück machte ich abhängig von der Meinung anderer und verglich mich in allen Lebenslagen: *Sie ist hübscher als ich. Sie sieht schon viel erwachsener aus als ich. Er ist witziger. Sie sind schlauer und dieses Foto hat mehr Likes, als ich jemals bekommen werde.*

Das sind keine schönen Gedanken. Und vor allem sind sie nicht hilfreich. Sich zu vergleichen, tut weh und behindert dich auf dem Weg zu dir selbst. Es ist egal, wie viele Freund*innen oder Follower die anderen haben. Es ist egal, wie viele Komplimente oder Likes die anderen bekommen. Es wird immer Menschen geben, die in irgendetwas besser sind als du, als ich. *Die Besseren* denken exakt dasselbe über nochmal Bessere und das ist okay. Wir brauchen Vorbilder, Menschen, die uns inspirieren, um selbst zu wachsen. Doch wir müssen nicht wie jemand anderes sein, um gut genug zu sein. Das sind wir ganz von allein.

Mutig genug, schlau genug, witzig genug, hübsch genug. Genug!

* * *

So habe ich meinem Universum gezeigt, dass ich genug bin:

Unvergleichlich gut sein: Ich kann es nicht oft genug sagen: Vergleichen ist gefährlich, schmerzhaft und absolut nicht notwendig, um dich selbst so zu lieben, wie du bist.

Solange ich mich mit anderen verglichen habe, habe ich meinem Universum falsche Signale gesendet. Auch wenn ich es nicht wollte, kam ich nicht aus dieser Denkweise raus. Sobald ich heute merke, dass ich mich vergleiche, zwinge ich mich dazu, sofort die Sichtweise zu wechseln. Ich sage nicht mehr: »Ich hätte auch gerne ihre natürlichen Sommersprossen«, sondern freue mich, dass es auf der Welt so eine schöne Frau gibt. Ich weiß nicht, was in ihr vorgeht, ob sie jemals gehänselt wurde oder vielleicht unzufrieden mit ihren Ohren ist, wer weiß? Es wäre nicht fair ihr gegenüber, sie auf ihre Sommersprossen zu reduzieren.

Es ist nicht immer leicht, stärker als die doofe Angewohnheit des Vergleichens zu sein, doch es funktioniert. Und mit jedem Tag, an dem ich es nicht tue, verliebe ich mich ein bisschen mehr in mich selbst und das Leben, das ich mir aufgebaut habe. Wenn ich nicht gut genug wäre, stünde ich schließlich nicht hier. Führte nicht die Beziehung mit meinem Traummann, könnte nicht die süßeste Tochter mein nennen, wäre beruflich nicht so erfolgreich und, und, und …

Toxische Gedanken ausmisten: Egal, wie sehr man sich auch vornimmt, nur positive Gedanken zuzulassen, will es doch manchmal einfach nicht funktionieren.

Wir können nicht auf Zehenspitzen durchs Leben gehen und hoffen, dass negatives Gedankengut uns verschont. Wir müssen ganz aktiv dafür sorgen, es so klein wie möglich zu halten!

Etwas, das mir dabei unglaublich gut hilft, ist das regelmäßige Ausmisten meiner Abos in den sozialen Medien. Einmal im Monat scrolle ich meinen Feed durch und entfolge sofort Menschen oder Unternehmen, die zwischen mir und einem positiven Selbstwertgefühl stehen. Accounts, die ich nicht ganz aus meinem Leben entfernen möchte, die mir aber in genau dieser Situation in meinem Leben nicht guttun, entfolge ich nicht direkt, sondern stelle die Beiträge einfach auf stumm und gönne mir so eine Pause.

Jeden Monat nehme ich mir vor, mindestens zehn Personen aus der Abo-Liste zu streichen und stattdessen fünf neuen Personen zu folgen, die sich mit Themen beschäftigen, die mich in diesem Moment interessieren. Sollte ich die Aussortierten einen Monat später vermissen, kann ich sie als eine der fünf neuen einfach wieder hinzufügen!

Pause-Taste drücken: Noch immer habe ich Tage, an denen ich mich nicht wohl mit mir selbst fühle, mir alles zu viel wird, alles schiefgeht und ich nur eine Person für das Schlamassel verantwortlich mache: mich. Trotz des Wissens, dass ich genauso, wie ich bin, genug bin, kann ich diese negativen Gedanken nicht immer vermeiden. Aber ich kann sie entkräften. Habe ich einen solchen schlechten Tag, ignoriere ich meine To-dos und verschiebe Termine. Dann brauche ich Zeit für Dinge, die mich wieder erden.

Statt alles zu zerdenken und Chaos im Kopf zu stiften, laufe ich für eine Stunde ziellos durch die Natur oder Stadt, lese ein Buch in der Badewanne oder widme mich einem Hörbuch, während ich die Wäsche falte. In diesen Pausen erlaube ich keine Negativität und mache erst mit dem Daily Business weiter, sobald sich die Gedanken in meinem Kopf klarer und liebevoller anfühlen.

Geschichten umschreiben: Mein Straßenbahnerlebnis halte ich nicht in einem Tagebucheintrag fest, um mich immer wieder daran zu erinnern, sondern um mich aus der Opferrolle herauszuschreiben. Situationen, in denen ich mich schwach und schlecht fühlte, formuliere ich um. Ich mache mich zur Heldin, die wie *Molly Moon* durch Hypnose ihre Widersacher mit einem Blick unter Kontrolle bringt. Die Jugendlichen in meiner Lebensgeschichte verleite ich dazu, ihre Kampfeslust gegen Nächstenliebe einzutauschen und mache die Welt so zu einem besseren Ort. Es ist völlig egal, dass es so nie passiert ist. Das ist die Geschichte, die mein Tagebuch zu lesen bekommt! Bei wiederholtem Lesen wird das Gehirn die eigentliche Situation nun mit positiven Stimulationen verbinden. Mache ich das oft genug, werden die echten Erinnerungen weniger schmerzhaft und real.

Verleihe deinem Vergangenheits-Ich Zauberkräfte, mache dich zum mutigsten Menschen der Welt oder gib dir die Stärke, dich zu wehren. Tue dir selbst einen riesigen Gefallen und schreibe deine alten Geschichten um, damit du deine Zukunft ohne Tricks so gestalten kannst, wie du es dir immer gewünscht hast.

Genug zu sein, ist kein Wunsch, den wir uns erfüllen müssen. Wir sind es – sogar ohne Universum. Punkt.

Unser Universum kann uns lediglich dabei helfen, es endlich zu erkennen.

LIEBES UNIVERSUM,

WAS WÜRDEST DU MIR RATEN, WENN ...

... ICH MICH IMMER DEN MENSCHEN AUS MEINER UMGEBUNG ANPASSE UND NICHT WEISS, OB ICH ÜBERHAUPT SELBST EINEN CHARAKTER HABE?

Wir finden Menschen großartig, die authentisch sind, aber glauben oft, uns selbst anpassen und verbiegen zu müssen.

Sagen wir, Charakter ist das, was wir mit unserem Temperament und aus dem, was wir bislang gelernt haben, machen. Jeder Mensch hat einen individuellen, der entdeckt und ganz bewusst gelebt werden will.

Vielleicht bist du von Natur aus ein harmonieliebender Mensch und hast die Erfahrung gemacht, dass du Ablehnung und Konflikten entgehen kannst, indem du dich anpasst. Die Sache ist nun ein wenig aus dem Ruder gelaufen, wenn du auf dieser Harmoniebedürftigkeit deinen ganzen Charakter aufbaust. Da ist noch viel mehr! Schenke deinem eigenen Willen mehr Aufmerksamkeit. Dafür musst du erst mal wieder lernen, dich zu spüren. Die Fühler, die du zu sehr nach außen streckst, solltest du öfter nach innen richten und dich fragen, was du eigentlich spürst. Jedes Mal, wenn du innehältst und nach dem horchst, was du wirklich möchtest, und dich traust, danach zu handeln, formst du deinen Charakter.

Versuche mal, anzuecken und dich nicht nach anderen zu richten. Beobachte, was geschieht und wie du dich selbst dadurch wahrnimmst. Wirkst du nun vielleicht authentischer und mehr als eine individuelle Person?

... ICH MICH DAUERND MIT ANDEREN VERGLEICHE?

Sich ab und an zu vergleichen, hilft uns dabei, zu erkennen, wo wir stehen und wonach wir streben. Es kann motivieren oder demotivieren. Vielleicht fühlst du dich besser, wenn du dich »nach unten« vergleichst, aber nimmst dir auch gleichzeitig die Motivation, zu wachsen. Das Mindset, das du mit in diese Vergleiche bringst, ist ausschlaggebend für die Gefühle, die du dir selbst einpflanzt.

Letztlich ist es okay, nach links, rechts, oben und unten zu blicken, doch zwanghaftes Vergleichen wird dich nie etwas Neues über dich lehren. Es hilft dir nicht weiter, bewirkt meist nur, dass du dich schlechter fühlst.

Lass einfach mal deine Gefühle der Unsicherheit zu oder besser noch: Gleiche hin und wieder dein Bild von dir selbst an. Was macht den Menschen aus, der du wirklich sein möchtest?

... ICH NIE MIT MIR ZUFRIEDEN BIN UND MICH NICHT SELBST AKZEPTIEREN KANN?

In deiner Vorstellung musst du erst Leistung zeigen, bevor du zufrieden bist. Dabei sind deine Ansprüche unerbittlich und so hoch, dass sie gar nicht erfüllbar sind. Wenn deine Selbstakzeptanz daran geknüpft ist, dann wirst du das tatsächlich nie erreichen. Du kannst dir aber die Ansprüche, die du dir selbst auferlegt hast, als einen Teil von dir, deinem inneren Kritiker oder Soll-Ich bewusst machen. Du kannst dieser Instanz zuhören, musst aber nicht alles tun, was sie sagt. Werde dir zunächst klar, was deine hohen

Ansprüche eigentlich alles fordern. Dann kannst du feststellen: Ist das fair? Sind diese Regeln noch aktuell? Falls nicht, hast du die Macht, das Regelwerk umzugestalten. Bekämpfe den Kritiker in dir nicht, aber versuche auch nicht, blind nach seiner Pfeife zu tanzen. Verpasse ihm viel lieber regelmäßige Updates, die zu dir und deinem Leben passen. So kann er sich mit der Zeit zu einem konstruktiven, inneren Coach wandeln.

Lenke den Blick auch öfter darauf, was du kannst, welche positiven Eigenschaften du besitzt und was du in deinem Leben schon erreicht hast. Dazu zählen all die Dinge, die für dich selbstverständlich sind.

Vergiss nicht, dass dein Wert als Person weder von Leistung noch von anderen Kriterien abhängt. Erkenne dafür selbst, dass du diesen unabhängigen Wert hast, weil du einfach so genug bist.

... ICH SEIT JAHREN VERSUCHE, MICH ZU FINDEN, ABER IMMER ANDERE AN ERSTE STELLE SETZE?

Du solltest andere nicht über dein eigenes Wohl stellen, nur um dich anzupassen und akzeptiert zu werden. Wenn du nämlich deine eigenen Bedürfnisse nicht erfüllen kannst, hoffst du insgeheim auf die Erfüllung durch andere. Und das tut weder dir noch den Menschen in deinem Leben gut.

Sobald du auf dich achtest, kannst du Herzensanliegen und Herzensmenschen zu dir an die erste Stelle setzen. Auf Dauer ist es nämlich auch nicht erfüllend, ausschließlich um sich selbst und die eigenen Bedürfnisse zu kreisen. In der Verbundenheit mit anderen liegt die Möglichkeit, uns selbst tiefer zu spüren – und vielleicht zu finden. Selbstfindung ist ein lebenslanger Prozess, da wir uns dauernd verändern und an unseren Erfahrungen wachsen. Verbinde dich immer wieder mit deinem Körper und deiner Gedankenwelt, indem du dir folgende Fragen stellst: Was spüre, denke und fühle ich gerade? Welchen Impuls habe ich jetzt, was ist jetzt richtig?

Wenn wir auf unsere Signale hören, schickt uns die Intuition – das Universum – Informationen, die uns weiter in Richtung unserer Sehnsucht und Wünsche bringen.

... ICH EIN UNFALL WAR UND MEINE MUTTER DAS IMMER WIEDER BETONT?

Es tut mir sehr leid, dass du dich nie von Herzen willkommen gefühlt hast. Du kannst deine Vergangenheit und deine Mutter nicht ändern, doch für dich etwas nachholen, was du nie erlebt hast: Heiße dich selbst willkommen.

Du darfst dich jetzt vom Leben deiner Mutter abnabeln und dieses Denken an sie zurückgeben. Wenn deine Mutter kein Kind geplant hatte, hat das nichts mit dir persönlich zu tun. Auch, wenn es dich natürlich schmerzt und kränkt.

Vielleicht suchst du ein klärendes Gespräch mit ihr. Wenn du sie, ihre Motive und Gründe besser verstehst, wird wahrscheinlich auch dein Schmerz weniger, weil du erkennst, dass ihre Gefühle nicht an dir liegen. Diese Einstellung war schon vor deiner Geburt Teil ihres Lebens. Deine Mutter hat dich dennoch auf die Welt gebracht und aufgezogen. Sie hat dir gegeben, was sie konnte. Egal, wie viel oder wenig das in deinen Augen sein mag.

Betrachte ein Bild aus deiner Kindheit, betrachte dich im Spiegel, betrachte dein Leben, deine Beziehungen, deine Erinnerungen – dein Leben ist etwas Gutes. Du besitzt die Macht, etwas negativ Belegtes in etwas unglaublich Positives zu verwandeln.

LIEBES UNIVERSUM,
ICH ZIEHE GUTES KARMA AN

Mein Hobby, »gutes Karma sammeln«, betreibe ich seit meiner Jugend mit voller Leidenschaft. Vermutlich kam ich zum ersten Mal während der Mittelstufe mit dem Begriff Karma in Berührung, als wir im Religionsunterricht über Buddhismus sprachen.

So wie ich es verstehe, ist es ganz egal, welcher Religion man angehört – auch ich als katholisch erzogene Polin bin ein fester Bestandteil des Karma-Kreislaufes und kann durch Taten und Gedanken, die ich in die Welt sende, mein Schicksal bestimmen.

Tue ich Gutes, erhalte ich Gutes. Denke ich Schönes, erhalte ich Schönes. Verhalte ich mich schlecht, wird mir Schlechtes zuteil.

Dieser Ansatz leuchtete mir bereits damals ein und klang so fair, dass ich ihn direkt auf die Probe stellte:

Tausche gefundenes Handy gegen gutes Karma!
Ich stehe in der großen Pause vor dem Haupteingang.
C.K.

Das teure Telefon hatte ich am Morgen vor der ersten Stunde auf dem Pausenhof gefunden. Es lag dort unversehrt auf der Treppe, wo die Oberstufenschüler*innen sich immer versammelten und den Rest von uns mit urteilenden Blicken beobachteten. Wie leicht es gewesen wäre, das Teil einfach einzustecken und es gegen mein Third-Hand-Telefon einzutauschen. So ein aktuelles Modell hätte ich mir als Sechzehnjährige nämlich niemals leisten können. Aber nein, dieser Fund sollte mir meine erste Portion gutes Karma bescheren!

Der Besitzer des Smartphones sah meinen kritzeligen Aushang am schwarzen Brett des Gymnasiums und suchte mich wenige Stunden später tatsächlich vor dem Haupteingang der Schule auf. Bei der nervösen Übergabe freute ich mich schon über die erste Einzahlung auf meinem Karmakonto. Doch das Schöne, der Ausgleich des Handydeals, blieb auch noch Jahre später aus. Alles, was ich bekam, waren Herzschmerz und wachsende Unsicherheit.

Ich hatte keine Ahnung, was ich mit meinem Leben anstellen sollte und zweifelte an allem. Ganz besonders an mir, aber dennoch niemals an der Macht des Karmas. Es war unfehlbar, daran glaubte ich fest. Also begann ich, nach dem Grund zu suchen, wieso der Karma-Kreislauf bei mir nicht zu funktionieren schien. Wo war der Fehler in der Matrix?

Ich hatte nichts gestohlen, log meine Familie und Freund*innen nicht an, stellte meine Bedürfnisse oft hinter die anderer und verhielt mich auch in allen anderen Lebenslagen wie ein netter Mensch, dem Gutes zusteht. Doch wieso geschah dann all der Mist? Der Überfall, die Angst, die Trennung, die Gewalt?

Als ich mich viele Jahre nach dem ersten Kontakt mit dem Thema näher mit dem Gesetz der Anziehung beschäftigte, fand ich die Antwort mal wieder bei *Rhonda Byrne* – auch wenn Karma nicht wirklich Teil von *The Secret* ist. Doch im Grunde waren das Universum, die Macht der Gedanken und auch der unendliche Karma-Kreislauf identisch. Zumindest in der Art, in der ich die Begriffe für mich und mein Leben definierte. Es sind nicht immer Taten, die schlechtes Karma herbeiführen. Besonders Gedanken spielen eine Rolle. Ich hatte eine Zeit lang so viel negative Energie in mein Leben und in die Welt um mich gesendet, dass ich meinem

Universum quasi keine andere Chance ließ, als mir eine Katastrophe nach der anderen zu schicken.

In fast jedem vorherigen Kapitel liest du, wie ich meine negativen Gedanken ganz bewusst umgekehrt habe und sie in etwas verwandelte, das mir keine Dramen mehr schickte. Zu wissen, dass schlechtes Denken nur Unheilvolles bringt, ist der erste Schritt zu einem besseren Karma. Doch noch lange nicht der letzte.

Liebes Universum, ich denke positiv

Besonders in meinen frühen Zwanzigern, dem Epizentrum der Negativität, fiel es mir schwer, am Positiven in der Welt festzuhalten. Flugangst, Hundebiss, toxische Beziehungen … Meine Liste ist lang und du kennst sie ja mittlerweile nur zu gut. Und das Schlimmste daran war, dass all dieses Pech mitunter meine Schuld war. Weil ich zuließ, immer wieder das Opfer zu sein. Doch davon hatte ich die Schnauze voll! Als ich mich gerade aus der Beziehung mit meinem gewalttätigen Ex befreit hatte, war es an der Zeit, eine Bestandsaufnahme zu machen, um mich selbst und meine Situation besser einordnen zu können. Ich öffnete die Notizen-App auf meinem Handy und befragte mich selbst:

Wo stehe ich?

Also wortwörtlich sitze ich mit angezogenen Beinen in der merkwürdig tiefen Duschwanne in circa dreißig Zentimeter hohem Wasser. Nicht nur das kleine Badezimmer engt mich ein, sondern die ganze Wohnung. An diesem Ort habe ich viel zu viel mitgemacht. Jede Ecke und jedes Möbelstück erinnert mich daran, dass ich zugelassen habe, schlecht behandelt worden zu sein.

Selbstzweifel und Vorwürfe begleiten mich hier täglich. Doch ich spüre die Schwelle schon, an der ich stehe. Bald wird sich etwas verändern, aber ich kann es noch nicht ganz greifen.

Was tue ich?

Wenn ich nicht gerade bade, studiere oder einem meiner Nebenjobs nachgehe, sitze ich zuhause, verkrieche mich auf der Couch, schalte den Fernseher ein und lasse mich berieseln, ohne wirklich hinzusehen. Ich hänge am Handy, schaue mir die schönen Leben der anderen an und bemitleide mich selbst.

Was denke ich?

Eigentlich sollte ich mir selbst stolz auf die Schulter klopfen und meinem Spiegelbild sagen, dass ich eine starke Frau bin, die sich aus vielen misslichen Lagen befreit hat. Ich denke darüber nach, so zu denken. Aber realistisch betrachtet, kreisen meine Gedanken darum, wie dumm ich war. Wie leichtsinnig. Wie schwach und naiv.

Mit wem umgebe ich mich?

Zählt meine fluffige süße Katze Jola als Umgang? Falls ja, ist sie wohl das Lebewesen, mit dem ich meine Zeit hauptsächlich verbringe. Mit den Ausnahmen, in denen Alina, Anna, Mirja, Janine, Jana und Laura mich auf die Tanzfläche ziehen wollen, weil sie mein Trauerspiel und die Schokoflecken auf meinem Pyjama nicht mehr ertragen.

Was erwarte ich?

Erleuchtung. Den absoluten Durchblick. Gutes Karma. Glück. Bedingungslose Liebe. Ein Zuhause, in dem ich atmen kann. Einen Job, der mich wachsen lässt. Veränderung.

Mit dem letzten Punkt auf meiner Liste legte ich das Handy in sichere Entfernung auf den Badezimmerboden und stellte den

Duschkopf wieder an. Warmes Wasser prasselte auf mich nieder, die städtische Geräuschkulisse, die durch das offene Fenster drang, war nur noch ein dumpfes Summen und meine Gedanken flossen ziellos umher.

Mit geschlossenen Lidern beobachtete ich vor meinem inneren Auge, wie meine Wünsche und Erwartungen an mein Leben und an mich selbst ganz dicht an der Wasseroberfläche schwammen, es aber nicht schafften, diese zu durchbrechen. Ich entdeckte Gefühle, die sich scheinbar unbemerkt in der Tiefe zu verstecken versuchten. Plötzlich wurde es hell in meinem Gedankenpool. Sonnenstrahlen durchbrachen das Dunkel und zeigten mir ganz klar: Das Chaos, das mich in diesem Moment umgab, war nichts anderes als mein Leben. Meine Erfahrungen. Meine Vergangenheit. Nur ich hatte die Macht zu entscheiden, was davon mit mir durch die Wasseroberfläche nach oben dringen durfte.

In dem Moment, in dem ich die Augen wieder öffnete, ich mich aus der mittlerweile gefährlich vollen Duschwanne erhob und mir die Nachmittagssonne durch die Glaskabine ins Gesicht strahlte, hatte sich etwas verändert. Es war, als wäre die Welt ein klein wenig anders auf ihrer Achse aufgestellt und als hätte sich mir dadurch ein neuer Blickwinkel auf mein Universum eröffnet. Eine Sichtweise, die es mir endlich erlaubte, Vergangenes vergangen sein zu lassen und bewusst darüber zu entscheiden, welches Gedankengut ich mit in meine Zukunft nehmen würde.

In den folgenden Monaten und Jahren konzentrierte ich mich darauf, die bösen Gedanken aus meinem Kopf zu vertreiben oder sie zumindest in eine andere Kraft umzuwandeln.

Meine Ängste machte ich zu der Portion Mut, die es brauchte, um mich ihnen zu stellen. Meine Selbstzweifel überwand ich mit beruflichen und privaten Erfolgserlebnissen. Groll, den ich gegen Menschen hegte, die mich enttäuscht und verletzt hatten, verwandelte ich ganz bewusst in Vergebung.

Meine Tricks, um positives Denken zu etablieren, habe ich dir an der ein oder anderen Stelle schon offenbart.

Den wichtigsten, simpelsten und effektivsten möchte ich hier trotzdem nochmal ein paar Zeilen widmen:

Noch heute wähle ich meinen Wortschatz ganz bewusst und streiche die Worte »Problem« und »müssen« aus dem Carmen-Wörterbuch. Bei »müssen« fällt es mir oft noch schwer. Selbst während des Schreibens dieses Buches habe ich die Berechtigung dieses Wortes in den betreffenden Sätzen hinterfragt und mich in manchen Fällen bewusst dafür entschieden.

Kommen wir zu meinem wichtigsten Trick: Negatives erkennen und einen großen Bogen darum machen. Nehmen wir zum Beispiel ungesundes Vergleichen mit anderen: schrillende Alarmglocken! Gefahr erkennen, App schließen oder aus der Situation fliehen, Gedanken abschütteln und weitermachen. Das gilt auch für falsche Freundschaften. Toxisches Verhalten nicht schönreden, sondern es als das sehen, was es ist: Pure Negativität, die ich in meinem Leben nicht dulde.

Diese Methoden halfen mir dabei, mich endlich aus der Opferrolle zu befreien. Mit jedem verstrichenen Jahr sagte ich auf Nimmerwiedersehen zur Selbstmanipulation und schuf Platz für all das gute Karma, das ich mir verdient habe.

Liebes Universum, ich erkenne mein Glück, wenn es vor mir steht

Heute weiß ich, dass mir mit Anfang zwanzig nicht ausschließlich Schlechtes passierte. Die niederschmetternden Ereignisse waren einfach nur lauter und penetranter als das Gute, das versuchte, seinen Platz in meinem Leben einzunehmen. Ich habe es einfach nicht erkannt und mir selbst und meinem Glück keine echte Chance gegeben.

So blind ging ich nach der harten Arbeit an meinem Mindset nicht mehr durchs Leben und empfing endlich das Glück, nach dem ich mich so sehnte:

Bedingungslose Liebe, umgeben von grellen Neonlichtern und einem verschmitzten Grinsen im Gesicht.

Meinen Traumjob, den ich mir selbst erschaffen habe und mit jedem Lebensjahr und mit jeder neuen Leidenschaft gestalte.

Finanzielle Unabhängigkeit, die mir (fast) alles ermöglicht, und mir auf die materiellste Art zeigt, wie kraftvoll mein Universum und meine Fähigkeit ist, es zu kontrollieren.

Echte Freundschaft, die Fehler verzeiht und an meiner Seite lacht, weint, tanzt und liebt.

Mut und Stärke, die **Kontrolle über das eigene Leben** zurückzuerlangen und zu erkennen, dass es immer einen Weg nach vorne gibt.

Überforderndes, zu Tränen rührendes, pures **Mutterglück** mit all seinen Auf und Abs.

Eine Heimat, die sich aus unglaublich vielen Teilen zusammensetzt, und mir das Gefühl vermittelt, wirklich angekommen zu sein.

Die Erkenntnis: **Ich bin genug.** Selbstliebe in all ihrer Einfachheit und dennoch unglaublichen Komplexität zu erleben.

Liebes Universum, mein Glück vermehrt sich

In meiner Vergangenheit dachte ich oft, dass der ganze Mist, der mir passiert war, viel zu viel für ein einziges Leben war. Jetzt habe ich manchmal das Gefühl, viel zu viel Glück für einen Menschen allein zu haben. Deshalb teile ich es, ohne auch nur einen einzigen Funken davon zu verlieren.

Meine erste große Glücks-Teiler-Aktion fand im Sommer 2019 statt – ein richtiges Glücksjahr, wie sich noch herausstellen sollte.

Ich lud zehn Frauen, die ihre Instagram-Karriere richtig angehen und ausbauen wollten, ins *Carmushka-Summerhouse* ein.

Obwohl ich generell niemandem eine lehrreiche Das-ist-ver-dammt-schiefgelaufen-Erfahrung verwehren will, wäre ich doch in meinen Anfängen im Social-Media-Getümmel sehr dankbar für ein kleines bisschen Anleitung, ein paar Connections und den ein oder anderen Schubser in die richtige Richtung gewesen.

Die Auswahl der Teilnehmerinnen machte ich mir gemeinsam mit meinem Management zur Aufgabe. Dabei achteten wir weder darauf, wie viele Follower jemand hatte, in welchen Kreisen sich die Person bewegte, geschweige denn, welchen Look die Mädels hatten. Auch wenn es auf dem später entstandenen Gruppenfoto deutlich danach aussah, als hätte »blond« ganz oben auf unserer Kriterienliste gestanden. Das war einfach Zufall.

Bei der Auswahl schauten wir uns den Online-Charakter an. Im *Summerhouse* sollte keine zweite, dritte, vierte *Carmushka* erschaffen werden. Vielmehr ging es darum, Potentiale zu erkennen und diese aufzubauen und dem Creator-Nachwuchs eine Chance zu geben, seine Nische zu finden.

Als unsere Auswahl endlich stand, freuten wir uns auf die Tage unter der Sonne Ibizas, in denen ich gemeinsam mit den zehn Mädels mein Glück teilen konnte. Um sicherzugehen, dass keine der Teilnehmerinnen es einfach nur auf einen kostenlosen Urlaub in der Sonne abgesehen hatte, war das Flugticket nicht im *Summerhouse*-Deal inbegriffen.

In Workshops zur Content-Erschaffung gab ich mein Know-how weiter. Wir hatten Expert*innen aus der Branche vor Ort, von denen selbst ich noch das ein oder andere lernte, und die Mädels bekamen die Gelegenheit, erste Kontakte zu großen Firmen und Marken zu knüpfen, die auf Influencer Marketing setzten. Was wir in diesen Tagen gemeinsam erarbeiteten, machte mich stolz und erweckte den Ehrgeiz in mir, noch mehr von meinem Glück zu teilen. Bevor also das letzte Seminar auf Ibiza vorüber war, stand fest: Das wiederholen wir – mit neuen Teilnehmer*innen im *Carmushka-Winterhouse*!

Es war und ist genug Social Media für alle da. Wer sich in diese Richtung entwickeln will, soll auch die Chance dazu bekommen. Ich habe keine Sorge, dass ich durch eine wachsende Konkurrenz weniger Jobs bekomme. Nur weil jemand anderes mit einer Marke arbeitet, die ich auch gerne für mich gewinnen würde, habe ich nichts verloren. Entweder, wir kommen trotzdem zusammen oder es hat einfach nicht sollen sein.

Doch ich hatte noch mehr als professionelles Know-how und Vitamin B zu geben und so strich ich im Herbst und Winter desselben Jahres – ich sag's doch, Glücksjahr! – ein unheimlich großes To-do von meiner Liste:

~~Ein erfolgreiches Wohltätigkeitsprojekt leiten~~

Bevor ich auch nur annähernd genug Geld auf meinem Konto hatte, um mich selbst zu finanzieren, stand dieses Lebensziel schon auf meiner Bucket-List und mit jedem erfolgreichen Geschäftsjahr wurde die Erfüllung greifbarer.

Aber spulen wir zunächst ein paar Jahre zurück: Es ist 2016 und ich liege gemeinsam mit Niclas in unserem ersten gemeinsamen Urlaub am scheinbar endlosen Strand auf Mauritius. Ab dem ersten Schritt auf dieser Trauminsel dachte ich mit keiner Faser meines Körpers mehr an die sich türmenden E-Mails in meinem Postfach oder das zunehmend graue Wetter in Deutschland. Alles Negative zählte hier nicht. Im Urlaubsparadies war die Welt in Ordnung.

Dass Niclas' und mein Sonnenscheingemüt lediglich unsere Leben mit Positivität durchfluteten und andere Menschen an anderen Orten genau das Gegenteil erlebten, wurde uns am vierten Strandtag bewusst. Auf Niclas' Handy leuchtete eine Benachrichtigung eines Facebook-Gruppenchats auf, den ein alter Freund eröffnet hatte. Neben Niclas und seinem Bruder war gefühlt halb Köln in diesem Chat. Und das hatte auch einen triftigen Grund:

Der Chat-Admin war im Zuge seiner Weltreise gerade in Malawi angekommen und schwärmte von der überwältigenden Schönheit des Landes und der Herzlichkeit der Menschen. Er berichtete aber auch, wie sehr ihn das unbeschreibliche Leid, das ihm dort begegnet war, erschütterte. Das Land hatte erst kurz vor seiner Ankunft eine unberechenbare Flut erlitten und musste nun mit den katastrophalen Nachwirkungen kämpfen. Ernteausfall, Hungersnot und Obdachlosigkeit waren nicht die einzigen, wohl doch in diesem Moment die größten Nöte der Malawier*innen. Mit dem Facebook-Chat wollte Niclas' Kumpel so viele seiner Freund*innen wie nur möglich erreichen und um finanzielle Unterstützung für die Einwohner*innen bitten.

»Egal, wie viel, Hauptsache irgendwas!«, lautete seine Bitte, der wir natürlich sofort nachkommen wollten. Schnell packten wir unsere Strandsachen in die Tasche, kehrten dem türkisen Wasser den Rücken zu und machten uns auf die Suche nach stabilem WLAN für die Online-Überweisung. Noch auf dem Weg zurück in unser wunderschönes Resort schauten wir uns die Fotos aus Malawi an, die mittlerweile in den Gruppenchat geladen waren.

»Wie unfair das ist«, sagte Niclas bedrückt zu mir. »Wir laufen hier durchs Paradies und nehmen uns eine Auszeit vom verhältnismäßigen Luxusleben und anderswo kämpfen Menschen ums nackte Überleben.«

»Ich weiß.« Der Kloß in meinem Hals erlaubte mir keine weiteren Worte.

Nach getätigter Überweisung und kurzem Austausch über Facebook wurde Niclas und mir klar, was nun unsere Aufgabe war: Meine Reichweite nutzen.

Ich schluckte den Kloß in meinem Hals hinunter und sprach nur ein paar Klicks später zu meinen damals knapp 30K Followern, schilderte die Situation und bat darum, eine Spende in Betracht zu ziehen.

Zunächst war ich mir noch unsicher, wie meine Community darauf reagieren würde – ich hatte noch nie einen Spendenaufruf gestartet. Doch meine Gedanken waren komplett unbegründet, denn innerhalb eines Tages sammelten wir ganze 8000 Euro.

Menschen, die eigentlich nichts mit den Schicksalen in der Ferne zu tun hatten, hatten dies ermöglicht.

»Was meinst du, was wir zusammen mit der Community noch alles auf die Beine stellen können?«, lautete meine Frage, die wir uns drei Jahre später, im Glücksjahr 2019, selbst beantworteten.

Seit meines ersten Spendenaufrufes setzte sich in mir der Wunsch fest, etwas Großes zu ermöglichen. Etwas, das nachhaltig hilft, eine bessere Zukunft verspricht und Hoffnung sät. Ich wollte eine Schule bauen. In Malawi.

Niclas' Kumpel war nicht nur zu einem guten Bekannten von mir, sondern auch zu unserem Ansprechpartner in der *Bücherbörse Köln* geworden. Diese hatte er zusammen mit seiner Partnerin und Freunden nach seiner Weltreise gegründet. Mein Plan kam bei den beiden natürlich sehr gut an. Innerhalb weniger Tage vermittelten sie uns an Kontaktpersonen in Malawi und kurze Zeit später stand fest: Ja, wir bauen tatsächlich eine Schule!

Die Verträge waren unterschrieben, das Land ausgesucht und für 10000 Euro von uns bereits gekauft. Jetzt fehlte nur noch eins: Das Geld, um den Bau der Grundschule zu finanzieren. 62500 Euro.

»Was machen wir denn, wenn meine Community diesmal nicht bereit ist, so viel zu spenden?«, fragte ich meinen Mann hilfesuchend eine Woche vor dem Aufruf über Instagram.

»Mach dir mal keine Sorgen. Wir haben drei Monate Zeit, und sobald wir erst mal vor Ort sind und zeigen, wie die ersten Steine gesetzt werden, wollen bestimmt immer mehr Menschen helfen«, beruhigte er mich und fuhr etwas trockener fort: »Wenn's hart auf hart kommt, bezahlen wir den Rest. Dann gibt's vorerst keine großen Investitionen oder Urlaub. Das kriegen wir auch irgendwie hin.«

Wenige Tage später war das Spendenkonto final eingerichtet und die technischen Aspekte der Spendenübermittlung abgewickelt. Mit zittrigen Fingern hielt ich den Aufnahmebutton des Story-Features gedrückt und stellte mein Herzensprojekt Schulbau vor. Ich bat um Hilfe, den Traum von der *Malawi Primary School* und das damit verbundene Spendenziel von mehreren zehntausend Euros gemeinsam zu verwirklichen. Die Aufnahme war im Kasten. Showtime!

Mir war speiübel, als ich die Instagram-Story mit passendem Swipe-up postete. Ich hoffte einfach nur, dass meine Carmushkis genauso für dieses Projekt brannten und daran glaubten wie ich.

Zwei Stunden, so lange dauerte es, bis wir, meine Follower, Niclas und ich, eine Grundschule in Malawi finanziert hatten. Hundertzwanzig Minuten, in denen wir hunderten Leben ein Teil unseres Glückes geschenkt hatten. Ich konnte es nicht fassen und verdrückte noch in den Folgetagen immer wieder Freudentränen. Wir hatten es wirklich geschafft und waren sogar über unser Ziel hinausgeschossen! Die Spendenseite konnte nicht so schnell den Riegel vorschieben, wie Gelder eintrafen – doch wir würden schon eine passende Verwendung vor Ort finden.

Nun hieß es, das goldene Glück den rechtmäßigen Besitzer*innen zu überbringen. So positiv überwältigt ich war, so sehr hatte ich auch Angst, dass im letzten Moment etwas schiefgehen könnte. Es kam mir so vor, als hätte ich mir eine unfassbar große Menge Geld bei meinen Freund*innen und meiner Familie geliehen und nun war es meine Aufgabe, ganz genau im Blick zu halten, was damit geschah. Auch wenn ich 99,9 Prozent der Spender*innen nicht persönlich kannte, waren sie nun Teil meines Universums und hatten so viel gut bei mir.

Auf eigene Kosten buchten Niclas und ich uns mit ein paar weiteren Unterstützer*innen einen Flug nach Malawi, um dabei zu sein, wenn das Geld endlich seinen Zweck erfüllen würde.

Am Ziel angelangt, führten uns die Powerfrauen Lucy und Florence, unsere Kontaktpersonen in Malawi, zum Bauplatz, auf dem unter lokaler Bauleitung die versprochene Primary School für die umliegenden Dörfer entstehen würde. Die Bewohner*innen begrüßten uns herzlich und wir hatten das große Glück, ihre Heimat ein bisschen zu erkunden und ihren Geschichten zu lauschen.

Von freudestrahlenden Menschenmengen begrüßt und besungen zu werden, bereitete mir trotz all der Ehre Bauchschmerzen. Ich wollte mich nicht aufspielen. Wollte nicht die westliche Retterin im Entwicklungsland sein. Schließlich war ich nicht besser als irgendjemand hier, sondern lediglich in eine privilegierte Welt hineingeboren worden und hatte die Mittel erhalten, hohe Geldsummen zu generieren.

In einem Interview, welches ich für mein Instagram-Update zum Projekt führte, fragte ich Lucy ganz direkt: »Was sagst du dazu, dass jetzt Fremde kommen und euch aus einer misslichen Lage heraushelfen?«

Nach einer schnellen Übersetzung erhielt ich ihre Antwort: »Ich wünschte, es gäbe mehr von euch.«

Lucy erklärte mir, dass sie uns, damit meinte sie wohlwollende Ausländer*innen, nicht als Rettung, sondern Menschen sähe, die ihrer Menschlichkeit nachkamen. Sie sagte mit einem ernsten und doch herzensguten Gesichtsausdruck, wie ungerecht die Welt wäre. Es herrsche ein Ungleichgewicht, für das wir alle und gleichzeitig kein einzelner von uns verantwortlich wären. Diesen Zustand zu erkennen und mit den eigenen Mitteln etwas dagegen zu tun, hatte nichts mit retten zu tun. Wer sich als Retter*in fühlen möchte, könne das ruhig. Das schadet niemandem.

Die Spenden sind ein Mittel zum Zweck, um den Menschen vor Ort eine Zukunft zu ermöglichen, die sie sich mit dem Geld selbst aufbauen können. Dadurch kann Kindern Bildung zugänglich gemacht und ein Grundstein für die nächste Generation gelegt werden.

Ich wusste vor dem Interview schon, wie unglaublich intelligent und echt Lucy und Florence waren. Doch diese Worte veränderten meine Sicht auf viele Dinge und mir wurde meine Rolle auf dieser Welt, umgeben von Moskitos, hunderten von tanzenden Kindern und herumstreunenden Hunden mitten in den Weiten Ostafrikas bewusst.

Monate nach unserem Besuch in Malawi erhielt ich ein lang-ersehntes Update vom Schulbau. Die Schule stand und empfing bereits Scharen wissbegieriger Schüler*innen. In meinem ganzen Leben war ich nie stolzer auf etwas als auf das Foto von den vielen glücklichen Kindern, die vor der *Carmushka Primary School* standen.

Ich hatte lange überlegt, wie die Schule denn heißen solle. Auch wenn ich das Aushängeschild des Projektes in Deutschland war, kam es mir sehr selbstverliebt vor, meinen Namen auf die Plakette gravieren zu lassen. Wieso ich mich doch dazu entschlossen hatte? Strenggenommen ist *Carmushka* nicht Carmen. Der Künstler-name umfasst schließlich nicht nur eine Person mit Internet-zugang. Die Umsetzung dieses Herzensprojektes ist allen zu ver-danken, die hochgewischt, gespendet und geholfen haben. Eine Community hat sich dazu entschieden, ihrer Menschlichkeit ge-meinsam mit mir als Organisatorin nachzugehen und das war etwas, das ruhig in fetten Lettern präsentiert werden durfte.

Dass mit diesem und auch mit dem nächsten Projekt – wir finanzierten einen Monat später innerhalb von drei Tagen einen kompletten Schulkomplex mit *Secondary School*, Bücherei, Labor, Brunnen und Solaranlage in Malawi – noch nicht Schluss sein durfte, war nach der atemberaubenden Unterstützung aller Spen-der*innen selbstverständlich. Gemeinsam mit meinen Followern werde ich auch zukünftige Projekte als offizieller Teil der *Bücher-börse Köln* aus meinem Universum in die Welt tragen. Es gibt noch so viele Wünsche, die nichts mit mir oder irgendwem aus mei-ner Community persönlich zu tun haben, doch sie richten sich direkt an unsere Menschlichkeit und diese können und wollen wir niemals ignorieren.

Liebes Universum, ich ziehe gutes Karma an

Der Wunsch nach gutem Karma ist ein ganz besonderer. Er ist eine Lebensaufgabe. Damit ich mich immer wieder selbst dazu ermahne, meinen Karma-Kreislauf in Schwung zu halten, habe ich mir einen Reminder unter die Haut stechen lassen. Zusätzlich zu dem Kreis, der mein Universum und alles, was dazu gehört, symbolisiert, ziert der Karma-Schriftzug meinen linken Unterarm. Werde ich auf die kleinen Tattoos auf meinem Körper angesprochen, erzähle ich von meinen Ansichten, von meinen Erfahrungen und von meiner Art zu leben. Das trifft nicht bei allen auf Verständnis. Zu philosophisch, zu außerirdisch, zu irrational. Solche Reaktionen machen mir rein gar nichts. Meine Reaktion ist nie patzig, ich versuche nicht, jemandem meine Sichtweise aufzudrängen, sondern freue mich einfach über die Menschen, die ich mit meiner Geschichte unterhalten und vielleicht sogar inspirieren kann.

Und genau das ist auch der Grund für dieses Buch. Ich erhoffe mir, die Menschen zu erreichen, die mit mir auf einer Frequenz funken und an sich und ihr Glück glauben und wissen, dass es noch viel mehr gibt. Wenn ich nur einer Handvoll Leser*innen mit meinen Erfahrungen, meinen kleinen Wunden und großen Wundern einen neuen Blickwinkel auf ihr Leben bieten kann, habe ich mir einen weiteren Wunsch erfüllt. Es gibt noch so viele Wünsche, die in meinem Universum herumschwirren und auf ihre Erfüllung warten. Und genau an diesen arbeite ich jetzt, machst du mit?

* * *

Als Abschluss meines Buches habe ich nur noch einen einzigen Praxistipp für dich. Einen, den du hoffentlich schon unterbewusst verinnerlicht hast und der in jedem meiner niedergeschriebenen Worte mitschwingt:

Glaube: Ich hatte nie und habe bis heute keine Vorstellung davon, ob es einen Gott gibt, und falls dem so wäre, wie der wohl aussehen mag. Ist es der große bärtige Mann auf dem Wolkenthron oder doch die allmächtige Powerfrau? Das weiß ich nicht und es ist für mich auch absolut irrelevant. In meiner Vorstellung ist da etwas, das über mich wacht, mehr weiß als jeder Mensch, alles schon gefühlt und gesehen hat. Etwas, das Unbegreifliches für mich begreiflich macht. Für mich ist dies mein Universum und das Karma, das durch dessen Weiten fließt. Das Glück, an dem ich mich jeden Tag erfreue. Es ist der Glaube an die unendlichen Möglichkeiten des Lebens. Und daran lasse ich keine Zweifel zu.

Ich wünsche mir, dass auch du ganz fest glaubst. An dich. An die Magie des Lebens. An die Macht der Liebe. An das Gute in der Welt. An das Wunderschöne in dir.

Glaube daran, dass es niemals zu spät ist, Neues zu lernen und etwas zu verändern. Glaube deinen Herzensmenschen, wenn sie dir sagen, dass sie dich lieben. Vertraue auf dein Bauchgefühl und glaube ganz fest daran, dass du gutes Karma anziehst. Erkenne es, auch wenn es sich im Chaos des Lebens versteckt.

Glaube an dein Universum. Es glaubt schließlich auch an dich.

LIEBES UNIVERSUM,

WAS WÜRDEST DU MIR RATEN, WENN ...

... ICH NEGATIVE GLAUBENSSÄTZE TROTZ ALL MEINER BEMÜHUNGEN NICHT LOSWERDE?

Glaubenssätze sind meist sehr früh im Leben entstanden. Darum haben sie sich in vielen Fällen tiefgreifend eingeprägt und es dauert, sie zu verändern. Du kannst bereits Distanz zu ihnen aufbauen, sobald du erkannt hast, dass sie nicht die Wahrheit über dich aussagen, sondern Bewertungen aus vergangenen Erfahrungen darstellen. Sie fühlen sich nur deshalb noch wahr an, weil sie so vertraut sind.

Wenn du glaubst »Ich bin nicht gut genug«, wirst du von vornherein zurückhaltender sein, um neue Verletzungen zu vermeiden. Bist du bereit, die Existenz des Gefühls zu akzeptieren und auszuhalten, wirst du den schützenden Glaubenssatz irgendwann nicht mehr brauchen. Bis es so weit ist, erkenne den negativen Glaubenssatz als vorübergehenden Bestandteil deines Denkens an, mit dem du dich nicht mehr identifizierst. Du kannst dieses Gefühl mit einem Song vergleichen, der im Radio läuft und dich an eine bestimmte Zeit deines Lebens erinnert. Du weißt, dass dieser Abschnitt mit all seinen Besonderheiten vorbei ist und gehst jetzt dem nach, was in deinem Leben heute von Bedeutung ist.

Schreibe dir neue Glaubenssätze auf und handele nach ihnen. Die Transformation geschieht durch die neuen Erfahrungen. Je öfter du nach ihnen lebst, desto gefestigter werden diese Verbindungen und dein Glauben.

... ICH NICHT WEISS, WAS MICH GLÜCKLICH MACHT UND ICH ANGST HABE, MEIN GLÜCK NIEMALS ZU FINDEN?

Ich glaube, das große Glück erwächst aus den vielen kleinen Momenten, die wir bewusst mit allen Sinnen wahrnehmen. Wir können uns nicht ständig euphorisch fühlen, aber indem wir schöne Momente sammeln, vermehren wir unser Glück und trainieren die Fähigkeit, glücklich zu sein. Dafür braucht es sicher auch Rahmenbedingungen wie zum Beispiel die Entscheidung für das Glücklichsein selbst – die Entscheidung eine optimistische, akzeptierende Haltung zu entwickeln.

Eine verlässliche und emotionale Beziehung oder das Erreichen eines Lebenszieles sind bedeutende Ereignisse, die Glück auslösen können. Doch betrachten wir sie näher, sind es ganz viele kleine Dinge, ohne die wir niemals das große Ganze erreichen. Nimm dir den Druck und probiere aus, was du magst und was nicht. Gehe auf die Suche nach dem Kleinen im Großen.

... ICH NICHT DAS GEFÜHL HABE, EINEN UNTERSCHIED IN DIESER WELT ZU MACHEN?

Vielleicht hast du zu wenig gehört und gespürt, dass du wichtig bist, und fühlst dich deshalb unbedeutend. Ich denke, es gilt zu unterscheiden zwischen deiner Situation Ich-fühle-mich-nicht-gesehen und der Tatsache, welchen Unterschied du auf dieser Welt machst. Wir leben nicht isoliert, sondern beeinflussen einander ständig. Durch dein Dasein hast du bereits viele Menschen verändert: Deine Familie, Freunde, vielleicht Personen, von denen du nicht ahnst, wie du sie beeinflusst hast. Bei jedem hast du einen Eindruck hinterlassen. Dein Lächeln hat Menschen berührt, deine Trauer, deine Meinung hat etwas in anderen bewegt. Jetzt bewegt deine Frage mich, darüber nachzudenken, wie es wohl dazu gekommen ist und welchen Unterschied wir machen. Ja, die Welt dreht sich auch ohne uns weiter. Aber wir haben das Potential, den Fußabdruck, den wir hinterlassen können, selbst zu gestalten.

... ICH DEN SINN MEINES LEBENS VERLOREN HABE UND NUN NICHT MEHR WEISS, WORAUF ICH MICH FREUEN SOLL?

Erst einmal ist es wichtig, etwas zu betrauern, was so wertvoll war, dass es den Sinn deines Lebens ausmachte. Diese Erfahrung prägt dich und bleibt in dir zurück. Du wirst es mitnehmen auf deinen weiteren Weg.

Du scheinst bereits in die Zukunft zu schauen, indem du nach einem neuen Sinn suchst. Ein solcher hat meist mit etwas zu tun, das auf eine Art größer ist als man selbst. Wenn wir uns fragen »Wofür lebe ich?«, hat das mit unseren Werten und unserem Engagement zu tun. Es ist gar nicht leicht, den Lebenssinn zu bestimmen. Aber über Fragen nachzudenken, kann uns helfen, ihm auf die Spur zu kommen. Hier einige Ideen: Wenn du aus einer fernen Zukunft auf dein Leben zurückschauen könntest, welcher Mensch möchtest du gewesen sein? Was willst du nicht bereuen? Was war das freudigste Erlebnis und warum? Was war dein Wendepunkt? Bei welcher Person würdest du am ehesten Orientierung suchen und weshalb? Woran glaubst du? Und was sind deine Ziele?

... ICH MANCHMAL GELD SPENDE, UM SCHLECHTE TATEN AUSZUGLEICHEN?

Damit veränderst du deine Gefühle, aber leider nicht dein Karma. Du hast für das Schlechte ja nicht geradegestanden oder deine Einstellung durch Reue verändert. Eigentlich belohnst du dich für die schlechte Tat mit einem guten Gefühl, aber du kannst dich von ihr nicht freikaufen. Fühle lieber das schlechte Gefühl, das du loswerden möchtest. Es wird dich davon abhalten, das Falsche erneut zu tun, sodass du dich automatisch für Dinge entscheiden wirst, die dir wirklich gutes Karma bringen.

Geschrieben für und erstmals erschienen in meinem Magazin »Things We Write«, Vol. 01, Oktober 2022.

KAPITEL 10

LIEBES UNIVERSUM, ICH VERÖFFENTLICHE EIN MAGAZIN

Autorin Carmen Kroll – jetzt also wirklich und ganz offiziell. Mit neunundzwanzig Jahren hielt ich meine Autobiografie erstmals in den Händen und konnte es nicht so ganz glauben. Auch irgendwie sehr verrückt, so früh ein Leben zu beschreiben, das eigentlich gerade erst voll ins Rollen kommt. Doch dieses Buch, das so viele Menschen nun in ihrem Regal stehen haben und hoffentlich auch ein Stück weit in ihrem Herzen tragen, wollte einfach geschrieben werden. Mein Universum hat es so entschieden – und es ist einfach gegen meine Prinzipien, dem nicht nachzugehen.

So habe ich also geschrieben, mir den Mund fusselig gequatscht, weiter getippt, über Kommasetzung gezweifelt und schließlich die finale Datei abgegeben. Alles ganz schön aufregend.

Etwas zu aufregend für meinen Geschmack, weshalb ich vorsichtshalber schon mal Abstand vom Buch und all den Themen, die es aufmachte, nahm. Lieber auf andere Sachen fokussieren. Sollten meine Worte nicht so ankommen, wie ich mir das wünschte, hätte ich zumindest Ablenkung in irgendeiner anderen neuen Aufgabe gefunden. Theoretisch.

In der Praxis sah das ganz anders aus: Bereits Stunden vor dem Verkaufsstart des Buches stand ich am Rande des Wahnsinns. All diese intimen Details, persönlichen Geschichten und sehnlichsten

Wünsche schwarz auf weiß für alle zugänglich – was hatte ich mir denn dabei gedacht?

Für solche Gedanken war es zu diesem Zeitpunkt jedoch eindeutig zu spät. Meine Erinnerung am Handy klingelte zehn Minuten vor dem Livegang und dann war es auch schon so weit: Mein Innerstes in Buchform war nun allgegenwärtig. Online, offline und in meinen DMs.

Als mich die ersten Nachrichten meiner Leser*innen erreichten, konnte ich nicht so recht fassen, was dort geschah. Unglaublich viele Menschen hatten schon jetzt einen Teil meines Universums verschlungen und überwältigten mich mit unfassbar positivem Feedback. Mein Postfach quoll in den folgenden Tagen und Wochen vor emotionalen Reaktionen auf meine Art, das Wunschuniversum zu nutzen, über.

Schenk mir noch ein bisschen Zeit, ich arbeite auf einen Punkt hin. Die Zeilen dienen nicht des Selbstlobs, versprochen.

Den ersten Kontakt mit meinem Buch in der Welt jenseits von Social Media verschaffte ich mir in der Kölner Innenstadt. Ich wollte einfach sehen, ob ich auch außerhalb meiner Instagram-Bubble in der Buchwelt existierte!

So stand ich irgendwann im September 2021 umgeben von den Regalen, zwischen denen ich schon als Jugendliche am liebsten die Zeitspanne vom Schulschluss bis zu den Hausaufgaben künstlich ausgedehnt hatte. Klappentexte voller Versprechen, für die Dauer der Zeilen in eine andere Welt eintauchen zu können, waren mein ultimativer Trödel-Trick. Jetzt war ich selbst eine von denen, die dieses Versprechen nicht brechen wollten und hatte einen Platz auf der Bestseller-Wand eingenommen. Kann mich mal jemand kneifen?

Zielstrebig marschierte ich mit der friedlich schlafenden Tilli im Kinderwagen meiner Autobiografie entgegen. Zwischen mir und dem ersten öffentlichen Kontakt mit dieser stand nur eine Frau, die mein Buch bereits in den Händen hielt. Oh, eine potenzielle Leserin – wie surreal! Ich war ganz aufgeregt und quasselte ihr über die Schulter: »Ich hab gehört, das soll super sein!«

Leicht erschrocken hob sie den Blick vom Buch und antwortete supernett: »Ja, das kann ich mir vorstellen. Klingt wirklich sehr interessant.«

Ohne die Verbindung zwischen mir, meiner nicht ganz ernst gemeinten Aussage und dem Coverfoto herzustellen, ging sie nun inklusive Taschenbuch zufrieden dreinblickend in Richtung Kasse.

Diese kurze, unverhoffte Begegnung bedeutet mir auch Monate später noch sehr viel. Sie zeigte mir, dass ich scheinbar genau das geschafft hatte, was mir von Anfang an vorschwebte: Menschen mit meinem Blick auf die Welt und auf die Möglichkeiten, die das Universum bietet, zu berühren – ganz ohne Bekanntheitsfaktor. Diese fremde Frau hatte sich meine Geschichte ausgesucht, ohne jemals von mir gehört zu haben. Wunsch erfüllt!

Du merkst: Ich hatte und habe wirklich jeden erdenklichen Grund, unglaublich stolz auf den Abschluss und den Erfolg meines Herzensprojekts zu sein. Die Selbstbeweihräucherung der vorangegangenen Absätze zeigt dies eindeutig. Klar, es gab auch weniger positive Kritiken auf den Verkaufsplattformen, doch diese bezogen sich immer auf Faktoren, die ich akzeptieren konnte, ohne persönlich geknickt zu sein. Ich bin ein ganz großer Fan davon, wenn Menschen ihre individuellen Meinungen vertreten und von allen gemocht zu werden, steht glücklicherweise nicht (mehr) auf meiner To-do-Liste.

Wieso also kam von all der Positivität, die mir jeden Tag entgegengebracht wurde, nichts so recht in meinem Innersten an?

Logisch betrachtet war das einfach unlogisch. Meiner Gefühlswelt war das nur leider komplett egal.

Dieses Ausbleiben des absoluten Hochgefühls deutete ganz klar darauf hin, dass meine Geschichte – wenig überraschend – mit neunundzwanzig Jahren und dem neunten Kapitel noch nicht zu Ende geschrieben war. Jetzt bin ich dreißig und diese Frau, die mich vom Cover anschaut, bin noch immer ich. Aber irgendwie auch nicht. Ich möchte keine »Hach, wenn ich doch noch einmal die Carmen von früher sein könnte«-Rede schwingen – das Covershooting ist schließlich nicht mal zwei Jahre her –, aber ein bisschen leichter hatte sie es schon. Wusste sie doch nicht, in welcher Sinnkrise sie sich schon ganz bald wiederfinden würde.

Und somit: Willkommen zum zehnten Kapitel.

Liebes Universum, ich habe mir einen Lebenstraum erfüllt! Und jetzt?

Die vor dem Buch-Release so sehnlichst erwartete emotionale Hochphase sollte nun eigentlich eintreffen. Der Performance-Druck, der lange Schreibprozess, die knappen Deadlines und die emotionale Arbeit lagen schließlich hinter mir. Ich wartete also mit jedem Tag, an dem mehr Menschen meine Geschichte lasen und mir mit unzähligen Nachrichten ein Stück ihres Universums zurückgaben, darauf, in Hochstimmung zu verfallen. Doch außer kurzweiliger Glücksmomente beim Lesen der DMs blieb nicht so wirklich viel zurück – irgendwie konnte ich noch nicht realisieren, dass dieses Projekt nun wirklich abgeschlossen war.

Ich hatte mir die Zeit, die angemessen gewesen wäre, so ein erreichtes Lebensziel zu verarbeiten, einfach nicht genommen. In der Spanne zwischen Schreiben und Veröffentlichen hatten sich neue Projekte und Verantwortlichkeiten (die ich mir als Ablenkung vor dem Launch selbst eingebrockt hatte) in meinen Terminkalender geschlichen. Dort war nun volle Aufmerksamkeit gefragt, die ich diesen Zukunftsplänen auch unbedingt schenken wollte.

Was tat ich also? Das Buchthema wieder mal aufschieben. Erfolg in die Schublade: Kümmere ich mich später drum. Hallo altes Verdrängungsmuster.

Liebes Universum, ich bringe schnell eine Grundordnung in mein Leben

Was also eines der schönsten Gefühle in meinem Leben hätte sein sollen, ruhte nun erst einmal. Ich wollte es mir für später aufheben, statt es irgendwo dazwischenzuschieben. Dafür war es mir dann doch zu schade und viel zu wichtig.

Mein Vorsatz, das Buch Buch sein zu lassen, löste neben Erleichterung auch das ungute Gefühl von Undankbarkeit aus. Meine DMs konfrontierten mich ja noch immer täglich mit unglaublich herzzerreißenden und liebevollen Rückmeldungen zu meiner Geschichte. Aber auch hier: Screenshot machen, im Fotoarchiv ablegen, weitermachen. Sonst komm ich niemals voran! Der Terminkalender war schließlich voll.

Ich hatte plötzlich so viel gleichzeitig am Laufen und kam nicht hinterher. Im Job wusste ich bis kurz vor einem Termin nicht, was anstand. Meine über alles geliebte Tochter bekam viel weniger meiner ungeteilten Aufmerksamkeit, als ich mir wünschte. Und meine Beziehung? Die war nun eine Arbeitsbeziehung.

Nur für den Moment, versprochen. Ich musste nur schnell durchziehen und Ordnung schaffen. Dann würde sich das alles beruhigen.

Ganz bestimmt.

Mit den gelockerten Einschränkungen der Corona-Pandemie kamen die Markenevents und Reiseanfragen zurück. Endlich wieder Menschen treffen, neue Erinnerungen außerhalb des eigenen Dunstkreises sammeln, die bequeme Homewear gegen richtige Outfits tauschen und die eigene Creatorinnen-Marke stärken. Es tat so gut, sich in der Branche auszutauschen und zu sehen, wie viel Lust alle hatten, wieder loszulegen.

Bei so vielen Events kam es gerne mal vor, dass sich etwas überschnitt oder direkt aufeinanderfolgte. Dass das vielleicht ein bisschen viel auf einmal für Körper und Kopf war, so von Null auf Vollgas, war mir schon irgendwie klar. Doch ich konnte nur unglaublich schwer verlockende Anfragen von Partnern und Marken, die ich sehr feierte, absagen. Was, wenn dieses eine versäumte Event die Chance geboten hätte, die ich nie wieder bekommen würde? Was, wenn hinter der nächsten E-Mail mein nächstes Lebensziel wartete? Was, wenn, was, wenn, was, wenn ... ich einfach nicht auf allen Veranstaltungen gleichzeitig tanzen konnte und das auch absolut okay war?

Fomo (Fear of missing out; die Angst, etwas zu verpassen), komm mal bitte wieder runter. Du machst mich fertig, bevor ich richtig loslegen kann.

Obwohl ich, besonders als recht frische Mama, wirklich kein Problem damit habe, beruflich nicht überall präsent zu sein, hatte ich trotzdem insgeheim Angst, etwas zu verpassen. So selbstsicher ich auch bin, der Druck von außen lässt mich nicht kalt. Vor der Pandemie hatte ich meine Position in der Social-Media-Welt recht gemütlich eingenommen. Was ich mir über Jahre aufgebaut hatte, funktionierte auch in der Coronazeit. Aber funktionierte *Carmushka* auch noch in Zukunft? Wäre ich auch in einem Jahr noch relevant? Ganz ohne mich zu vergleichen, schaffte ich es gedanklich, mich mit dem Blick auf die Zukunft grundlos klein zu machen.

Die unfreiwillig lange Zeit zu Hause hatten sehr viele von uns größtenteils am Handy verbracht. Soziale Netzwerke statt sozialer Kontakte im echten Leben – irgendwie mussten wir schließlich unserem menschlichen Verlangen nach Verbindung nachgehen. TikTok war in der Generation Z schon längst nicht mehr vom Homescreen wegzudenken und immer mehr Millennials luden sich die »Teenie-Tänze«-App ironisch herunter. Und blieben.

Dass auf der Plattform noch viel mehr passierte als Lip Sync und virale Tänze, wurde mit Fortschritt der Pandemie immer deutlicher. Die App entwickelte sich zu einem zeitgemäßen und äußerst intelligenten Karriere- und Marketingtool, welches Bekanntheit über Nacht zum Greifen nah bringt.

Ich bewundere diese Welt, diese Generation und deren Verständnis für den Umgang mit Social Media. Ein bisschen Angst macht mir das Ganze dann aber schon. Meine Faszination aus der Ferne ist eben das: ein Betrachten mit sicherem Abstand. Nur wegen Niclas hatte ich mir die App irgendwann halbherzig heruntergeladen und mir einen Account angelegt. Meine »For You«-Page ist immer noch eine wenig personalisierte Ansammlung von Videos, die aktuell in Deutschland viral gehen. Ich verbringe einfach zu wenig Zeit damit, den Algorithmus mit meinen Swipe-Vorlieben zu füttern. Mir ist da einfach zu viel los. Die Clips, die automatisch starten, die unvorhersehbaren Sounds, die schnellen Bewegungen, die extrem realistischen Filter – das stresst mich schon beim Schreiben. Vielleicht bin ich zu alt. Vielleicht bin ich aber auch einfach voreingenommen und will es nicht mögen.

Es ist nicht zu bestreiten, dass Instagram sehr unter TikTok leidet. Oder sagen wir es so: Instagram lernt, dass die Konkurrenz einen GenZ Code geknackt hat, der äußerst attraktiv für Werbepartner*innen und lukrativ für Creator*innen ist. Spätestens seit Einführung der Instagram-Reels ist auch den alten Hasen wie mir klar: Aufschließen, sonst könnte es ganz schön irrelevant werden. *Kann ich da mithalten? Will ich da überhaupt mitmischen?*

Ganz ehrlich? Noch beunruhigt mich der Wandel sehr. Andererseits sehe ich auch die Chance der Entwicklung und bin sowieso immer dafür, zu testen, statt frühzeitig zu verurteilen. Momentan erinnert mich mein Umgang mit TikTok etwas zu sehr an meine alten Facebook-Sketche, die nicht so wirklich authentisch waren. Glücklicherweise habe ich durch diese Erfahrung das Wissen, dass ich mich nicht verstellen muss, um gut anzukommen. Meine Nische, in der ich aus voller Überzeugung TikTok-*Carmushka* sein kann, finde ich sicher noch. Ob das dann immer noch den Zahn der Zeit trifft? Who knows.

Neben meiner Creatorinnen-Persönlichkeit, die sich mit Relevanzängsten herumschlägt, gibt es auch noch die Unternehmerin Carmen, die wachsen und sich weiterentwickeln möchte – immer schön mit einer großen Portion Druck, die ich mir selbst aufbürde.

Bisher beschäftigte ich für meine Projekte Freelancer*innen, beispielsweise für Videoshootings oder Fotocontent, und arbeitete mit anderen Unternehmen zusammen, um eigene Produkte zu entwickeln. An sich hat das auch immer geklappt, aber ich war für meinen Geschmack zu abhängig von den Kapazitäten Dritter. Ich selbst war schon völlig verplant, da hatte ich nicht noch den Kopf dafür, die Pläne anderer mit meinen Vorhaben unter einen Hut zu bringen. Mal ganz davon abgesehen, dass die Arbeit mit freien Mitarbeitern und Mitarbeiterinnen auch immer einen Berg Bürokratie mit sich bringt, auf den ich mal so gar keine Lust hatte.

Diese Hürde der Abhängigkeit war relativ einfach zu überwinden: *Team Carmushka*, bitte antreten!

Obwohl so unglaublich viel in meinem Terminkalender los war, wollte ich auch meine eigenen Ideen und Projekte umsetzen. Damit meine Pläne nicht in einem Nervenzusammenbruch meinerseits endeten, versammelte ich nun Mitarbeiter*innen um mich, die mich bei täglichen Aufgaben und besonderen Großprojekten unterstützten. Mein Team war vor Ort, von Anfang an im Thema und jede*r durfte sich einbringen, damit meine Ideen zu unseren gemeinsamen Projekten werden konnten. Der Aufbau des Teams schenkte mir Unabhängigkeit und eröffnete mir völlig neue Möglichkeiten. Sobald alle eingearbeitet waren, versteht sich. Wer war noch gleich dafür verantwortlich? Ich? Oh.

Mitarbeiter*innenführung war und ist, auch jetzt, Monate später, eine riesige Herausforderung. Wie gesagt, ich kriege mich kaum selbst organisiert und nun schuldete ich es einem ganzen Team, mich um funktionierende Strukturen zu bemühen. Verbuchen wir dieses Thema mal unter: work in progress.

Zusätzlich zur Position der neuen Chefin für mein kleines Team bin ich auch Mama. Das ist keine Rolle, in die ich schlüpfe, sondern ein Teil meiner Persönlichkeit, seitdem unsere Tochter in Niclas' und mein Leben gekommen ist. Der Alltag als Mama – und das meine ich ganz losgelöst von unserem zauberhaften Mädchen – ist unfassbar einnehmend. Zeitlich, körperlich und vor allem mental.

Geht es meiner Tochter gut? Hat sie gut geschlafen? Was will sie heute erleben? Haben wir für alle Fälle das Notwendige im Haus? Wer ist bei ihr, wenn ich im Termin sitze? Kochen wir heute Abend gemeinsam oder ist der Kühlschrank leer?

Alles ganz alltägliche Fragen für Millionen von Eltern. Oder sollte ich sagen: für Millionen von Müttern?

Ich fühlte mich insbesondere in der hektischen Arbeitszeit nach der Lockerung der Corona-Regeln oftmals mit der Organisation rund ums Thema Elternsein alleingelassen. Während Niclas die Spaß Rolle einnahm und der witzige Wochenendpapa war, stapelten sich in meinem Kopf all die klitzekleinen Dinge, die unseren Alltag irgendwie über Wasser hielten. Jedes Detail blieb an mir hängen, sonst kümmerte sich niemand um irgendwas. Wenn etwas fehlte, wurde immer nur ich angeguckt.

Wieso hast du denn nicht daran gedacht, Carmen? Als Mutter ist das doch schließlich dein Job – wieso können alle anderen das und du machst da so eine Wissenschaft draus und versagst auch noch?

Diese Worte hat niemals jemand zu mir gesagt, außer mir selbst. Niclas ist auch nicht der Gute-Laune-Spaß-Onkel oder der unbekümmerte Wochenendvater. Er ist ein großartiger Papa und trägt einen erheblichen Teil zu unserem gemeinsamen Leben bei. Das weiß ich und das wusste ich auch damals. Aber irgendwohin musste mein Frust sich verlagern – all der Mental Load würde mich sonst erschlagen. Irgendjemand anderes sollte schuld daran sein, dass mein Kopf explodierte, wenn ich an die Snack-Auswahl für den Ausflug in den Tierpark dachte. Statt nach dem eigentlichen Grund für meine innerlichen Hilfeschreie zu suchen, erstellte ich Listen. Welcome to *Trello*! Mein neuer bester Feind.

Ich liebe Listen. Kann ich mich beim Erstellen doch kurz in der Illusion verlieren, dass das Chaos nun aus dem Kopf fein säuberlich aufgeschrieben vor mir auf dem Bildschirm oder dem Notizzettel viel mehr Sinn ergibt.

All die kleinen Aufgaben zu sehen, die sich in den großen Aufgaben versteckten, hat mir aber nicht immer und vor allem nicht nur durch das bloße Aufschreiben den erhofften Seelenfrieden verschafft, sondern meinen Frust eher geschürt. Wieso sah Niclas' Liste nicht so aus?

In der Zeit, in der ich lernte, was Mental Load ist und wieso ich diesen seit Jahren fütterte, stritten Niclas und ich uns ständig. Er sah oftmals keine Notwendigkeit, sich Gedanken zu machen, während ich alles zerdachte. Rückblickend war in unserer Situation beides nicht wirklich hilfreich.

Glücklicherweise fand ich über Social Media dankbare Abnehmer*innen für meinen wachsenden Frust. Es gab unglaublich viele Menschen, die mich ganz genau verstanden und Ähnliches durchmachten. Das fühlte sich gut an und auch Niclas merkte so langsam, wie sehr ich mit Mental Load zu kämpfen hatte und nahm mir immer mehr gedankliche und gegenständliche To-dos ab. Ich war schließlich nicht unbegründet hysterisch, sondern nachvollziehbar überfordert. Sonderlich lange würde das nicht mehr mit ein paar harmlosen Streits abgehandelt werden können. Irgendwas kippte da gerade in meinem Kopf.

Fragen aus der Community und aus dem Privatleben nach dem Motto: »Wie schaffst du das alles?«, beantwortete ich in dieser für mich mental sehr heiklen Phase mit Floskeln und ließ ganz behutsam hier und da den Blick hinter die Kulissen zu. Mit aller Mühe hielt ich die Fassade der organisierten Frau aufrecht, die sich öffentlich eingestand, nicht immer alles perfekt zu machen. Doch meine sympathischen Makel waren unendlich weit von der Realität entfernt.

Wie ich all das schaffte? Leicht: gar nicht.

Und zwar schon ziemlich lange nicht mehr.

An einem dieser Tage, an dem einfach nichts zu funktionieren schien, erreichte ich mein trauriges Highlight an Überforderung. Die Kleine war komplett aus ihren Schlaf- und Essroutinen raus und kam nicht zur Ruhe, einige meiner Termine waren kollidiert, Calls gingen länger als geplant, und Insta-Stories für Kooperationen wurden gehetzt produziert, um am Ende des Tages wenigstens irgendetwas Produktives vorzeigen zu können. So einen Tag hätte ich idealerweise ruhig auf der Couch ausklingen lassen, doch in meinem Terminkalender wartete ein Abendessen-Meeting auf mich.

Normalerweise informierte mich mein Arbeitskalender darüber, wer genau an Terminen teilnahm und was konkret auf der Agenda stand. Diesmal wusste ich nur, dass es mit *Oh April* in ein Restaurant ging. Wie ich schon vorsichtig vermutet hatte, handelte es sich um ein nachträgliches Surprise-Birthday-Dinner für mich. Inklusive Luftballons und dem gesamten Team von wundervollen Mädels, die sich richtig viel Mühe gegeben hatten, einen geselligen Abend zu organisieren. Nun tat es mir noch mehr leid, dass ich eigentlich überhaupt keinen Kopf für diese liebe Überraschung hatte und viel lieber allein auf der Couch gesessen hätte.

Komm Carmen, ein paar Stunden hältst du noch durch. Das bist du dem Team schuldig.

Ich riss mich zusammen und scheiterte kläglich.

In mir stieg mit jedem netten Geplauder und jeder witzigen Anekdote eine altbekannte und lange umgangene Panikattacke hoch, die keine Rücksicht darauf nahm, dass ich hier gerade performte. Einige der Teammitglieder kannte ich nämlich noch gar nicht persönlich und da war der Druck hoch, das Bild aufrechtzuerhalten, was ich ja eigentlich lebte. Nur heute halt nicht. Nur in den letzten Monaten halt nicht.

So saß ich umzingelt von Menschen, duftendem Essen und prickelnden Getränken am Tisch und brachte keinen Bissen oder Schluck herunter. Meine Performance wurde immer wackliger und als schließlich das Dessert serviert wurde, war die Panikattacke bis in jede Faser meines Körpers vorgedrungen. Was als dumpfes Gefühl in der Magengegend begonnen und mir den Appetit verdorben hatte, war nun als heiße Welle bis in die Zehen, Fingerspitzen und schließlich in meinen Kopf gekrochen. Mein Denken war vernebelt, meine Stimme gehörte nicht mehr zu mir, in meinem Kopf herrschte nur ein Gedanke: Flucht – jetzt!

Nicht in der Lage, meine Panik weiterhin zu ignorieren, sprang ich von meinem Stuhl auf und hörte mich die gehetzten Worte »Ich muss jetzt gehen, meine Bandscheibe. War schön, danke!« sagen und saß Augenblicke später bitterlich schluchzend im Taxi nach Hause.

Irgendwas tat mir schrecklich weh. Es war aber nicht der nie auskurierte Bandscheibenvorfall, auch wenn der die perfekte Ausrede geboten hatte. Der Schmerz war nicht nur körperlich, er saß viel tiefer und war allumfassend.

Endlich zu Hause angekommen, wollte ich meinen Couchplan umsetzen, kam aber nur bis knapp hinter die Haustür. Dort fand mich Niclas schließlich wie ein Kleinkind zusammengekauert,

bitterlich weinend und nach Luft schnappend auf dem Boden liegen. Er wusste nicht, was los war, und ich hatte die Fähigkeit, zu
sprechen, irgendwo zwischen Restaurant und Taxi verloren. Niclas setzte sich zu mir und half mir ohne viele Worte durch jahrelang verinnerlichte Panikattacken-Übungen wieder zu Atem zu
kommen.

Ich fühlte mich bewusstlos. Als würde ich mich selbst dort unten auf dem Boden kauernd beobachten und kurz darauf zusehen,
wie Niclas mich, noch immer eingerollt, aufhob und zur Couch
trug, mich zudeckte und leise meditative Musik spielte. Immer
wieder sprach er mit sanfter Stimme die positiven Affirmationen:
»Du bist stark. Alles ist gut.«

Dieselben Worte, die mich vor wenigen Jahren während der
Presswehen zur Weißglut gebracht hatten, sorgten nun dafür, dass
ich ganz behutsam wieder in meinen Körper zurückfand.

Sprechen konnte und mochte ich noch nicht. Alles, was meine
Kehle hervorbrachte, war Schreien und Schluchzen. Klingt alles
sehr dramatisch. So fühlte es sich auch an.

Wie Niclas mich in den folgenden Stunden nie spüren ließ, hatte ich ihn sehr erschrocken und meine Verfassung machte ihm
schreckliche Angst. Er blieb stark, um mir Stärke zu schenken.
Mein Herz ist voller Liebe für diesen unglaublichen Menschen.

Am nächsten Morgen wachte ich in unserem Bett auf, in das
mich mein Mann nachts noch getragen hatte. Ich weinte nun nicht
mehr und meine Panikattacke hatte sich verzogen. Doch der
Schmerz war nicht weg – er war eher schlimmer und Furcht ein-
flößender. Nun konnte ich ihn nicht mehr auf die Panik schieben.

Noch unter der Bettdecke versuchte ich das, was meinen
Schmerz hervorgerufen hatte, in Worte zu fassen: »Niclas, ich kann
nicht mehr. Ich habe keine Lust mehr auf mein Leben. Ich will keine Menschen treffen, keine Entscheidungen fällen, keine Anwei-
sungen befolgen, keine Ansprechpartnerin sein, kein irgendwas.

Mich soll niemand kennen oder auch nur wahrnehmen. Ich will einfach nichts mehr.«

Es gab keine Rolle, die ich füllen wollte. In mir war kein einziger Funken Antrieb oder Inspiration mehr übrig. Und das machte mir so große Angst wie kaum etwas zuvor.

Alles war aus dem Ruder gelaufen. Nicht nur der Teamabend, sondern alles davor – und wenn ich so weitermachen würde, auch alles danach. So viel Angst ich auch hatte, ich konnte nicht weiter der Hausgeist in meinem eigenen Leben sein. Ich war krank, das musste ich mir einfach eingestehen. Statt immer nur von Mental Health zu predigen, musste ich mich jetzt auch verdammt noch mal an meine eigenen Worte halten und zur Therapie gehen! Und das tat und tue ich endlich.

Liebes Universum, ich bringe nachhaltig eine Grundordnung in mein Leben

Okay, Pause.

Mein innerlicher Pausenknopf fror leider nicht all meine beruflichen Verpflichtungen ein. Einiges konnte aufgeschoben werden, doch manche Kooperationen waren vertraglich schon vor Wochen definiert worden und da war ich nun in der Bringschuld. Natürlich war ich dankbar dafür, so viele Aufträge in der Pipeline zu haben, doch durch die eine oder andere Organisationslücke im Termin-Wirrwarr der vergangenen Monate war mir diese Abhängigkeit nicht ganz klar gewesen. Die zugesagten Jobs konnte ich dementsprechend nicht einfach so minimieren und einige Events wollte ich gerne besuchen – unter meinen neu dazugelernten Bedingungen. Es musste nun immer die Möglichkeit geben, mich zurückziehen zu können und eine Reise abbrechen zu können, wenn ich es nicht mehr für unbedingt notwendig oder machbar erachtete, vor Ort und von meiner Familie getrennt zu sein. Veranstaltungen, die mit einer halben Weltreise verbunden waren, kamen mir nicht in die Reisetasche. Meine Flugangst und die lange Zeit ohne mein Kind konnte ich zu diesem Zeitpunkt einfach nicht zulassen.

So gut es ging, langsam, aber beständig, reduzierte ich die Stressfaktoren in meinem Leben.

Eine komplette Auszeit vom Job zu nehmen, passt nicht zu mir. Selbst wenn ich nicht vertraglich gebunden wäre, würde es mir spätestens nach ein paar Wochen wieder in den Fingern kribbeln. Finanziell könnte ich es mir erlauben, von heute auf morgen meinen Account zu löschen und von meinen Rücklagen und Investments zu leben. Ich sag's, wie's ist: Des Geldes wegen bin ich nicht aufs Arbeiten angewiesen. Ich kann schlichtweg nicht ohne Arbeit. Dafür liebe ich das, was ich tue, viel zu sehr. Sonst hätte ich es niemals so weit kommen lassen. Die unbestreitbar zerrüttete Beziehung, die ich mittlerweile mit meiner Arbeit führe, braucht jedoch ganz dringend eine Paartherapie, damit wir uns nicht im Schlechten trennen. In Zukunft wird dies professionell im Rahmen eines Coachings geschehen, aber bis dahin tue ich, was ich selbst tun kann: Mich fragen, wieso ich ganz unbedingt an meiner Beziehung zur Arbeit arbeiten möchte. *Wie bekommen wir beide das anfängliche Inspirations-Bauchkribbeln wieder zurück? Was erfüllt mich? Was bereitet mir Freude?*

Ich liebe schöne Dinge. Mode, Beauty-Produkte, Musik, Bücher, Interior-Pieces. Ich liebe es, spontane Ideen auszusprechen und in Greifbares zu verwandeln. Ich liebe Inspiration in allen Formen und Farben: von mir, von anderen, von Nebensächlichkeiten, die im Alltag viel zu oft übersehen werden. Es erfüllt mich mit Stolz, einen Mehrwert zu vermitteln. Meine Love Language sind »Acts of Service«. Dementsprechend tue ich gerne alles dafür, damit die Menschen in meinem Leben es guthaben. Ich connecte Freunde und Freundinnen, von denen ich weiß, dass sie einander emotional bereichern. Ich teile mein Wissen mit Creator*innen, die durchstarten möchten. Ich supporte gerne Menschen, die etwas zu sagen haben und nach der passenden Plattform suchen.

Das wäre also geklärt. Jetzt fehlte mir nur noch der Rahmen, in dem ich all diese beruflichen Leidenschaften unterkriegen würde.

Wie schon öfter in meiner Karriere wurde ich für den Griff in die »fast schon vergessene Lebensträume«-Schublade auch diesmal belohnt: Neben dem Titel »Autorin« lockte mich der Titel »Chefredakteurin« sehr.

Um diesen Titel zu erlangen, bräuchte ich nur ein Magazin herauszubringen. Easy! Irgendwo hatte ich auch schon zwei, drei Anfragen von Verlagshäusern überflogen. Dort müsste ich nichts weiter tun, als meinen Namen in fetten Buchstaben aufs Cover drucken zu lassen und vom Scheitel bis zum Bauchnabel von den Zeitschriftenständern zu lächeln.

So eben nicht.

In dieser Version der Chefredaktion würde ich keine einzige meiner beruflichen Leidenschaften ausleben können. Ich würde mir meinen neu gefundenen Lebenstraum-Titel anders verdienen – auf meine Art.

Ein Magazin, das ich ins Leben rufen würde, müsste mein erwachsenes Ich mit all seinen Mehrwert-Forderungen und mein Kindheits-Ich mit der Lust aufs Entdecken neuer Welten vereinen. In der Schulzeit verbrachte ich meine Zeit nämlich nicht nur zwischen Bücherregalen, sondern liebend gerne auch vor der Zeitschriftenauslage am Kiosk. Dort blätterte ich vorpubertär noch leicht verschämt über die Bodycheck-Fotos in der *Bravo* und nahm mir wenige Jahre später die Outfits aus der Vogue als unbezahlbares Styling-Vorbild. Trotz digitaler Karriere wuchs meine Liebe für Printmagazine mit dem Erwachsenwerden immer weiter.

So wie Print, vor allem Klatschmagazine, früher ins Leben gerufen wurden und heute noch viel zu oft weitergeführt werden, sehe ich keine Daseinsberechtigung. Mobbing, um Geld zu machen. Fake, um Schlagzeilen zu schreiben. Überperfektionierung, die besonders Heranwachsenden ein schlechtes, ungesundes Gefühl vermittelt. Mein Magazin würde anders sein – und ich hatte richtig Bock drauf!

Und das, obwohl Print doch scheinbar längst tot war. An dieser Stelle möchte ich kurz all unsere Mütter zitieren: »Ach, das hatten wir früher auch schon – alles kommt zurück!«

Gut Carmen, ein neues Großprojekt. In welche imaginäre Terminlücke passte das jetzt noch?

Liebes Universum, ich habe die Zeit und den Bock, Herzensprojekte umzusetzen

Nach dem mentalen Zusammenbruch und mit meiner Entscheidung für die Therapie ist nicht alles einfach wieder gut geworden. Eigentlich ist vieles rein faktisch noch genauso – zu viele Termine, chaotische Abläufe, fehlende Absprachen. Aber ich habe nun erkannt, woher meine »Ich will nicht mehr«-Gefühle kamen und wie ich heute mit ihnen umgehen und welche Konsequenzen ich ziehen kann.

Eine sehr, sehr wichtige Sache habe ich mit meiner gedanklichen Arbeit und dem Ziel, ein eigenes Magazin herauszubringen, zurückgewonnen: Bock! Wie schmerzlich ich ihn vermisst hatte, wurde mir jetzt erst bewusst.

Es ist so wichtig, Ziele zu haben, denen man entgegenfiebern kann. Habe ich nichts, worauf ich beruflich hinarbeite, fühle ich mich verloren und sehe oft keinen Sinn in den kleinen Aufgaben. Dann bin ich doch lieber mehr Mama, als mich auf die nervenaufreibenden Aufgaben zu stürzen.

Um mir diesen wiedergewonnen Bock zu bewahren, brauche ich ganz dringend Pausen. Ich brauche meine Tochter und ich brauche Niclas. Meinen Mann, nicht den Manager. Und er braucht mich. Carmen, nicht *Carmushka*.

Damit wir uns das gegenseitig schenken konnten, musste ich das erste Mal seit sechs Jahren konsequent sein und mir Social Media verbieten. Kalter Entzug in warmem Klima während des ersten Offline-Familienurlaubs. Am Pool und bei den Entdeckungstouren mit der kleinen Maus bekam mein Körper die Chance, zu heilen und meine Gedanken machten direkt mit. In meiner Therapie hatte ich schon gelernt, in mich hineinzuhorchen. Die Theorie wurde nun endlich in die Praxis umgesetzt – ganz ohne Hektik oder Performance-Druck.

Der Urlaub war ein wichtiger Schritt in Richtung Erholung und Überdenken von toxischen Strukturen, die ich mir zum größten Teil selbst gestrickt hatte. Damit ich mich mental mit dem Rückflug nach Köln nicht wieder in ihnen verheddderte, würde nicht nur die Therapie weiterhin ein fester Bestandteil meines Lebens sein. Um meine mentale Gesundheit auch im Berufsalltag im Auge zu behalten, war der Aufbau eines Content- und Magazin-Teams unumgänglich.

Mein Büro bietet nun nicht mehr nur einen Arbeitsplatz für mich, sondern jede Menge Bürostühle für die Chefin vom Dienst, die Redakteurinnen, die Designerinnen und für alle, die unser gemeinsames Herzensprojekt – ein eigenes Magazin – mit Leidenschaft füllen.

Unsere Art, das Print-Projekt umzusetzen, entspricht nicht unbedingt der Verlagsnorm. Vielmehr nehmen wir uns die Norm, suchen uns heraus, was passt, stellen hier und da etwas auf den Kopf und lassen uns in die Richtung treiben, in die unser Magazin-Feeling uns führt. In vielerlei Hinsicht legen wir als Team erstmal wild los und schauen, was am Ende des Tages dabei herauskommt. Dass jede einzelne Person in ihrem Bereich hoch professionell und immer mit Blick aufs große Ganze arbeitet, steht dabei völlig außer Frage. Auch bei uns gibt es feste Strukturen, Deadlines fürs Lektorat, Foto-

Finishes und Redaktionsschlüsse. Doch ähnlich wie im Magazin, in dem viele statt wenige zu Wort kommen, dürfen auch im Büro spontane Einfälle Doppelseiten füllen. So ganz nach Blaupause passt einfach nicht – schließlich bin ich auch keine Chefin nach Maß.

Ich bin nicht mal wirklich »anders« als andere Chef*innen. Ich habe schlichtweg keine Ahnung, wie die so sind. Es war nie mein Plan, extra alles unkonventionell zu machen. Die Konventionen kenne ich ja auch nicht. Meine Erfahrung als Arbeitnehmerin begrenzt sich auf Gelegenheitsjobs, die mir nicht wirklich zeigten, wie es in der Unternehmenswelt mit oder ohne steile Hierarchien so vor sich geht.

Für meine Mitarbeiter*innen will ich eine coole Chefin sein, wenn es die Umstände denn erlauben. Dafür erwarte ich Respekt, Ehrlichkeit, Leidenschaft fürs Projekt, Eigeninitiative – und dass Freiheiten nicht ausgenutzt werden, sondern als Raum zum Wachsen wahrgenommen werden. Solange die Arbeit stimmt, bin ich eine glückliche Chefin. Fehler sind natürlich erlaubt, die mache ich auch zur Genüge.

Meine Fehler aus der Vergangenheit haben dazu geführt, dass ich heute weiß, für mich einstehen zu müssen und nicht das Wohl anderer in solch einem Extrem über mein eigenes stellen darf. Dies hat zur Folge, dass sich momentan sehr viele berufliche Wege trennen. Nachdem ich spätestens beim Schreiben meines Buches dachte, alle toxischen Beziehungen erkannt und aus meinem Leben gestrichen zu haben, wird es momentan mal wieder höchste Zeit, alles zu konmarien: *Does it spark joy? No? Let's get rid of it.*

 Solange, bis nur noch joy übrig ist.

Dieser Prozess tut weh, stecke ich doch so viel Herz in meinen Beruf. Doch ich entwickle dadurch eine Stärke, die mir verbietet, mich ausnutzen zu lassen, übergangen zu werden und in Rollen gedrängt zu werden, die ich nicht heute und auch nicht in drei Jahren ausfüllen möchte. Diese neue Carmen gefällt mir ganz gut.

LIEBES UNIVERSUM, ICH BIN DANKBAR

Wenn ich an die erste leere Textdatei zurückdenke, in die ich all meine losen Gedanken, ungeordneten Worte aus der Notiz-App und handgeschriebenen Tagebucheinträge geworfen habe, kann ich kaum glauben, dass ich wirklich ein Buch geschrieben habe.

Jedes Kapitel kostete mich Überwindung – mehr, als ich mir zu Beginn eingestehen wollte. Bei dem Gedanken an so manch vergangene Beziehung wurde ich wütend und hatte kurz darauf Schmetterlinge im Bauch, weil ich mich aufs Neue Hals über Kopf verliebte. Meine Nerven flatterten, wenn ich an einschneidende Erlebnisse zurückdachte. Ich lachte über all meine merkwürdigen Jobs und war stolz, meine Ängste noch immer Tag für Tag unter Kontrolle zu bringen. Ich schämte mich für meine Reaktion auf die Schwangerschaft und bestärkte mich selbst wieder darin, dass meine Gefühle genauso okay gewesen waren. Ich weinte, während ich über meine Oma schrieb und fühlte dieses wohlige Gefühl von Glück, als ich an all die Dinge dachte, die ich schon erlebt und erreicht habe.

Fast hätte mein Buch nur acht, statt neun Kapitel gehabt. Ursprünglich sollte der Wunsch »genug zu sein« viel weiter vorne platziert werden und stand dann für eine lange Zeit ganz auf der Kippe. Auch wenn die Worte schon geschrieben waren, konnte ich mich so früh im Schreibprozess noch nicht überwinden, sie in meine Geschichte zu integrieren. Und für dieses Zögern bin ich meiner Intuition – meinem Universum – unglaublich dankbar. Es hat mich dazu gezwungen, mich damit auseinanderzusetzen, wieso das Thema Selbstliebe mir so schwerfällt. In den letzten Monaten habe ich mir das verstoßene Kapitel immer wieder ins Bewusstsein gerufen, habe mit Niclas darüber gesprochen, in einem sehr persönlichen Coaching einen neuen Blickwinkel gewonnen und stundenlange Telefonate dazu genutzt, mir meine Gedanken von der Seele zu reden. Solange, bis ich bereit war, das Kapitel neu anzugehen und endlich der Selbstliebe ihren verdienten Platz zu schenken!

Ich danke mir und vor allem meinem Universum also dafür, dass ich mir die Chance gegeben habe, zu wachsen und mich zu überwinden, Dinge laut zu sagen und sie klar zu formulieren. Nie ohne Angst, nie ohne Zweifel – aber trotzdem.

Was wäre eine Danksagung, ohne den wichtigsten Menschen in meinem Leben Danke zu sagen? Klar, sie gehören auch zu meinem Universum und sind mit jedem Wort mitgemeint, aber das reicht an dieser Stelle einfach nicht.

Danke mein Knopf, mein Nic, mein Ehemann, mein Entertainer, mein inoffizieller Lektor, meine Nervensäge mit liebevollen Hintergedanken. Danke dir für alles, was du tust. Mit dir darf ich weinen, lachen, verzweifeln, Ideen spinnen und Träume umsetzen. Du hast mir dabei geholfen, meine Stärke nach außen zu tragen und meine Schwäche mit Stolz zu zeigen. Bei dir kann ich mich fallenlassen. Du fängst mich schließlich auf und singst mir währenddessen noch ein schrecklich schiefes Lied.

Mein Sonnenschein Mathilda, du kleine Maus hast noch keine Ahnung davon, wie sehr du mir mit deinen neugierigen Augen und deinem fröhlichen Glucksen das Schreiben und natürlich mein komplettes Leben versüßt hast. Ich kann es kaum abwarten, dir davon zu erzählen, wie du mein Universum ausgedehnt und bereichert hast. Du hast mich nicht nur zur Mama gemacht, sondern mir gezeigt, was Mutterliebe ist und wie wenig ich noch über sie weiß.

Ein riesengroßes Dankeschön gilt meiner Mama und meinem Papa, die zwar oft nicht genau wissen, wie ihre Tochter in dem Leben gelandet ist, das sie nun führt, aber mich trotzdem immer unterstützen. Danke, dass ihr meine Projekte mit mir verwirklicht, mir den Rücken freihaltet, mir Essen kocht und mich schon als Kind habt träumen lassen.

Meine liebe Tante Karolina hat nicht nur mit ihrer psychologischen Expertise einen großen Beitrag zu meinem Buch geleistet, sondern mich ganz besonders in den letzten Monaten mit ihrer unglaublichen Stärke und Selbstlosigkeit inspiriert. Danke, dass du in meinem Leben bist!

Alina, Anna, Janine, Laura, Jana, Mirja – danke, dass es euch gibt. Ohne euch wäre meine Geschichte einfach nicht so, wie ich sie mir wünsche.

Um den Traum vom eigenen Buch in die Realität zu verfrachten, brauchte ich natürlich erst mal Menschen, die an meine Idee glaubten.

Danke Christina, dass du sofort Feuer und Flamme warst. Deine Carmen-Organisations-Skills rechne ich dir sehr hoch an! Denn, obwohl ich deine finalen Deadlines oftmals bis kurz vor Katastrophe ausgereizt habe und ich dir keine andere Wahl ließ, als deine Abneigung gegen Sprachnachrichten zeitweise abzulegen, glaubst du noch immer voller Herz und Leidenschaft an all die großartigen Produkte und Träume, die wir gemeinsam verwirklichen.

Eine Autorin ohne professionelle Unterstützung? Das geht natürlich nicht!

Danke dir Lilly, dass du manch wirren Gedanken und fast vergessene Geschichte mit mir greifbar gemacht hast und mir in unermüdlichen Telefonaten und Videocalls dabei geholfen hast, sie so aufzuschreiben, wie sie mir auf dem Herzen lagen.

Ein großes Dankeschön an Saskia und Anja, die mit dem Rotstift und all ihrer Erfahrung aus meinen Geschichten ein lesbares Buch gemacht haben. So ganz konventionell und geradlinig war die Zusammenarbeit mit mir sicher nicht, aber das wäre ja auch zu langweilig gewesen!

Danke Nancy und Anne für das Cover, das ich mir voller Stolz immer wieder ansehen werde. Danke Anina, Marie und Svenja für das Webshop-Design, das Setzen des Buchinhaltes und Gestalten des Covers. Ich danke allen aus dem Verlags-Team – IT, Sales, Einkauf, Druck und Kundenservice –, die meinen Traum mit ihrer Arbeit unterstützen. All eure Nachtschichten und neuen grauen Haare verwandle ich umgehend in eine riesengroße Ladung gutes Karma!

Hm, wer fehlt denn jetzt noch? Wem muss – ja muss! – ich denn unbedingt noch danken?

Na, da kommst *du* bestimmt ganz allein drauf.

Und falls doch nicht: **Dir** danke ich natürlich! Danke, danke, danke – fürs Lesen, für dein Interesse an meinem Universum, für deine Unterstützung und fürs Nachmachen. Denn jetzt ist dieses Buch wirklich beendet und du bist dran!

ANHANG

QUELLEN

Bandelow, Pof. Dr. med. B. (o. D.). *Was sind Angsterkrankungen bzw. Angststörungen?* Neurologen und Psychiater im Netz. Abgerufen am 26. Mai 2021, von https://www.neurologen-und-psychiater-im-netz.org/psychiatrie-psychosomatik-psychotherapie/erkrankungen/angsterkrankungen/was-sind-angsterkrankungen/

Byrne, R. (2016). *The Secret*. Simon & Schuster UK. S. 29.

Saletros, E. (o. D.). *Hawaiianisches Vergebungsritual Hoʻoponopono – Blatt*. Vianu Yoga. Abgerufen am 26. Mai 2021, von http://www.vianu-yoga.com/vergebungsritual-hooponopono-blatt.html

EMPFEHLUNGEN

Bernhardt, K. (2017). *Panikattacken und andere Angststörungen loswerden – Wie die Hirnforschung hilft, Angst und Panik für immer zu besiegen.* Ariston.

Byng, G. (2004). *Molly Moon.* Reihe Hanser.

Byrne, R. (2016). *The Secret.* Simon & Schuster UK.

Byrne, R. (2020). *The Greatest Secret.* HarperCollins.

5-4-3-2-1-Methode nach:
Dolan, Y. (1991). *Resolving Sexual Abuse: Solution-Focused Therapy and Ericksonian Hypnosis for Adult Survivors.* Norton & Company.

Graf, K. (2017-2021). *Geburt und Schwangerschaft- Die Friedliche Geburt.* Abgerufen am 26. Mai 2021, von https://die-friedliche-geburt.de/hypnobirthing-podcast/

Kelly M.D., C. (2018). *Am I Dying?!: A Complete Guide to Your Symptoms – and What to Do Next.* William Morrow.

Kim, S. (2017-2020). *Cockpitbuddy – Fliegen & Flugangst.* Abgerufen am 26. Mai 2021, von https://open.spotify.com/show/7xCjpsJzy1HUTwOQiTBlCK?si=Ov5AKnLtQRSa998-z6_1EA

Mongan, M. F. (2019). *HypnoBirthing. Der natürliche Weg zu einer sicheren, sanften und leichten Geburt.* Mankau Verlag.